人間の安全保障と平和構築

東 大作 編著
HIGASHI Daisaku

日本評論社

序文

緒方貞子（元国連難民高等弁務官、元 JICA 理事長）

　1990年代、「人間の安全保障」という概念を国連難民高等弁務官（UNHCR）として提案した当初、目の前で起きている膨大な難民、国内にとどまる避難民に対応するために役立つ政策概念はありませんでした。厳密に難民条約を解釈すると、組織として UNHCR が国内避難民を保護することはできませんでした。

　UNHCR として大量の難民、国内避難民の保護に奔走する中で、私は「人間は生きてさえいればなんとかなる」という思いを抱きはじめました。紛争や災害に追われ、どんなに苦しく、悲惨で過酷な状況におかれても、生きてさえいれば、やがては夢を追うことも、勉強することも、家族と暮らすこともできるようになる。その思いから、「国家から保護を受けられない人たちを、いかにして国際社会が救えるのか」と問い続け、現実的に対応する中で、「人間の安全保障」という方途に行きつきました。

　私がこのような政策概念を訴えはじめた頃、いくつかの国際機関においても、この概念に関して包括的な検討が行われるようになりました。最も早かったのは国連開発計画（UNDP）が1994年に出した「人間開発報告書」であり、「国家の安全保障」から「人間の安全保障」への転換を訴えました。その後、私はアマルティア・セン教授と共に「人間の安全保障委員会」の共同議長を務め、2003年に「人間の安全保障の今日的課題（Human Security Now）」という報告書を発表しました。これが契機となり、2004年、国連は「人間の安全保障基金」を設立し、これまで約90の国や地域において、人間

の安全保障を推進するプロジェクトを支援してきました。2012年には、国連総会において「人間の安全保障」に関する総会決議が全会一致で採択されました。「人間の安全保障」という政策概念は、このようにして世界的に浸透し、グローバルガバナンスの中心的な概念の一つにまで発展しました。

「人間の安全保障」は政策概念として発展・普及を遂げられてきたにも関わらず、現在の国際情勢をみると、振り出しに戻ったような気もします。内戦やテロはいたるところで発生し、膨大な難民が出ている。もう一度、「人間の安全保障」という概念に注目し、政策のあり方を見直してもよいのではないでしょうか。「人間の安全保障」という言葉は、何にでも使われ、濫用される危険があります。今こそ「国家から保護を受けられない人たちを、いかにして国際社会が救えるのか」という根源的な問いに立ち返り、現在進行している問題の実態を吟味し、あらためて概念規定とその適用を整理する必要があるように思われます。

人々にとっての最大の恐怖である「紛争」という脅威に対して、「人間の安全保障」を実現するための具体的な取り組みの一つが、本書が特に注目している「平和構築」だといえるでしょう。

「平和構築」では、「治安維持や治安の向上」、「政治体制の確立」、「復興開発」の３点を重要としています。治安の向上や政治体制の確立のためには、関係者間の和解、法的基盤の整備、過去の人権侵害への対応など、多くの課題が伴われます。そうした課題に対して持続的な解決を図るためには、支援国が価値観を押し付けるのではなく、現地の人々の思いや考えや意向を尊重しなければなりません。そのためにも、紛争から立ち直ろうとしている当該国や地域の歴史や伝統を研究し、学ぶ必要があると思います。

日本の若い人たちは内向き志向になっているとよくいわれますが、日本のことだけを知り、日本のことだけを考えていけばよいと思うほど、単純ではありません。「人間の安全保障と平和構築連続セミナー」に参加し、多くの

若い人たちの話を聞き、その思いを強くしました。グローバル化が進んだ世界において、日本だけが孤立して生きていくことはできません。他の国で何が起きているのか、問題を解決するために何ができるか、考えなければなりません。本書の出版にあたり、この本が多くの人に読まれ、よりグローバルな視野で人間の安全保障や平和構築の諸問題が、考えられることを願っています。

■目　次■

序文 i
　　緒方貞子（元国連難民高等弁務官、元 JICA 理事長）

執筆者紹介　xi

第Ⅰ部　統治機構の崩壊と、国家再建

第1章　人間の安全保障の理論的なフレームワークと平和構築 3
　　東　大作・峯　陽一
　　第1節　二つのアプローチと歴史的変遷　4
　　第2節　本書が打ち出す「人間の安全保障」と「平和構築」の関連　11
　　第3節　人間の安全保障と「人間開発」および「尊厳」　16
　　第4節　本書のきっかけと構成　24

第2章　平和構築における正統性確立の課題 27
　　東　大作（元国連アフガニスタン支援ミッション和解再統合チームリーダー、
　　元国連日本政府代表部公使参事官、上智大学准教授）
　　はじめに　28
　　第1節　正統性（Legitimacy）の理論と平和構築　30
　　第2節　アフガニスタンの平和構築と「国連の比較優位」　32
　　第3節　アフガンにおける「包摂的政治プロセス」への試練　35
　　第4節　一進一退が続くその後のアフガン和平プロセス　42
　　おわりに　他のケースと今後の課題と教訓は　46

第3章　東ティモールの平和構築と指導者の役割 51
　　　　　2006年の国家危機から学んだ教訓
　　長谷川祐弘（元国連事務総長特別代表［東ティモール担当］、日本国際平和構築協会理事長）
　　第1節　東ティモール2006年の武力闘争と国家危機の根源的な要因　53
　　第2節　国家秩序と安定の回復　58
　　第3節　国際平和構築支援者と現地指導者の平和構築の課題認識の相違　60

結論 68

第4章　「アラブの春」後のエジプトにおける混乱と平和構築……71
チュニジアとの比較から
鈴木恵美（早稲田大学地域・地域間研究機構主任研究員）
はじめに 72
第1節　政治動乱の経緯 73
第2節　民主化が頓挫した要因としてのイスラーム 76
第3節　民主化と国軍 84
おわりに 90

第5章　国際化するテロリズムと国際社会の対応……………………93
植木安弘（上智大学教授、元国連広報官）
はじめに 94
第1節　テロリズムの定義と共通要素 95
第2節　テロリズムの歴史的流れ 97
第3節　テロ行為と国際対テロ条約 99
第4節　安全保障理事会と総会による対テロ行動 101
第5節　グローバル対テロ戦略と国連のタスクフォース 104
第6節　アルカイダのイデオロギーと戦略 109
第7節　「イスラム国」(IS) の台頭 110
おわりに 112

第Ⅱ部　強靱な社会をどう作るのか

第6章　援助機関と平和構築………………………………………115
アフリカでの現場経験から
畝　伊智朗（元JICA研究所所長、吉備国際大学教授）
はじめに 116
第1節　取り組み方針・枠組み 117
第2節　アフリカ開発の最重要課題 119
第3節　事例 122
おわりに 135

第7章　教育からみた人間の安全保障と平和構築 ……………… 139
　　　　　ネパールにおけるインクルーシブ／特別支援教育が問いかけるもの
　　杉村美紀（上智大学教授）
　　第1節　「人間の安全保障」と「平和構築」に対する教育の役割　140
　　第2節　国際社会における教育普及の方向性　141
　　第3節　インクルーシブ教育と人間の安全保障　143
　　第4節　ネパールのインクルーシブ／特別支援教育　145
　　第5節　人間の安全保障を支える教育の包摂性と公正性　154

第8章　文化・スポーツ活動と心の平和構築 …………………………… 157
　　福島安紀子（青山学院大学教授）
　　はじめに　158
　　第1節　文化・スポーツ活動が紛争を起こすのか　159
　　第2節　文化・スポーツ活動と平和構築　163
　　第3節　民族の対立軸を越えるオーケストラの信頼の音色　164
　　第4節　サッカーが対立軸を越えた共通言語に　169
　　第5節　文化活動が育む脆弱なコミュニティのレジリエンス　172
　　第6節　文化・スポーツ活動を介した平和構築の課題　174
　　おわりに　176

第Ⅲ部　日本はどうするのか

第9章　「人間の安全保障」概念を外交にどう活かすか …………… 181
　　長　有紀枝（立教大学教授・難民を助ける会理事長）
　　はじめに　182
　　第1節　「人間の安全保障」概念の優位性　183
　　第2節　外交の柱としての「人間の安全保障」概念の正統性　188
　　第3節　ODA政策と「人間の安全保障」　192
　　第4節　国際社会における「人間の安全保障」の地位　195
　　第5節　「人間の安全保障」を外交方針に活かすには　198

第10章　国連安保理改革と日本 ……………………………… 203
人間の安全保障と平和構築の役割を担うには

大島賢三（元国連日本政府代表部常駐代表、元JICA副理事長）

はじめに　204
- 第1節　安全保障理事会の評価、改革に向けての始動　206
- 第2節　G4の挑戦——安保理改革キャンペーン　210
- 第3節　挫折の理由、高い壁の存在　211
- 第4節　G4提案の挫折後の動き　215
- 第5節　The Elders提案——妥協策の模索　217
- 第6節　国際連盟時代のエピソード　220
- 第7節　日本の取るべき道　221

第11章　日本による紛争国家からの難民受け入れ ………… 223

滝澤三郎（元UNHCR駐日代表、東洋英和女学院大学客員教授）

はじめに　224
- 第1節　世界の紛争難民　224
- 第2節　国際社会の対応——難民の国際的保護　225
- 第3節　国際公共財としての難民保護　227
- 第4節　プロテクションからみた日本の紛争難民受け入れ　230
- 第5節　エンパワーメントから見た日本の紛争難民受け入れ　236
- 第6節　紛争難民の保護に向けた日本の役割
  ——プロテクション　238
- 第7節　紛争難民の保護に向けた日本の役割
  ——エンパワーメント　240
- 第8節　資金協力という方法　242

おわりに　243

第12章　東アジアにおける人間の安全保障 ………………… 245
認識共同体をめざして

峯　陽一（同志社大学教授・人間の安全保障学会事務局長）

- 第1節　人間の安全保障と規範動学　246
- 第2節　人間の安全保障の地方的受容　251
- 第3節　東アジアにおける人間の安全保障　254
- 第4節　おわりに——人間の安全保障の認識共同体をめざして　260

終章　むすび：国家、社会、そしてソーシャル・キャピタル ………… 263
　　旭　英昭（元在東ティモール大使［初代］、元東京大学教授、日本国際問題研究所客員研究員）
　　第1節　サミュエル・ハンティントンとフランシス・フクヤマ　264
　　第2節　「歴史の終焉」とその先にあるもの　269
　　第3節　平和構築とソーシャル・キャピタル　274
　　第4節　グローバリゼーションと民主主義の行方　279
　　第5節　おわりに──民主主義の再生のために　281

あとがき　283

●執筆者紹介

東 大作（ひがし だいさく）編著者、第1章、第2章

1993年から2004年までNHK報道局ディレクターを務め、NHKスペシャル「我々はなぜ戦争をしたのか～ベトナム戦争・敵との対話」（放送文化基金賞）、「縛られない老後～ある介護病棟の挑戦」、「犯罪被害者なぜ救われないのか」、「憎しみの連鎖はどこまで続くか～パレスチナとイスラエル」、「核危機回避への苦闘～韓国、米朝の狭間で」、「イラク復興国連の苦闘」（世界国連記者協会銀賞）等を企画制作。2004年からカナダのブリティッシュコロンビア大学大学院に留学、2012年に博士号を取得（国際関係論）。2009年12月から2010年12月まで国連アフガン支援ミッション和解・再統合チームリーダーを務める。2011年1月より東京大学大学院総合文化研究科准教授。その間、2012年8月から2014年8月まで外務省との人事交流により国連日本政府代表部公使参事官。2016年4月より上智大学グローバル教育センター准教授。著書：*Challenges of Constructing Legitimacy in Peacebuilding: Afghanistan, Iraq, Sierra Leone, and East Timor*（Routledge, 2015）、『平和構築──アフガン・東チモールの現場から』（岩波新書、2009年）、『犯罪被害者の声が聞こえますか』（講談社、2006年；新潮文庫、2008年）、『我々はなぜ戦争をしたのか』（岩波書店、2000年；平凡社ライブラリー、2010年）等。

峯 陽一（みね よういち）第1章、第12章

1987年京都大学文学部史学科卒業、1993年京都大学大学院経済学研究科博士課程単位取得退学。中部大学、南アフリカ共和国ステレンボッシュ大学、大阪大学に勤務し、2010年から同志社大学大学院グローバル・スタディーズ研究科教授。JICA研究所客員研究員。専門は、人間の安全保障研究、開発経済学、アフリカ地域研究。著書：『現代アフリカと開発経済学──市場経済の荒波のなかで』（日本評論社、1999年）、『南アフリカ──「虹の国」への歩み』（岩波新書、1996年）等、共編著：*Preventing Violent Conflict in Africa: Inequalities, Perceptions and Institutions*（Palgrave, 2013）、『憎悪から和解へ──地域紛争を考える』（京都大学学術出版会、2000年）等、共訳書：エステル・デュフロ『貧困と闘う知』（みすず書房、2017年）、クレイグ・マーフィー『国連開発計画（UNDP）の歴史』（明石書店、2014年）、ネルソン・マンデラ『自由への容易な道はない』（青土社、2014年）、シンディウェ・マゴナ『母から母へ』（現代企画室、2002年）等。

長谷川祐弘（はせがわ すけひろ）第3章

1966年ミシガン大学政治学部卒業、1968年国際基督教大学大学院修士課程（国際行政学）修了、1974年ワシントン大学で博士号（国際関係開発論）。国連に37年間勤務し、国連事務総長特別代表（東ティモール担当）、法政大学教授、国際連合大学客員教授、日本国際

連合学会理事、国連システム学術評議会（ACUNS）同執行委員会委員を歴任、現在はジョゼ・ラモス＝ホルタ東ティモール民主共和国元大統領・総理大臣特別顧問、日本国際連合協会学術交流担当理事、地球憲章アジア太平洋委員会理事、ACUNS 東アジア連絡事務所長。著書：*Primordial leadership: Peacebuilding and national ownership in Timor-Leste*（United Nations University Press, 2013）、共著や論文："Post-Conflict Leadership: Key to Building Sustainable Peace and Development"（*UN Chronicle LII*, 2016）、"Japan and the United Nations: Its Past, Present and Future" in *Japan's Development Assistance: Foreign Aid and the Post-2015 Agenda*（Palgrave Macmillan, 2015）、「ブートロス＝ガリの遺産」（『經濟學論纂』、2011年）、「紛争後の人間の安全保障に資する国連平和構築活動の役割」（『市民社会と国連』国際書院、2011年）、「国連平和構築支援の新たな課題と改善策」（『平和構築と国連』国際書院、2007年）、「開発問題における国連の役割」（『外交フォーラム』、2005年）、「東ティモールの国づくりと国連の平和構築構想」（『外交フォーラム』、2004年）等。

鈴木恵美（すずき　えみ）第4章

1996年東京外国語大学外国語学部アラビア語学科卒業、2003年東京大学総合文化研究科地域文化研究博士課程を修了、博士号を取得（学術：東京大学）。日本学術振興会特別研究員を経て、2007年公益財団法人中東調査会研究員、2008年から早稲田大学イスラーム地域研究機構主任研究員（研究院准教授）、2015年から早稲田大学地域・地域間研究機構主任研究員（研究院准教授）。専門は、近現代エジプト政治史、地域研究（中東地域）。著書：『エジプト革命――軍とムスリム同胞団、そして青年たち』（中公新書、2013年）、編著：『現代エジプトを知るための60章』（明石書店、2012年）、共著：『中東・中央アジア諸国における権力構造』（岩波書店、2005年）、*Multiple System, Development of Parliamentarism in the Modern Islamic World*（The Toyo Bunko, 2009）、『エジプト動乱――1.25革命の背景』（アジア経済研究所、2012年）、『中東政治学』（有斐閣、2012年）、『途上国における軍・政治権力・市民社会』（晃洋書房、2016年）等。

植木安弘（うえき　やすひろ）第5章

1976年上智大学外国語学部卒業。コロンビア大学大学院で国際関係論修士号、博士号取得。1982年より国連事務局広報局勤務。1992-94年日本政府国連代表部（政務班）、1994-99年国連事務総長報道官室、1999-2014年広報局、広報戦略部勤務。ナミビアや南アフリカで選挙監視活動、東ティモールで政務官兼副報道官、イラクで国連大量破壊兵器査察団バグダッド報道官、津波後のインドネシアのアチェで広報官なども務める。2014年より上智大学総合グローバル学部教授。上智大学国際関係研究所所員。著書：『国連広報官に学ぶ問題解決力の磨き方』（祥伝社新書、2015年）、共著や論文：「国連事務総長：選出の歴史と役割の変遷」（『国連研究』、2016年）、「Multicultural Society and International Terrorism」（『異文化経営研究』、2015年）、「アフリカにおける国連の役割：国家主権の問題との関わりを中心に」（『世界の中のアフリカ』上智大学出版、2013年）等。

執筆者紹介 xiii

畝 伊智朗（たんぼ いちろう）第6章

1981年筑波大学（教育学専攻）卒業。2015年吉備国際大学大学院（通信制）連合国際協力研究科修士課程修了。1981年国際協力事業団（現国際協力機構：JICA）入団。外務省および会計検査院への出向、在コートジボアール日本大使館、JICAケニア事務所、経済協力開発機構（OECD）開発援助委員会（DAC）事務局での海外勤務を経験。JICAアフリカ部長、理事長室長、上級審議役、研究所長を経て、2016年4月より吉備国際大学外国語学部教授。同大学院（通信制）連合国際協力研究科長、JICA研究所客員研究員を兼務。最近の共著や論文：「TICAD VIアフリカ開催の背景と課題」（『国際問題』、2016年）、「序章にかえて」（『UGANDA通信北部復興支援の現場から』丸善出版、2013年）、「第5回アフリカ開発会議（TICAD V）に向けて──平和構築の視点から農業・農村開発を考える」（『海外情報誌 ARDEC』、2013年）等。

杉村美紀（すぎむら みき）第7章

1985年お茶の水女子大学文教育学部教育学科卒業、1992年東京大学大学院教育学研究科学校教育学専攻博士課程満期退学、博士（教育学：東京大学）。外務省専門調査員、国立教育政策研究所客員研究員、広島大学教育開発国際協力センター客員研究員を経て、2002年より上智大学に勤務。現職は総合人間科学部教育学科教授、2014年より学術交流担当副学長。専門は比較教育学、国際教育学。現在、国連大学協力会助成諮問委員会委員、日本学生支援機構留学生交流事業実施委員会委員、日中友好会館評議員、ユネスコ国内委員会委員等を務める。著書：『マレーシアの教育政策とマイノリティ──国民統合のなかの華人学校』（東京大学出版会、2000年）、共編著：『多文化共生社会におけるESD・市民教育』（上智大学出版、2014年）、共著や論文：『アジアの高等教育ガバナンス』（勁草書房、2013年）、『トランスナショナル高等教育の国際比較──留学概念の転換』（東信堂、2014年）、"Roles of Language in Multicultural Education in the Context of Internationalisation" (*Educational Studies in Japan: International Yearbook*, No.9, 2015) 等。

福島安紀子（ふくしま あきこ）第8章

総合研究開発機構（NIRA）主席研究員、カナダブリティシュコロンビア大学客員教授、国際交流基金シニアフェロー等を経て、2015年4月より青山学院大学教授。専門は国際関係論、国際安全保障。総理官邸国家安全保障と防衛力に関する懇談会メンバー、外務人事審議会委員、*Global Governance* 誌編集委員、在ブリュッセルEU－アジアセンター国際諮問委員、東京財団上席研究員、米国CSIS客員研究員などを兼務。米国ジョンズホプキンス大学ポール・H・ニッツェ高等国際関係大学院より修士号、大阪大学より博士号。著書：『紛争と文化外交──平和構築を支える文化の力』（慶應義塾大学出版会、2012年）、『人間の安全保障』（千倉書房、2010年）、『レキシコン アジア太平洋安全保障対話』（日本経済評論社、2002年）、*Japanese Foreign Policy: A Logic of Multilateralism* (MacMillan, 1999)、共著：『グローバル・コモンズ』（岩波書店、2015年）、*Asia's New Multilateralism*

(Columbia University Press, 2009), *Human Security and Japan's Triple Disaster* (Routledge, 2014) 等多数。

長 有紀枝（おさ ゆきえ）第9章

1987年早稲田大学政治経済学部政治学科卒業。企業勤務を経て1990年早稲田大学大学院政治学研究科修士課程修了。2007年東京大学大学院総合文化研究科「人間の安全保障」プログラム博士課程修了、博士（学術：東京大学）。1991〜2003年まで認定NPO法人難民を助ける会（AAR Japan）勤務。この間紛争下の緊急人道支援や、地雷対策、地雷禁止国際キャンペーン（ICBL）の地雷廃絶活動、専務理事・事務局長として運営に携わる。2008年よりAAR理事長。2010年より立教大学大学院21世紀社会デザイン研究科・社会学部教授。他に認定NPO法人ジャパン・プラットフォーム（JPF）共同代表理事（2006〜11年）、福島県相馬市復興会議顧問会議委員（2011年〜）、国連中央緊急対応基金（CERF）諮問委員（2012〜15年）、国連訓練調査研究所（UNITAR）理事（2016年〜）等を兼務。著書に『入門 人間の安全保障——恐怖と欠乏からの自由を求めて』（中央公論新社、2012年）、『スレブレニツァ——あるジェノサイドをめぐる考察』（東信堂、2009年）、『地雷問題ハンドブック』（自由国民社、1997年）等、他関連論文多数。

大島賢三（おおしま けんぞう）第10章

1943年広島市生まれ。1967年4月、外務省入省。1997外務省経済協力局長、1999年総理府国際平和協力本部事務局長、2001年国際連合事務次長（人道問題担当）、2003年駐オーストラリア大使、2004年国連日本政府代表部常駐代表、2007年10月より独立行政法人国際協力機構（JICA）副理事長、2011年12月より福島原発事故・国会事故調査委員会委員、2012年9月より原子力規制委員会委員（任期2年）などを歴任。現在、一般社団法人アフリカ協会理事長、公益社団法人セーブ・ザ・チルドレン・ジャパン副理事長、広島大学学長特任補佐を務める。

滝澤三郎（たきざわ さぶろう）第11章

1968年埼玉大学教養学部卒業、1972年東京都立大学大学院社会科学研究科修了（法学修士）、1980年カリフォルニア大学バークレー経営大学院修了（MBA）、米国公認会計士（CPA）。法務省を経て1981年国連ジュネーブ本部、1983年国連パレスチナ難民救済事業機関（UNRWA）、1991年国連工業開発機関（UNIDO）財務部長などを経て、2002年国連難民高等弁務官事務所（UNHCR）財務局長。2007年UNHCR駐日代表。2009年より東洋英和女学院大学教授（東京大学大学院総合文化研究科特任教授を併任）。2016年より認定NPO法人国連UNHCR協会理事長、法務大臣出入国管理政策懇談会委員。専門は日本の難民政策。共編著に『難民を知るための基礎知識——政治と人権の葛藤を超えて』（明石書店、2017年）、共著や論文に『国際社会学入門』（ナカニシヤ出版、2017年）、『世界の難民の現状と日本の難民問題』（法律のひろば、2016年6月号）、『Financial Governance of UNHCR』（東洋英和大学院紀要12号、2016年3月）等。

旭 英昭（あさひ ひであき）終章

1970年東京大学法学部卒業後、1971年4月外務省入省。内閣審議官、初代の在東ティモール大使（2004-2005年）を経て、2006年退官。2007年より13年まで東京大学教授。現在、日本国際問題研究所（JIIA）客員研究員。専門は国際関係論、国際政治。著書：『21世紀の国づくりに立ち会って』（日本国際問題研究所、2007年）、『平和構築論を再構築する 増補改訂』（日本評論社、2015年）、論文や共著：「平和構築の現場」（『人間の安全保障』東大出版会、2008年）、「平和構築の実践と現場からの教訓」（『国際社会科学』、2007年）、"Peacebuilding in Practice and Lessons from the Ground" (*JIIA Column*, 2008), "Rebuilding Peacebuilding: Five Insights from a Japanese Perspective" (*JIIA Column*, 2014), "Foreword" in *Human Security, Changing States and Global Responses* (Routledge, 2015), "State, Society, and Social Capital" (*Journal of Human Security Studies*, Autumn 2016), "A Successful Model or An Uneasy Future for Peacebuilding" (*Asian Journal of Peacebuilding*, March 2017) 他多数。

第Ⅰ部
統治機構の崩壊と、国家再建

　「人間の安全保障と平和構築」と銘打った本書であるが、そもそも「人間の安全保障」とは何か、「平和構築」とは何か。その両者は、どんな関係にあるのか。
　この第Ⅰ部ではまず第１章で、東と峯が、人間の安全保障の定義や、理論的な枠組みについて説明し、歴史的にどのようにこの政策概念が発展してきたのかについて、本書独自の意義や視点を新たに提示する。また平和構築の定義と、人間の安全保障との関係を論じた上で、人間の安全保障と人間開発の関係を、いくつかの図も使いながら詳細に解説していく。「人間の安全保障」と「平和構築」の概念について、整理した形で分かりやすく伝えるのがこの章の目的である。
　こうした理論的な枠組みや定義を踏まえ、第２章では、「平和構築における正統性確立の課題」と題し、東が、紛争後の平和構築のプロセスにおいて、正統性ある政府を樹立するためには、どのような方法があるのか、独自の理論を提示する。そのうえで、実際に取り組んだアフガニスタンにおける平和構築を例に、正統性のある政府を作る困難、特に包摂的な政治プロセスを作る困難について述べる。
　その後の章では、破綻した統治機構を回復させるために何が重要なのか、個別のケース・スタディーを行う。第３章では、「東ティモールの平和構築と指導者の役割」と題し、長谷川が、自ら現地の国連組織のトップを務めた経験をもとに、現地の政府の指導者の考え方や志を、どう外部アクターが影響を与え、変えていくことができるのかについて、自分の経験をもとに詳細に説き起こしていく。第４章「『アラブの春』後

のエジプトにおける混乱と平和構築」では、鈴木が、長年関わってきたエジプトについて、「アラブの春」以降の民主化の動きがなぜ挫折したのか、チュニジアとの比較の中から詳細に分析する。そして第5章では、「国際化するテロリズムと国際社会の対応」と題し、植木が、国連広報官として勤務した経験を踏まえ、テロリズムの定義が未だに国際社会の中で定まらない中、国連などの組織が、歴史的にどのようにテロ行為に対して対処し、取り組みを行ってきたのかについて分析し、今後の課題を提示する。統治機構の破綻が、テロ行為を行う過激な集団が自由に活動する空白地域を生み出してしまう中、統治機構の再生こそが、テロ行為の取り締まりにとっても重要であることが浮き彫りになる。

第1章

人間の安全保障の理論的なフレームワークと平和構築

東 大作・峯 陽一

エチオピアの首都、アジスアベバにあるアフリカ連合（AU）本部。アフリカ連合は、アフリカ各地の平和構築に、国連と共に積極的に関わっている。（2016年8月、筆者撮影）

第1節　二つのアプローチと歴史的変遷

　人間の安全保障（Human Security）という概念はなぜ生まれてきたのか。いろいろな要因が重なっているが、一つの象徴的な出来事は、この本の序文を書いている国連難民高等弁務官事務所（UNHCR）のトップだった緒方貞子が、1991年に下した決断だったといえるだろう。この年、サダム・フセイン大統領が率いるイラクが、隣国クエートを占領。これに対して、アメリカを中心とする多国籍軍が、国連安全保障理事会（以下、国連安保理）の決議の下、軍事攻撃を行ってイラクをクエートから撤退させた。「湾岸戦争」と呼ばれるこの戦争において、イラク軍がクエートから撤退した後、イラク国内で内戦が起きた。立ち上がった反政府勢力に対し、フセイン大統領は徹底した弾圧で臨んだ。そのため、イラク国内のクルド人が、トルコに避難しようと、イラクとトルコの国境に押し寄せた。しかし、トルコが避難民の受け入れを拒んだため、多くの避難民が、イラク国内に留まることになり、人道的危機に陥った。つまり、多くの人が死の脅威に向き合うことになった。

　このとき、UNHCRのトップに就任したばかりだった緒方貞子は、大きな試練に直面した。今では信じがたいことだが、当時、UNHCRの任務が「国の外に避難した、いわゆる難民（Refugees）」を支援することである以上、「まだ国内に留まっている人たち（つまり正確な意味でのRefugeeではない、国内避難民）を支援するのは、UNHCRの任務ではない」という反対意見が、UNHCR内部でも根強かったのである。

　確かに、難民を「国内の迫害を逃れて国外に避難した人」と定義し、その人たちを助けるのが、UNHCRの任務だとすれば、まだイラク国内に残っているクルド人避難民を支援することはできないかもしれない。しかし緒方は最終的に決断する。「そこに支援すべき人たちがいる以上、放っておくわけにはいかない。それこそが、現実的な人道的支援である[1]。」これが、

---

1) Sadako Ogata, *The Turbulent Decade: Confronting the Refugee Crises of the 1990s*, New York: Norton & Company Inc, 2001, p.38.

UNHCRが、国内にまだ留まっている避難民を支援する、最初のきっかけとなった。

現在では、国内にまだ留まる避難民は、Internally Displaced People（IDP＝国内避難民）と呼ばれ、UNHCRなどが支援するのは当然のことになったが、冷戦終結後まだ間もない1991年当時は、大きな決断だったのである。そしてこれ以降、緒方は「伝統的な国家の安全保障、つまり国家同士の戦争から国家の主権をいかに守るか」という考え方だけでは対応できない事象が数多く起きていることを、UNHCRのトップとして肌で感じるようになる。そして、国家の安全保障を乗り越え、あるときには国家の主権を超えてでも、国際社会が人々の安全を守ること、つまり「人間の安全保障」を考えることが必要ではないかと、訴えはじめた。

軌を一にして、人間開発の重要性を訴えてきた国際開発機関が、それを発展させる概念として「人間の安全保障」を主張しはじめる。その代表例が、湾岸戦争から3年後に国連開発計画（UNDP）が発表した『人間開発報告書1994年版』である[2]。この年の報告書の中でUNDPは、「国家の安全保障」から「人間の安全保障へ」と高らかに宣言し、核兵器開発をはじめ、世界中の「国家」が、その安全確保のために膨大な軍事費を費やしている一方、伝統的な国家の安全保障の枠中に入らない、自然災害、感染症、貧困、テロリズムなどによって、実際にははるかに多くの人たちが犠牲になっていることを強調し、「国家の安全保障だけでなく、そこに生きる『人間の安全保障』のために何ができるかを考えるべきだ」と主張した。さらにこの報告書は、平和と開発の相互関係を強く意識し、縦割りの国連専門機関が一体となって力強い活動を展開することを求めるものであった[3]。

2）UNDP (United Nations Development Programme), *Human Development Report 1994*, New York: Oxford University Press, 1994（国連開発計画『人間開発報告書』国際協力出版会・古今書院、1994年）。また、人々の選択の幅を広げるプロセスとしての人間開発は、UNDP, *Human Development Report 1990*, New York: Oxford University Press, 1990. ですでに定義されていた。

3）「平和と開発」というアジェンダは、「恐怖からの自由と欠乏からの自由」、あるいは「平和構築と貧困削減」と言い換えることもできる。

図1-1 人間の安全保障の流れ

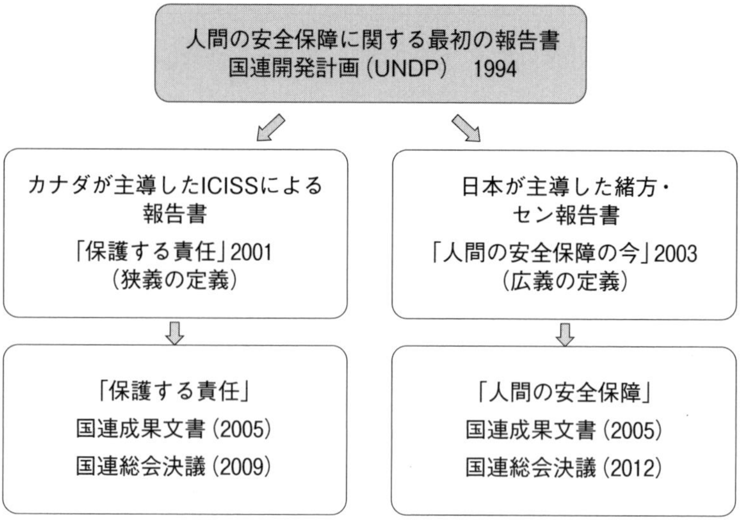

```
           人間の安全保障に関する最初の報告書
             国連開発計画（UNDP） 1994
           ↙                    ↘
カナダが主導したICISSによる        日本が主導した緒方・
       報告書                      セン報告書
 「保護する責任」2001             「人間の安全保障の今」2003
   （狭義の定義）                   （広義の定義）
        ↓                            ↓
   「保護する責任」                 「人間の安全保障」
  国連成果文書（2005）             国連成果文書（2005）
  国連総会決議（2009）             国連総会決議（2012）
```

　しかしこのUNDPの報告書が出た直後、1994年にはルワンダにおける大虐殺、1995年にはスレブレニッツアの大虐殺が起きる。民族紛争の中で数千人（スレブレニッツア）、数十万人（ルワンダ）もの人たちが虐殺され、それを国際社会が止めることができなかったという凄惨な歴史を人類は経験する。冷戦が終結したのだから平和な世界が訪れるのではないか、という期待は打ち砕かれ、国際社会は、主権国家の枠内で起きる多くの人々の犠牲をどう防ぎ、どう命を守るかという重い課題を突き付けられることになった。

　こうした中、「人間の安全保障」というコンセプトに注目し、それを外交の柱に据えようとした国が二つ出現した。一つがカナダであり、もう一つが日本である（図1-1）。

　カナダはこの当時、リベラル色の強い自由党が長期政権を担っていた。カナダ自由党政権は、NGOと連携しながら地雷廃止条約の締結に取り組んだり、国際刑事裁判所（ICC）の設立に向けて活発に動くなど、国連の枠組みを使いながら、安全保障の問題で積極的に世界をリードしようとしていた。このカナダの自由党政権が、「人間の安全保障」というコンセプトに注目しつつ、ルワンダやスレブレニッツアのような虐殺をどう防ぐのか、そのとき

国際社会は、当該国家の反対を乗り越えて軍事介入をしてもよいのか、という点に絞り、国際的な専門家を招聘し委員会を立ち上げ検討を始めた。ガレス・エバンズ元オーストラリア外務大臣を共同議長とする12人の専門家による「介入と国家主権に関する国際委員会（International Commission on Intervention and State Sovereignty = ICISS）」が発足し、世界各地でヒアリングを実施していく。そして最終的に2001年に出したリポートが、いわゆる「保護する責任（The Responsibility to Protect）」と呼ばれるものである[4]。このリポートは、「国民の命を守る責任は、その人々が属する国家にある。しかし、国家がその主権国家内にいる人々を守る能力や意思がなく、大量虐殺や民族浄化が起きそうな場合、国際社会は、その人々を保護する責任を果たすべきだ」という考えを、世界に向けて打ち出した。その後この意見の是非について、加盟国、研究者、そして国際社会全体の中で、大きな議論が巻き起こることになる。しかし途上国の間では、「保護する責任」という主張は、第二次世界大戦後、世界の秩序を維持する上で最も重要な規範の一つである「内政不干渉」の原則を踏みにじり、安易な軍事介入に道を開くものではないかという警戒心が広がった。

　他方日本では、緒方貞子が人間の安全保障を訴えた最初の一人であったことや、小渕恵三首相（当時）が、このコンセプトを日本の外交の指針に据えることに積極的になったことなどで、「人間の安全保障」を日本外交の一つの柱に据える動きが始まった。日本の首相として「人間の安全保障」の考え方を最初に打ち出した演説とされる、1998年12月に小渕首相が行った「アジアの明日を創る知的対話」と銘打たれた演説を、少し長いが引用したい。日本の人間の安全保障への考え方が、極めて分かりやすく語られているからだ。

4）International Commission on Intervention and State Sovereignty, *Responsibility to Protect*, 2001. 本リポートについて以下のサイトで全文が入手できる。http://responsibilitytoprotect.org/ICISS%20Report.pdf（なお、Googleなどの検索サイトで、Responsibility to Protectと入れて検索すれば、すぐ見つけることができる。）

> **小渕総理大臣演説**
> **「アジアの明日を創る知的対話」**
>
> 1998年12月2日
>
> （抜粋）
> 　…この機会に、「人間の安全保障」について私の考え方を一言述べさせていただきたいと思います。
> 　現在、我々人類は様々な脅威にさらされております。地球温暖化問題を始めとする環境問題は、我々のみならず将来の世代にとっても重大な問題であり、薬物、人身売買等の国境を越えた広がりを持つ犯罪も増加しています。貧困、難民、人権侵害、エイズ等感染症、テロ、対人地雷といった問題も我々にとって深刻な脅威になっております。さらに、紛争下の児童の問題も見過ごすことのできない問題です。
> 　私は、人間は生存を脅かされたり尊厳を冒されることなく創造的な生活を営むべき存在であると信じています。<u>「人間の安全保障」とは、比較的新しい言葉ですが、私はこれを、人間の生存、生活、尊厳を脅かすあらゆる種類の脅威を包括的に捉え、これらに対する取り組みを強化するという考え方</u>であると理解しております。
> 　「人間の安全保障」の問題の多くは、国境を越えて国際的な広がりを持つことから、一国のみでの解決は困難であり、国際社会の一致した対処が不可欠です。また、これらの問題は、人間一人一人の生活に密接に関わることから、NGOを始めとする市民社会における活動が最も効果的に力を発揮できる分野であり、各国政府及び国際機関は、市民社会との連携・協力を強化しつつ対応していくことが重要です[5]。

　この演説でも明らかなように、カナダが、虐殺や民族浄化など軍事的な脅威から如何に人々を守るか、という比較的狭い領域での「人間の安全保障」に注目していたのに対して、日本のアプローチはその当初から、「人間の生存、生活、尊厳を脅かすあらやる種類の脅威を包括的に捉え」、それにどう対応するかを志向し、相対的に幅広い領域で「人間の安全保障」を理解していた。そのため、カナダの「人間の安全保障」の定義を「狭義の定義（Narrow Definition）」と呼び、日本の「人間の安全保障」の定義を「広義の定義

5）小渕総理大臣演説「アジアの明日を創る知的対話」1998年12月2日。外務省ウェブサイト「人間の安全保障への取り組み」より。下線は筆者。

(Broad Definition)」と呼ぶ場合もある[6]。

それぞれのアプローチが、紆余曲折を経て現在に至っている。まずカナダの自由党政権は、国連誕生60周年を記念して2005年に開かれた「国連首脳会合」で採択された「成果文書（Outcome Document）」において、「保護する責任」の趣旨を盛り込むことに成功した。その基本趣旨は以下の通りである。

(1) 国家は、虐殺、戦争犯罪、人道に対する罪、民族浄化などから、国民を守る一義的責任を有している。
(2) 国際社会は、国家に対して上の責任を果たすよう促し、支援する責任がある。
(3) 国際社会は、外交的、人道的、その他の手段を使って、上に述べた犯罪から人々を守る責任がある。それでも国家がその人々を守ることができないとき、国際社会は、国連憲章に基づき、人々を守るために集団的な行為を取る覚悟を持つべきである[7]。

(3)は少し分かりにくいが、要は、国家が虐殺や戦争犯罪、人道に対する罪、民族浄化などから人々を守ることができないときは、国際社会が代わって、集団的行為（軍事行動を含む）によって、人々を守るべきであると述べられている。他方「国連憲章に基づき」という以上、基本的には国連安保理の支持、少なくとも容認がない限り、軍事介入はできないということを意味している。

2001年に「保護する責任」のコンセプトを打ち出してから、2005年に国連成果文書に盛り込まれるまでのカナダ外交の勢いは、目を見張るものがあった。しかしこの後、カナダの自由党政権は、ハーパー首相率いる保守党に選

---

6) 本章担当の一人（東）が、2004年にカナダのブリティッシュコロンビア大学大学院政治学科に留学を始めて、最初の学期に履修した授業の一つが、Paul Evans 教授と Brian Job 教授による「人間の安全保障（Human Security）」の授業であり、その2回目の授業で二人から学んだのが、このカナダの「狭義の定義」と、日本の「広義の定義」の解釈についてであった。
7) 国連首脳会議で採択された成果文書の中の保護する責任の部分の解説については、国連虐殺防止に関する事務総長顧問室のホームページに詳しい。
http://www.un.org/en/preventgenocide/adviser/responsibility.shtml

挙で敗れ政権の座を譲りわたす。そしてカナダは、「人間の安全保障」についても、「保護する責任」についても、旗振り役の座を一時的に降りることになった[8]。保守党政権は、「人間の安全保障」は、あくまで自由党が固執した概念だとし、この理念を外交政策の場で使うことに極めて消極的になった（その後約10年間、保守党がカナダの政権を担ったが、2015年に自由党が再び政権を奪還。これから「人間の安全保障」や「保護する責任」にどのような外交政策を打ち出すのか、注目される）。また途上国を中心に「保護する責任」への警戒感が増し、2009年に採択された「保護する責任」に関する国連総会決議は、Ａ４一枚の、「議論を続ける」ということだけを書き込んだ極めて内容の薄いものであり、反対意見の強さを印象づけてしまう結果となった[9]。しかし他方で、国連PKOミッションの任務を定める安保理決議に、「民間人の保護（Protection of Civilians）」という内容が盛り込まれたケースがすでに20を超えるという研究結果もあり、実際の国連の平和活動の中においては、「保護する責任」の考え方が浸透してきているという側面は否定できない。

　他方日本は、2001年に「人間の安全保障に関する国際委員会」を設立した。緒方貞子とノーベル経済学賞を受賞したインドのアマルティア・センを共同代表として議論を進め、2003年に「人間の安全保障の今日的課題」という報告書を発表する[10]。こちらは、国際的な脅威をより広いものに捉え、地球環境問題、感染症、貧困、自然災害、そして紛争などからどう人々の命や尊厳を守るかということを主題としていた。日本の打ち出す人間の安全保障について、いわゆる「広義の人間の安全保障」であるという評価が確立したのも、この報告書によるところが大きい。

8）カナダの保守党政権は、「人間の安全保障や保護する責任は、自由党が持ち出した概念だ」として、国連加盟国の中でこれを積極的に主張することは避け、むしろアメリカとの同盟関係に軸足を置く姿勢を鮮明にしていた。
9）2009年に採択された総会決議（A/RES/63/308）。
10）Commission on Human Security, *Human Security Now*, 2003.
http://www.un.org/humansecurity/content/human-security-now でアクセス可能（検索エンジンで Human Security Now を入れて検索すればすぐに出てくる）。邦訳は、人間の安全保障委員会『安全保障の今日的課題』朝日新聞社、2013年。

その後、ニューヨークの国連本部の中に、日本が主な出資国となって「人間の安全保障基金」が設立されたり、2010年には、人間の安全保障に関する最初の国連総会決議が採択されたりした。そして2012年、人間の安全保障に関する国連総会決議が、日本とヨルダンが共同議長を務め全会一致で採択され、ここに日本が推し進めた「人間の安全保障」の概念の定着化は、一つの締めくくりを迎えることとなった[11]。

　他方で、日本政府が、「人間の安全保障」と「保護する責任」との違いを強調し、「保護する責任」の理念に反対する加盟国の批判を受けないようにしたこともあって、「人間の安全保障」のコンセプトが、かなり漠然とした印象を与え、他の国連加盟国から、「人間の安全保障が訴える『欠乏からの自由』、『恐怖からの自由』、そして『能力強化』や『人間中心の開発』というコンセプトは、それ自体もちろん正しいことだが、総花的である。そこから何か新しい政策や取り組みが生まれるのか」という疑念が呈されることになった。「人間の安全保障」というコンセプトが、日本国内での浸透に比べ、国際的な広がりにいまひとつ弾みがつかないのは、そのあたりにも一つの要因があると思われる。

第2節　本書が打ち出す「人間の安全保障」と「平和構築」の関連

　では本書において、どのように人間の安全保障を理解するのか。我々が捉える人間の安全保障という概念は、一言でいえば、以下のように定義される。

　「人々を、軍事紛争、虐殺、環境破壊、自然災害、感染症、飢餓など、さまざまな脅威から守る責任は、一義的には、その人々が属する国民国家にある。しかし、国民国家に、そうした脅威から人々を守る能力が不足していたり、人々を守る意思がない場合（国家そのものが加害者になる場合も含む）、それでも危機に陥った人々の安全と尊厳をどう国際社会が守るのかについて

11）2012年に国連総会で採択された総会決議（A/RES/66/290）参照。

考える政策概念、である。具体的には、上からの『保護』と、下からの『エンパワーメント＝能力強化』を通じて、どう人々の安全と尊厳を守るかという視点となる」

　上の定義において、「さまざまな脅威」を、軍事紛争や虐殺、民族浄化など、人的暴力行為のみに限定するのではなく、環境破壊、自然災害、感染症、飢餓など、実際に現代の人々の生存を脅かしている脅威を包括的にとらえている面では、日本が打ち出してきた「人間の安全保障」、いわゆる広義の定義を含んでいる。一方、軍事紛争や虐殺、民族浄化など、「保護する責任」が対象とする脅威も、人間の安全保障が向き合う課題として、含まれる。そもそも緒方貞子が、湾岸戦争の後に国内難民化したクルド人を支援するコンセプトとして人間の安全保障を訴えはじめた経緯を考えても、このことは自然なことであろう。

　この定義は、これまで打ち出されてきた人間の安全保障についての定義やアプローチと基本的に重なっている。たとえば、JICA研究所が東南アジアの研究者たちと行っている「人間の安全保障」プロジェクトにおいては、「人間の安全保障とは、深刻で多様な脅威に対し、下からのエンパワーメントと、上からの保護によって人々を守り、三つの自由（恐怖からの自由、欠乏からの自由、尊厳ある生き方をする自由）を保障すること」とされており、本書での定義である「さまざまで多様な脅威から、どう人々の安全と尊厳を守るか」という内容と通じ合っている[12]。

　そのうえで、本書の定義で重要なのは、「誰に、人間の安全を守る責任があるのか」という問題について、国際社会と国家の関係をはっきりと打ち出している点である。「人々の安全を守る一義的な義務は国民国家にある」と考えた上で、「その義務を国家が果たせないとき、もしくは果たす意思がない場合、それでも、国際社会として危機に瀕する人々をどう守るか」を考えることこそが、人間の安全保障が求めていることだと明確に位置づけることで、このコンセプトの意義がより明らかになると考えている。そしてこの場合の国際社会とは、国際機関や国際NGO、加盟国やドナー、地方自治体や

12）詳しくは峯による第12章を参照。

市民社会など、多くの主体が含まれる。

　この点に関し福島（本書第 8 章担当）は、2010 年に出版した『人間の安全保障』の中で、人間の安全保障の特徴の一つとして、「国家の安全保障は本来国家が国民の安全を守るという構造であるはずだが時に国民を犠牲にすることもあった。冷戦後、その国家自体が弱体化する、或いは場合によって破たんし、国民も保護できないという事態が発生したことを背景に『人間の安全保障』という概念の登場はその究極的な対象を『人間』とするものになったのである」とし、国家だけでなく、『人間』の安全に真剣に向き合う必要が出てきた時代背景を鮮やかに描きだしている[13]。また長（本書第 9 章担当）は、2012 年に出版した『入門　人間の安全保障』の中で、「人間の安全保障の概念が、開発途上国における生存条件の問題や国家間紛争による欠乏、恐怖にとどまらず、最近では、国際テロや犯罪、地球温暖化、巨大自然災害など、国家としての枠組みを超えた脅威をも対象とするようになったこと」を、人間の安全保障が国際社会で主流化されてきた大きな要因として指摘している[14]。

　では具体的に、国家が単独では、そこに属する人々を守ることができない脅威に直面する場合というのは、どんなケースが考えられるだろうか。たとえば、感染症についていえば、西アフリカのシエラレオネ、ギニア、リベリアで 2014 年に大流行したエボラ出血熱が思い起こされる。この三つの国は、国民の命を守るために真摯な取り組みを示したと一般的には考えられているが、それでも、WHO など国際医療機関や、エボラ出血熱に対処するために作られた国連特別ミッション、米軍やイギリス軍、命の危険を顧みず現地に入った多くの NGO や国際的医療チームなどの献身的な協力があって、なんとか 2015 年には、終息宣言を出すことができた。エボラ出血熱の例は、「たとえ国家に意思があっても、単独では人々を守り切れない場合に、どう国際社会が関与して、人々の命を守ることができるか」という問題を直接的に問

---

13) 福島安紀子『人間の安全保障――グローバル化する多様な脅威と政策フレームワーク』千倉書房、2010 年、18 ページ。
14) 長有紀枝『入門　人間の安全保障――恐怖と欠乏からの自由を求めて』中公新書、2012 年、107 ページ。下線は筆者。

いかけており、本書で定義される人間の安全保障の典型的な課題の一つといえよう。

　また2011年に起きた911同時多発テロを実行したとされるアルカイダなど、国際的なテロ組織をどう取り締まるか、という問題も、組織が多くの国にまたがって活動しているため、一国ではやはり対処が難しい。国際社会全体の取り組みが必要という点では、これも典型的な人間の安全保障の問題といえる。記憶に新しい2015年のネパールでの大地震、2004年のインドネシア・アチェにおける津波なども、一国だけでは人々の命を守ることができず、国際社会の迅速な対応が問われた災害だった。また2011年のアラブの春から始まったシリアの内戦は、すでに20万人以上の犠牲者が出て、かつ450万人を超える難民（海外に避難した難民、および国内避難民を合わせて）が発生しているといわれる。シリア政府は、自ら多くの自国民に対する攻撃を容赦なく行っており、その意味では、「国家が人々の安全を守る意思がない」典型的なケースともいえよう。国連をはじめ国際社会は、シリア政府、反政府武装勢力が参加する暫定政権を作ることで、ISISを除く勢力によって平和を取り戻し、これ以上の犠牲を出さないようにできないかと努力を続けているが、この稿を書いている2016年現在、まだ全く見通しが立たない状況である。

　同じく2011年に日本で起きた東日本大震災も人間の安全保障の問題であることは論を待たない。地震、津波、福島第一原発事故という三つの大惨事に同時に直面する中、米軍によるトモダチ作戦をはじめ、多くの国際的な支援が人々を脅威から守る、もしくは救うことに役立ったことは間違いない。特に福島第一原発については、実際に起きた以上の大爆発が起こり東日本全体に人が住めなくなる危険が相当程度あったことが、その後の調査によって判明している。まさに、「そこにある国家だけでは人々の安全を守ることができない」すさまじい脅威に直面した、「人間の安全保障」の問題そのものであった。

　こうしてみると、現代社会に住む私たちの脅威のかなりの部分が、「人間の安全保障」に関わる問題だとみることができる。だからこそ私たちは、たとえ「人間の安全保障」という言葉に対する国際的な認知や関心が高まって

いなくても、これを突き詰めていくことが、現代に生きる私たちにとって極めて重要な意義を持っていると考えている。本書を出す意味も、まさにそこにあると確信している。

では、本書のタイトルのもう一つのテーマである「平和構築」と、「人間の安全保障」はどういう関係にあるだろうか。

「平和構築」は、より狭義の定義では、一般に「紛争後の平和構築」(Post-Conflict Peacebuilding) と呼ばれる。1993年に当時のガリ国連事務総省が出した「平和への提言（Agenda for Peace）」において、国連のさまざまな平和活動が定義された。報告書は、国連が紛争下の状況で軍事衝突を停止させるために行う外交活動を「平和建設（Peace Making）」、和平合意した後に、国連安保理の決議を経て、国連平和維持部隊を派遣する活動を「国連平和維持活動（Peace Keeping Operations）」、外交的な努力では軍事紛争を停止できないと考え、軍事的な介入によって紛争を止めようとする活動を、「平和執行（Peace Enforcement）」などと定義した。そして、紛争後の平和構築については、「紛争後の地域において、統治機構の再建を通じ、紛争の再発を防ぎ、平和を定着化させる活動」と定義された[15]。

この紛争後の平和構築が重要とされている理由に、現在、和平合意や、軍事的勝利などで軍事紛争がいったん終結した紛争の、約2分の1が5年以内にもう一度、軍事紛争に逆戻りしてしまう、という厳しい現実がある[16]。国際社会が当該国を支援することで、こうした紛争の再発を防ぎ、平和を定着させることは、そこに住む人々が、軍事紛争に巻き込まれ犠牲になることを防ぐという意味において、「人間の安全保障」の中核的な問題の一つだと捉えることができよう[17]。軍事紛争を経て、焼け野原から国家の再建を行う

---

15) Boutros Boutros-Ghali, *An Agenda for Peace*, 1992 参照。
http://www.un-documents.net/a47-277.htm
16) Paul Collier, Lani Elliot, Havard Hegre, Anke Hoeffler, Marta Reynal-Querol, and Nicholas Sambanis, *Breaking the Conflict Trap: Civil War and Development Policy*, Washington, D.C. and New York: World Bank and Oxford University Press, 2003, p.5.
17) 紛争の再発を防ぐための活動という意味において、平和構築は「紛争予防」の側面も同時に併せ持っている。そのため、平和構築をより幅広くとらえ、紛争予防なども含めて論じることは、十分合理性を持っているといえる。

国々の多くが、単独では持続的で信頼される政権を作ることが難しく、少なくとも国家再建の初期段階では、公平で公正な第三者の協力や、外国からの財政的・経済的支援を必要とすることも、国際社会の支援が必要となる理由になるであろう[18]。

以上が、本書が掲げる「人間の安全保障」と「平和構築」の関係である。「人間の安全保障」がさまざまな脅威を対象とする以上、「人間の安全保障と保健」、「人間の安全保障と防災」、「人間の安全保障と貧困削減」などいろいろなサブテーマがありうるが、本書は「人間の安全保障」が対象とする諸課題の中で、特に「平和構築」に焦点を当て、その課題解決へのヒントを探ることを目的としている。

第3節　人間の安全保障と「人間開発」および「尊厳」

ここまでの議論をふまえながら、この節では人間の安全保障という政策概念のキーワードを図解することで、読者の理解に役立てていただくことにしよう。まず、人間の安全保障と、その双子の概念である「人間開発」を対比させて、人間の安全保障の概念の特徴を浮き彫りにする。さらに、人間の安全保障と「保護」、そして自立支援（「エンパワーメント」と「尊厳」がキーワードとなる）の関係を整理していくことにしたい。

1994年の UNDP『人間開発報告書』以降、人間の安全保障の考え方は、一連の報告書、国連決議、学術文献等において、「自由」、「尊厳」、「恐怖」、「欠乏」、「ダウンサイドリスク」、「生の中枢」、「保護」、「エンパワーメント（能力強化）」[19]など、いくつかのキーワードによって定義されてきた。『人間開発報告書』から生まれた人間の安全保障は、人間開発と相互に補いあう面

---

18) この点については、第2章「平和構築における正統性確立の課題」で詳述する。
19) エンパワーメント empowerment は「能力強化」と訳される。これは正しい訳語だが、「身体能力強化」や「学力強化」を連想させる言葉である。英語のエンパワーメントの素直な意味は、人々に「力を与えること」であり、これまで発言力がなかった人々が発言できるようになる、決定権を現場に委譲する、といったニュアンスもある。

図1-2　人間開発と人間の安全保障

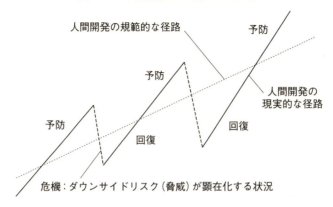

がある。図1-2は、この二つの人間中心主義的な概念を対比したものである。

　まず人間開発は、人々の選択の自由が拡大し、価値ある生をまっとうできるようになるプロセスである。それは、より多くの子供たちが学校に通い、予防接種を受けられるようになり、食生活や住宅が改善し、平均寿命が伸び、まともな仕事について、きちんとした所得を得られるようになる、といったプロセスである。大切なのは所得が増えることそれ自体ではなく、人々の自由が実際に拡大することだ。お金は幸福の手段であって、目的ではないからである。一人あたり所得が急激に伸びていても、人々の大多数が貧困と社会的排除に苦しんでいる国々もある。そういう場所では、経済開発は成功しても人間開発は失敗している[20]。

　図1-2が示すように、経済開発と同じく人間開発もまた「右肩上がり」の成長を遂げることが想定されているし、それは望ましいことでもあるだろう。しかし実際には、人間開発の径路はそれほど単純なものではない。一人一人の人間が生涯のなかでさまざまな病、事故、喪失を経験するように、人

---

20) 人間開発の考え方は、センのケイパビリティ（潜在能力）の理論を下敷きにしている。次を参照。アマルティア・セン（池本幸生・野上裕生・佐藤仁訳）『不平等の再検討——潜在能力と自由』岩波書店、1997年。

間の社会も思いがけない逆境や危機に直面することがある。それは人間の社会にとって、何がもっとも大切に守られるべき価値なのかを実感させてくれる瞬間でもある。

　アマルティア・センが「緒方セン委員会報告書」のコラムで述べているように、人々の選択肢が拡大するプロセスとしての人間開発は、拡張的で、前向きで、楽天的な性格をもつが、人間の安全保障はより慎重な、「守るべきものを守る後衛に徹する」概念である[21]。人間の安全保障の実践者は、不自由の原因としての「ダウンサイドリスク」、つまり、人間開発の成果を剥奪しかねない突発的な脅威に着目し、それらの負の影響をやわらげ、それらの根本原因をできるだけ除去していこうとする。「平和構築」というテーマにおける「ダウンサイドリスク」は、暴力的な紛争、政府ないし非政府アクターによる迫害、国家の崩壊、公共財の破壊、難民の発生といった事象に他ならない。それなりに安定した暮らしを営んできた人々が、紛争と暴力によって絶望的な状況に突き落とされ、自由の剥奪に苦しむ。こうした事態を、私たちは冷戦終了後のアフリカ各地、旧ユーゴスラビア、そして中東世界において多数目撃してきた。

　人間の社会から利害の対立を完全に除去することはできない。仏教的な無常観とも関係するが、人間の生と社会は移ろいやすく「はかない」ものであって、そこには上昇もあれば下降もある。人間の社会に完全な安定と安全がもたらされることはありえない。しかし、深刻な暴力の勃発（ないし再発）を防ぐことはできるし、暴力によって引き裂かれた社会の復興と傷の修復を支援することもできる。つまり、人間の社会を「よりよく」することはできる。避けるべきリスクの存在を正面から考慮に入れることで、人間の安全保障は、人間の自由の拡張を是とする人間開発の考え方を補い、動態化しようとする。下降局面の諸問題を直視する人間の安全保障は、単線的な発展を想定する人間開発の世界観よりも現実的であり、実践的だともいえる。

　では、人間の安全保障を実現する手段にはどのようなものがあるだろうか。図1-3は、人間の安全保障の実践を構成する「保護」について、いく

21）人間の安全保障委員会『安全保障の今日的課題』、31-5ページ。

図1-3　グローバル・ガバナンスと保護の類型

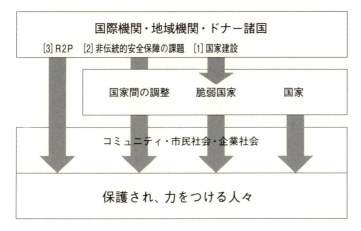

つかの類型を示したものである[22]。人間の安全保障と国家の安全保障は相互補完的である。政府がしっかりしている場所では、人々の安全はかなりの程度まで保障される。しかし、現存する国家にすべてを委ねることができないことに私たちが気づいたときに、人間の安全保障という指針が生まれることになった。第1に、さまざまな歴史的および状況的な理由によって国家が十分に機能していない場所（脆弱国家）においては、逆説的に響くかもしれないが、国家を強めることで人間の安全保障を強めることができる。援助を通じた「国家建設」の支援が、人間の安全保障と平和構築の実践の不可欠の一部になるわけである。

だが、個々の国家がいかに効率的で民主的で強靱だったとしても、人々の安全が保障されない場合が存在する。脅威があまりにも深刻である場合、また脅威の広がりが国境を越える場合には、原理的に、一国の枠組みでは対処できない。そこで第2の類型、すなわち非伝統的安全保障の課題に対処するという実践群が必要になる。この類型に属するのは、自然災害、環境破壊、経済危機、感染症の拡大などがすぐに思い浮かぶだろう。しかしそれだけで

---

22) この図の［1］から［3］で示した3つの類型は、旭英昭『平和構築論を再構築する（増補改訂版）』（日本評論社、2015年）を参考にしている。

はない。平和構築においても、多国間の協力によって、武力紛争の隣国への波及を防ぐことや、国境を越えたテロリズムに対処することなどもあわせて重要な課題になる。

多国間の協力は、機能する国家、機能する市民社会を前提とするが、紛争が極度に深刻化した場合には、国家がまったく機能せずに人々がリスクに直接さらされたり、さらには国家そのものが人間の安全保障を破壊するアクターになったりする事態も想定される。すでに述べたが、「国家に人々を守る意思がない場合」である。この第3の類型にあてはまる場合、カナダが提唱したいわゆる「保護する責任」が必要とされる可能性がある。「保護する責任」は、このような事態にグローバル社会が対処する際の基準を定める必要性から生まれたものであり、人間の安全保障と対立するというよりは、その特殊なケースとして位置づけることができる。

これらの3つの類型のすべてに「国家主権」がかかわってくる。第1の類型では、個々の主権国家の機能を強めるために、主権国家に対する支援が行われる。第2の類型では、主権国家の枠組みでは対処できない課題に取り組むために、主権を超えた地域的および国際的な協力が組織される。そして第3の類型では、最後の手段として、外部の国際社会が主権国家内部の人々に直接的に支援の手をさしのべる。場合によっては軍事介入も厭わない、とするのが「保護する責任」のはっきりしたところであるが、逆に一部の途上国から警戒される理由でもある。しかしここで重要なのは、第1から第3のいずれの場合も、「人々の安全」を実現するために、多かれ少なかれ主権の枠組みを超えた活動が組織されることは変わらないということである[23]。

だが、こうした上からの保護、介入、援助だけでは、人々の安全を持続的に保障することはできない。図1-3の下方に示される通り、国際機関や各国政府といった大規模なガバナンス機関の実践は、自治体や村落レベルのコミュニティ、市民社会、ビジネスなど、人々の日常生活にかかわる組織と効

---

[23] 人間の安全保障に関する2013年の国連事務総長報告は、国連加盟国に対して、一国、地域、国際の三層において人間の安全保障の実践を推進するよう呼びかけている。Report of the Secretary-General, Follow-up to General Assembly Resolution 66/290 on Human Security, 23 December 2013（A/68/685）.

図1−4 エンパワーメントと尊厳の中心性

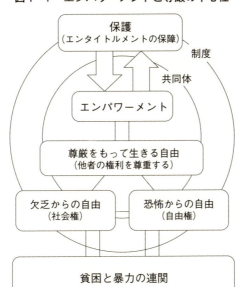

果的に協働することで、はじめて有効なものになる[24]。上からの保護は、人々の下からの「エンパワーメント」を促進することで、はじめて持続的かつ民主的なものとして機能するのである。

したがって最後に、「エンパワーメント」の観点から人間の安全保障を総括する図を描いてみよう。図1−4は、人々の「エンパワーメント」を中心に配置しながら、人間の安全保障が実現しようとする諸価値（3つの自由）とそれらを実現する手段（保護とエンパワーメント）の関係を示した「曼荼羅図」である。

---

24) 国家建設の支援において国家の下位のコミュニティや自治体の役割を強めることの重要性については、次を参照。Ryutaro Murotani and Yoichi Mine, "Bridging State and Local Communities in Fragile States: Subnational Institutions as a Strategic Focus to Restore State Legitimacy," in Laurence Chandy, Hiroshi Kato, and Homi Kharas eds, *The Last Mile in Ending Extreme Poverty*, Washington, D.C.: Brookings Institution Press, 2015.

外側の円から検討しよう。国内的および国際的な公的機関による上からの保護の活動は、その内実として、一人一人の人間に「欠乏からの自由」と「恐怖からの自由」を保障するものでなければならない。これらは個人が現実に支配できる（公共財を含む）財として、アマルティア・センの用語では基礎的なエンタイトルメントを構成することになる[25]。

　第二次世界大戦後、基本的な人権は、恐怖からの自由を意味する「自由権」が人権の第一世代として発達し、「欠乏からの自由」を意味する「社会権」は人権の第二世代として拡張してきた（国際人権規約B規約およびA規約）。ここで注目したいのは、多くの場合、市民的自由の否定としての圧政と暴力、そして社会経済権の否定としての貧困と欠乏が、互いに強めあう悪循環を形成するということである。貧困と社会的排除は政治的暴力の温床となり、不安定なガバナンスは貧困と不平等を強める。だからこそ、国際社会の平和構築にたずさわる実践者たちは、個々の任務の分業を超えて、互いの活動を調整し、平和と開発を一体のものとして包括的に取り組むことが求められる[26]。

　次に内側の円に目を転じてみよう。暴力的紛争を予防し、紛争の傷を修復するには、紛争地の人々自身が「運転席」に座って平和構築の主導権を発揮するのでなければ、効果の持続は期待できない。同時に私たちは、当事者である紛争地の人々の多様性を認識する必要がある。2015年2月に閣議決定された日本の「開発援助大綱」の人間の安全保障に関する部分では、「人間一人ひとり、特に脆弱な立場に置かれやすい子ども、女性、障害者、高齢者、難民・国内避難民、少数民族・先住民族等に焦点を当て」ることの大切さが記され、とりわけ女性の権利が強調されている[27]。「脆弱さ」（vulnerability）というのは、必ずしも「弱い」という意味ではない。リスクの性格に応じ

---

[25] エンタイトルメント entitlement は法学用語では「権原」と訳される。アマルティア・セン（黒崎卓・山崎幸治訳）『貧困と飢饉』岩波書店、2000年。

[26] 市民的自由や社会経済権といった基本的人権には法的な裏打ちが必要になる。民主主義国家においては、立法権は人民の代表が有するが、人間の安全保障が問題になるような、危機的状況においては、行政府による効果的で迅速な保護が重要になる。

[27] http://www.mofa.go.jp/mofaj/files/000067688.pdf

て、特定の属性をもつ人々がとりわけ傷つきやすい、被害を受けやすい立場に置かれる、という意味である。こうした人々を、上からの保護を待つ受動的な存在としてではなく、未来を切り拓く主体としてとらえ、その自立、自己決定、生業と文化の復興を側面から支えていくプロセスこそが、エンパワーメントに他ならない。

エンパワーメントを促進する実践者に求められるのは、当事者の「人間としての尊厳」を一義的に尊重する姿勢であることを、最後に強調しておきたい。尊厳とは、他者の人間としての存在そのものを尊重し、その敬意を行為によって表現することにかかわる[28]。他者の人間性を尊重する流儀は、異なる社会のあいだで重なる部分もあれば、特定の社会に固有のものもある。人権とは違って尊厳が関係論的な概念であることは、死者の人権を考えることはできないけれども、死者の尊厳を考えることはできる、ということからもわかる。人の命が失われても、死者と生者の関係性は残るのである。尊厳の考察は、これから人間の安全保障の研究と人類学、地域研究との協働が期待できる分野でもある。

2012年に国連総会で合意をみた人間の安全保障の定義によれば、人間の安全保障は（国家ではなく）「人間を中心」とし、（縦割りの分業ではなく）「包括的」な実践を志向し、（唯一の普遍ではなく多様な）「コンテクスト」を重視し、（一方的な介入ではなく）「予防」を重視する概念である[29]。平和構築の実践においても、普遍的な制度的ルールを上から一律に押しつけようとしても失敗することが、何度も指摘されてきた。人間の安全保障と平和構築の実践者には、他者の存在、他者の権利、他者の文化に敬意を表し、暴力

---

28) カント的な尊厳の理解を現代の文脈で復権させようと試みたものとして、次を参照。Michael Rosen, *Dignity: Its History and Meaning,* Cambridge, Mass.: Harvard University Press, 2012. 東日本大震災の被災地の復興にかかわったNPO「人間の安全保障」フォーラムの活動のキーワードも、まさに「尊厳」であった。山本哲史編『人間の安全保障を求めて——東日本大震災被災者のための仮設住宅における支援活動の現場から』「人間の安全保障」フォーラム、2014年。
29) 既出、国連総会決議2012（A/RES/66/290）。なお、人間の安全保障委員会の報告書は、生の中枢（vital core of human life）を守り抜くことの大切さを説くと同時に、そこに単一の定義を与えることはできないと指摘していた。

の脅威にさらされる人々の自己決定権を強めていく姿勢が、何よりも求められているといえるだろう。

第4節　本書のきっかけと構成

「人間の安全保障」が現代の国境を超える課題を見据え、その解決策を探る上で重要なコンセプトであるという共通の認識をもった研究者、外交官、実務家を講師として、2014年4月から翌年1月まで、計11回にわたり、「人間の安全保障と平和構築」という連続セミナーが開催された。東京大学大学院総合文化研究科「人間の安全保障」プログラムが主催し、東が全体を統括した当該セミナーには、毎回100人近い参加者が集い、熱い討議が重ねられ、延べ参加人数は1000人を超えた。このセミナーでの討論も受けて、「人間の安全保障と平和構築」連続セミナーの講師陣によって執筆されたのが本書である[30]。

第Ⅰ部は、『統治機構の崩壊と、国家再建』をテーマに、平和構築の問題に迫る。第2章では、東大作（元国連アフガン支援ミッション和解・再統合チームリーダー、上智大学准教授）が、「平和構築における正統性確立の課題」をテーマに、平和構築のプロセスにおいて、「正統性のある現地政府」を作る上での課題を、自ら国連政務官として平和構築に携わったアフガニスタンのケースも踏まえ、包括的に論じる。第3章では、2002年に新たに建国された東ティモールの国連特別代表として2006年に発生した政治危機に対処し、大規模な内戦に突入するのを防ぐ歴史的な役割を担った長谷川祐弘（元国連事務総長特別代表［東ティモール担当］、日本国際平和構築協会理事長）が、「東ティモールの平和構築と指導者の役割――2006年の国家危機から学んだ教訓」について、自らの体験を踏まえ論述する。第4章では、鈴木恵美

---

30) この連続セミナーの主催を全面的に応援してくれた、東京大学大学院総合文化研究科「人間の安全保障」プログラムの教員の方々に、深く御礼を申し上げたい。またこの「人間の安全保障と平和構築」連続セミナーは、東が2016年4月に上智大学に移籍して以降、上智大学グローバル教育センター主催で、現在も継続的に開催されている。

（早稲田大学地域・地域間研究機構主任研究員）が、「『アラブの春』後のエジプトにおける混乱と平和構築――チュニジアとの比較から」と題し、アラブの春以降起きている中東の地殻変動と、その中でエジプトが民主化の失敗を経て、現在再び強権国家の道を歩んでいる理由を解説し、中東における平和構築の課題と難しさを論述する。第5章では、植木安弘（元国連広報官、上智大学教授）が、国連本部での自らの体験に触れつつ、「国際化するテロリズムと国際社会の対応」について論述する。国際対テロ戦略の中心的な課題が、統治能力が崩壊した国家を立て直し、テログループの温床にならない政府の再建であることが、その中心的テーマである。

　第Ⅱ部『強靭な社会をどう作るのか』では、下からのボトムアップの社会作りにも焦点を当てる。第6章においては、畝伊智朗（元 JICA 研究所所長、吉備国際大学教授）が、「援助機関と平和構築――アフリカでの現場体験から」をテーマに、35年近くにわたってアフリカを中心に国際協力の現場で携わってきた経験をもとに、現地の住民や政府の能力構築（Capacity Building）の課題について論述する。第7章では、杉村美紀（上智大学教授）が、「教育からみた人間の安全保障と平和構築――ネパールにおけるインクルーシブ／特別支援教育が問いかけるもの」と題し、杉村が継続的に現地取材を続けているネパールにおいて行われている障がい者を含めたインクルーシブ教育が、内戦も経験したネパールにおいて、人々の考え方や生き方にどのような影響を与えてきたのか、JICA と協力して行ってきた支援の経験も踏まえながら論述する。第8章は、福島安紀子（青山学院大学教授）が、「文化・スポーツ活動と心の平和構築」と題し、紛争影響下にある脆弱な地域において紛争の再発を防止し、平和を定着させる上で必要な立体的な平和構築を文化の面から論述する。これまで政治、経済、安全保障面からのアプローチとあわせて文化面からのアプローチも必要と提言されながら、文化・スポーツ活動はマージナルな扱いを受けてきた。本章ではその役割に焦点を当て、紛争地の人々の憎悪と対立の記憶を乗り越え、共生、協働、共創を実現するための文化・スポーツ活動を介した心の平和構築に論及するとともに、長年のフィールドワークの成果の一端を紹介し、強靭な社会をつくるために、インフラ整備などのハード面の支援のみならず、ソフト面からの支

援による和解が必要であることを述べる。

そして第III部、『日本はどうするのか』においては、まず第9章にて、長有紀枝（立教大学教授・難民を助ける会理事長）が、「『人間の安全保障』概念を外交にどう活かすか」というタイトルで、日本政府が、「人間の安全保障」という理念をどこまで活かせているのか、これまでの歴史的な経緯や、現場で行っている支援活動も踏まえながら、問題提起する。これを受け第10章では、大島賢三（元国連日本政府代表部常駐代表、元JICA副理事長）が、自ら国連大使として関わった2005年の安保理改革の動きも振りかえりつつ、これからの安保理改革の焦点と、それが平和構築に与える影響について、「国連安保理改革と日本——人間の安全保障と平和構築の役割を担うには」と題して論述する。実際に当事者として関わった大島ならではの、将来の安保理改革に向けた提言である。第11章では、滝澤三郎（元UNHCR駐日代表、東洋英和女学院大学客員教授）が、「日本による紛争国家からの難民受け入れ」について、UNHCR駐日代表として難民問題に取り組んだ経験や、現在、日本の難民受け入れ問題の第一人者としてこの問題に携わっている立場から、日本が多くの難民を受け入れることができない現状とその理由、将来に向けた方向性を大胆に提案する。第12章においては、峯陽一（同志社大学教授・人間の安全保障学会事務局長）が、「東アジアにおける人間の安全保障——認識共同体をめざして」というテーマで書く。峯自身がJICAと協力しつつ主導している、ASEANプラス日本、韓国、中国の研究者による人間の安全保障についての協議や、将来の相互協力への議論について解説し、今後日本が「人間の安全保障」の問題について、アジア諸国とどう協力していけるのか論じていく。そしてむすびとして、旭英昭（元在東ティモール大使、元東京大学教授）が、これまで自ら行ってきた「平和構築を再構築」する作業を振り返りつつ、将来の課題について論述する。

人間の安全保障と平和構築の問題は、幅広くまた奥行きも深く、到底一冊の本で網羅できるものではない。それでも本書が、私たち日本人がこの重要なコンセプトを理解し、将来の私たちの生き方、日本としての国の在り方を考える上で、少しでも役に立つのであれば、望外の幸せである。

第2章

平和構築における正統性確立の課題

東 大作
元国連アフガニスタン支援ミッション和解再統合チームリーダー、
元国連日本政府代表部公使参事官、上智大学准教授

国連アフガニスタン支援ミッションの和解再統合チームリーダーとして、ダイ・クンディ県を視察。県知事や他の国連職員と共に。（左から2番目が著者、2010年）

はじめに

「平和構築」という言葉を見て、皆さんはどのような光景を連想するだろうか？

「平和を作る」という言葉は美しい。でも「平和を構築」するという言葉には、これまで平和でなかったという意味が、多くの場合、含まれている。国同士の戦争や、国の内部での戦争（内戦）など、人と人が殺し合い、被害者が逃げまどい、多くの難民が国境を越えて生死をさまよう。そんな人間にとって最も悲惨で苦しい状況に多くの人が追い込まれるのが戦争だ。そんな状態から、人々が平和で安定した生活を営める状況を、どうやったら作っていけるのか。「平和構築」（英語でPeacebuilding）という言葉には、そんな思いが込められている。

第二次世界大戦が終わり、日本が平和国家としての歩みを始めてもう70年以上が経つ。だから私たちは、戦争の問題をどうしても「ずっと昔に起きた遠い出来事」か、「日本から遠く離れた場所で起きている出来事」と感じがちである。それは決して恥ずべきことではなく、日本が軍事力や武力行使で国力を大きくしようとしたり、他の国との問題を解決しようとしたりしなかったことの、結果なのである。そして、そんな日本の戦後の生き方を、アフリカや中東、ヨーロッパやアメリカ大陸、そしてアジアの国々の圧倒的多数が高く評価してくれている。

でもだからといって、日本人の私たちは、世界各地で、戦争によって苦しんでいる人たちに対して無関心でいいのだろうか？ 実は私たち日本人の生活は、世界中の国から資源を購入し、それをもとに製品を作り、それを世界中に売ることが大きな基盤になっている。だから世界中が戦争状態になり、日本だけが平和だとしても、決して豊かな生活を送ることができるわけではないのだ。むしろ、世界が少しでも平和で豊かなものになればなるほど、日本もまた世界との貿易を拡大し、人々の交流も盛んになり、より豊かな生活を送ることができるようになる。

実は、この本のもう一つの主題である「人間の安全保障」という言葉は、

そんなふうに世界中がつながっている現代において、他の国の人々の安全や生活に無関心ではいられない、「そのことは回りまわって自分たちに帰ってくる」ことを教えてくれる概念だと私は考えている。わかりやすい例でいえば、イラクやシリアのように、内戦が続き、誰も統治ができない無政府地域が広がれば、自称イスラム国（ISIS、またはIS、ISILとも呼ばれる）のような過激集団がその地域を実行支配するようになり、世界中でテロ行為を行うようになってしまう。また現在、ジカ熱や、エボラ出血熱など、根本的な治療方法が確立されていない感染症が世界中で頻発している。もし戦争で統治機構が崩壊した地域でこうした感染症が発生すれば、それを国内にとどめることは極端に難しく、世界中に拡散してしまうリスクが高い。逆に、2014年にエボラ出血熱が大流行したシエラレオネやリベリアは、非常に脆弱な保健システムのもとにあったものの、国連を中心とした平和構築活動のおかげで、そのころまでには一定の平和と安定を築いていた（両国とも1990年代後半まで、長い間、内戦に苦しんできた）。だからこそ、世界中の支援者が両国に入り、感染症対策をすることで、1年後には、その終結を宣言することができたのである。その意味であのとき、エボラ出血熱を世界中に広がるのを食い止めることができたのは、国連の平和構築活動の一つの成果だと私は考えている。

　こうした例で分かるように、私たちの生活は、世界のいろいろな地域の人たちの生活や人生と切り離すことはできず、深い繋がりをもっている。だからこそ、平和国家としての道を歩んだ日本が、戦争でまだ苦しんでいる人たちと関わることで、その国や地域が平和になる手助けをしようとすることは、奇特なことでも、偽善でもなく、一緒にこの地球で生きているものとして胸を張ってできる作業だと私は考えている。それは、日本の中において、消防士や警察、医師や看護師など、自らの生命のリスクをかけながら他の人々の生命を助ける仕事に就いている人を、多くの人が尊敬するのと同じことだと思う。

　イラク。アフガニスタン。シリア。イエメン。南スーダン。コンゴ民主共和国（DRC）。中央アフリカ。ソマリア。世界には、今も戦闘が続く地域がたくさんある。いったいこの地域をどうすれば平和にすることができるの

か。その一つの大事な方策は、やはり人々から信頼される確かな国家、統治機構を構築することだと私は考えている。少し難しい言葉でいえば、「人々がそのルールに自発的に従おうと思える、正統性のある現地政府」を作ることである。こうした正統性のある政府を作ることができ、かつ隣国との平和的な関係を構築できれば、一定の平和や安定を享受できる可能性が高い。そのためには、いったいどうすればよいのか。この章では、私がこの12年間、研究者として行った調査・研究や、アフガニスタンの国連政務官として平和構築に向き合った現地体験、そしてニューヨークの国連日本政府代表部の公使参事官として平和構築の教訓づくりに携わった経験などを基に、「紛争に苦しんできた社会において、どうすれば正統な政府を作ることができるのか」という問いについて、私が提示してきた議論について述べてみたい。（本章では、国連アフガニスタン支援ミッションや国連日本政府代表部での勤務時の経験も述べているが、あくまで私個人の見解であり、国連や日本政府の意見を代表するものではない。）

第1節　正統性（Legitimacy）の理論と平和構築

「紛争後の平和構築における正統性は、どのように確立、もしくは崩壊するのか」。この問いの背景には、2003年のイラク戦争の後に行われた国家再建において、アメリカ軍主導の国家再建が大きく挫折し、「紛争後の平和構築においては、レジティマシー（正統性）の確立が極めて重要である」という主張が、多くの政治学者からなされるようになった事実がある[1]。

レジティマシーの定義としては、イアン・ハードが「ある組織や、そのルールに従うことが当然（必然）だと思わせる規範的な力」と定義し、トーマス・フランクは、「強制ではなく、自発的にルールや組織に従おうと思わせる心理的な力」と定義している[2]。こうした定義から、レジティマシーのある政府とは、強制力をそれほど行使しなくても、そのルールや決定（たとえ

1）Larry Diamond "What Went Wrong in Iraq," *Foreign Affairs* 83, no.5（2004）など。

ば選挙の結果など）を、自発的に受け入れ従おうと、人々に思わせる信用をもった政府ということになる。このように、多くの人々が自発的にルールを遵守する（コンプライアンスする）政府を樹立することができれば、少なくとも国内においては、持続的な平和を確立できるだろう。しかし、どうすれば正統性（レジティマシー）を持つ政府を、紛争後の国家において確立できるのか、という根本的な問いに対して、これまで定説がなかった。私の調査と研究の目的は、その問いにささやかながらも応えたいというものであった。

　レジティマシーを作る源については、マックス・ウェーバーが古典的な議論を展開している。彼は、①法的な権威（Legal Authority）、②伝統的な社会に根付いた権威（Traditional Authority）、③個人のカリスマ性に基づいた権威（Charismatic Authority）の三つを指摘した上で、民主主義社会においてはさらに、投票を獲得して政府として選択されることが、レジティマシーを獲得する上で重要であると論じている[3]。また現代の国際関係論の学説としては、ロバート・コーヘンが、「ルールの決定の過程において、より多くの人々の意見を公平に聞いて、透明性が高い形で決定を行うことによって生まれるレジティマシーは、インプット・レジティマシー（Input Legitimacy）と定義できる。そして、決定されたルールが人々の生活の福祉や安全の向上に役立つということで生まれるレジティマシーは、アウトプット・レジティマシー（Output Legitimacy）ということができる。この二つによってレジティマシーは形成される」と主張している[4]。

　こうした学説も踏まえつつ、2006年から継続的にニューヨークの国連本部で行った国連幹部へのインタビューや、2008年に行ったアフガニスタンや東ティモールの現地調査、さらにイラクやシエラレオネなどの研究もあわせ

2）Ian Hurd, "Legitimacy and Authority in International Politics," *International Organization* 53, no. 2, 1999, 381. および Thomas Franck, *The Power of Legitimacy Among Nations*, New York: Oxford University Press, 1990, p.26.
3）Max Weber, *Economy and Society*, ed. Guenther Roth and Claus Wittich, Berkeley: University of California Press, 1978.
4）Robert Keohane, "The Contingent Legitimacy of Multilateralism," Garnet Working Paper, No. 09/06, 2006, p.3.

て、平和構築における正統性ある政府の樹立には何が重要かを、私は拙著『平和構築』や Challenges of Constructing Legitimacy in Peacebuilding の中で指摘した[5]。そこでは、正統性ある政府を確立する上での重要な要素として、①国連の役割、②包摂的なプロセス（国家再建により多くの人々が参加するプロセス）、③人々の生活やサービスの向上（平和の配当）、④強制力（軍や警察）の整備が重要であると結論づけた。

その上で私は、これまで③の人々の生活の向上（Money）や、④の強制力（Gun）の重要性が強調される傾向が強かった中で、この二つに加えて、①の紛争当事者を仲介する公正な第三者の役割や、②の紛争中に敵だった勢力も含めて平和構築に参加する、いわゆる包摂的なプロセスが重要であるということを強調した。そして国連の役割については、「国連が現地の人々から完全に信頼されているわけでは決してないが、紛争後、国に介入する他の大国（例えばイラクやアフガニスタンにおける米国、シエラレオネにおけるナイジェリア、東ティモールにおけるオーストラリアなど）に比べると、国連はまだ、現地の人々から公正な第三者として見てもらえる上で比較優位を持っている」ということを主張し、上の四つのケーススタデイーを通じ、それを立証しようと試みている。以下、「国連の比較優位」と「包摂的プロセスの重要性」について、アフガンの平和構築を例に議論したい。

第2節　アフガニスタンの平和構築と「国連の比較優位」

アフガニスタンでは、1979年のソ連のアフガン侵攻以来戦争が続いてきたが、1989年にソ連がアフガンから撤退した後、アフガン各派が内戦に突入。1990年代に入ってタリバンと呼ばれる勢力がパキスタンの難民キャンプで結成され、瞬く間にアフガンの多くの地域を掌握。90年代後半には国土の90％

5）詳しくは、『平和構築——アフガン・東ティモールの現場から』（岩波新書、2009年）および Daisaku Higashi, *Challenges of Constructing Legitimacy in Peacebuilding: Afghanistan, Iraq, Sierra Leone, and East Timor* (London: Routledge 2015) を参照。

近くを支配していた。しかし女性の就労を禁止するなどの政策が国際的に批判され、タリバンを承認した国は、パキスタン、サウジアラビア、アラブ首長国連邦に留まっていた。

　2001年のアメリカ同時多発テロを受けて、米国政府はこれを過激派アルカイダの犯行と断定。アルカイダのリーダーであるビン・ラディンがアフガニスタンに隠れているとして、タリバン政府に引き渡しを要求。タリバン政府がそれを拒んだため、アメリカは軍事攻撃を開始し、タリバンは2001年末にカブールから撤退。2001年末からカルザイ大統領を中心とする国作りが始まった。しかし2005年頃より、タリバンの勢力が回復し、アフガン南部や東部を中心に、多くの地域がタリバンに支配されるようになった。

　私が2008年にアフガンで調査を行った際には、国土の70％はすでに政府の支配下になく、タリバンなど反政府武装勢力が支配する状況になっていた。この調査を通じてまず①の現地の人々から見た信頼度における、国連の比較優位が明らかになった。その論拠となる証拠は、大きく分けて二つある。一つは、アフガン全土に1700以上あるとされる軍閥に対する軍備解体プログラムにおいて、実際に政府の要請に応じて、武器の放棄に応じた司令官のほとんどが、その理由として、武器の放棄に応じることで、自分たちの住む地域に開発プロジェクトが実施されるという経済的な理由に加え、「アフガン政府の役人だけでなく、国連のスタッフが一緒に要請に来たからこそ、その約束を信用した」と述べたことである[6]。もう一つは、私が、アフガン南部で最大民族であるパシュトーン人が住むカンダハール県、アフガン中部でパシュトーン人が住むワーダック県、そして同じくアフガン中部で2番目に多い民族であるタジク人が住むキャピサ県の3か所において行った、合計260のアンケート調査の結果である。調査の結果、パシュトーン人とタジク人の間では、2001年にタリバンが崩壊する前と、調査時の2008年において、「どちらが治安がよかったか」、「どちらがより豊かだったか」という質問では大きな差があるにもかかわらず、国連に関する信頼については、民族の違いを越

---

6) この節の引用の詳細は、『平和構築』第4章、および *Challenges of Constructing Legitimacy* 第2章を参照。

え、一貫して高いという結果が出た。例えば、「国連は他の外国と比べ、よい現地政府作りを支援する上で、より信頼できると思うか」という質問に対して、カンダハール県で80％、ワーダック県で95％、キャピサ県では99％の人が、「国連のほうがより信頼できる」と答えた。また2009年に大統領選挙が予定されていたことに関連し、「誰が選挙を実施すべきか」という質問に対して、カンダハール県で70％、ワーダックで80％、キャピサで94％の人が、「アフガン政府と国連が一緒に選挙を実施すべき」と答え、アフガン政府だけで実施すべきという人の数を圧倒的に上回った。また国際的な軍を誰が指揮すべきと思うかという質問についても、「国連が指導的な役割を果たすべき」と答えた人が、カンダハール県で70％（「米国やNATO」と答えた人が28％）、ワーダック県で98％（「米国やNATO」は2％）、キャピサで98％（「米国やNATO」は2％）という結果が出ており、国連の方が、他の国に比べ比較優位を持っていることがはっきりした。こうした結果は、アメリカ系のNGOであるアジア財団が、2004年に行った約800人のアフガン人に行った意識調査でも、84％のアフガン人が、国連に対して好意的（Favorable）と示されており、私の調査と符合している[7]。

　しかしこうした国連への信頼は、絶対的なものではなく、あくまで他の大国や隣国に比べてということであり、プログラムの実施状況などで、信頼は不信に簡単に変わりうる。実際、2005年から始まった軍備解体プログラムにおいては、アフガン政府のスタッフ不足や、一つのプロジェクトの予算上限が約1500万円相当であることを事前に司令官に伝えず、武器放棄の目標値を達成した郡の評議会が、予算上限よりも高いプロジェクトを要請するケースが相次いだことなどで、約束した開発プロジェクトの実施ができない地域が多く出た。2008年の調査時、軍備解体のノルマとされる登録された武器の75％が回収されて、開発プロジェクトの候補地になった40の郡において、実際にプロジェクトが実施された郡はわずかに2つであった。プロジェクトの実施が遅れている地域では、武器放棄に応じた司令官たちが、「政府に騙された」と怒り、その怒りは国連にも向けられているのを、私は10人以上の司

---

7 ）Asia Foundation, "A survey of Afghan People: Afghanistan in 2004."

令官との直接のインタビューで知ることになった。こうした状況は、国連の信頼が絶対的なものでなく、現地の人たちとの約束を守り、忠実にプログラムを実施することで初めて維持されることを、如実に示している。

第3節　アフガンにおける「包摂的政治プロセス」への試練

　アフガンにおける平和構築を考える際に最も重要な点は、2001年の米軍による攻撃まで全土の90％を掌握し統治していたタリバンを、完全に排除して、国家再建を行おうとしたことであろう。このタリバンの排除については現在、深刻な反省がなされている。2001年から2004年までアフガンの国連特別代表を務めたバグダル・ブラヒミ氏は、「タリバンが壊滅的な打撃を受けていた2002年から03年の間に、タリバンに対して和解を呼びかけ、新政府に引き入れる努力をしていれば、タリバン指導部の多くが武器を捨て、政治プロセスに入っていたでしょう」と再三にわたって述べ、和解の努力を怠ったアフガン政府と国際社会は大きな過ちを犯したと、自らへの反省もこめて強調している[8]。2008年に現地調査した際に会った多くのアフガン政府の閣僚も同意見だった。ジア農村復興開発大臣（当時）は私に、「2002年から03年であれば、タリバンは非常に脆弱化しており、和解の努力をしていれば彼らの多くが和解に応じたでしょう。そのことは確信しています」と話した。
　では、なぜ2002年から04年の間に、和解への取り組みは始まらなかったのか。ブラヒミ氏は、「アメリカのブッシュ政権を中心に、当時の国際社会には、『タリバンとの和解など論外だ』という雰囲気が圧倒的で、それを議論すること自体難しかった」と08年のラジオインタビューで述懐している。またアンワウルハク・アハディ財務大臣（当時）は私に対し、「2004年頃まで、アフガンは国際社会から『成功事例』と見られていたのです。タリバンが再びアフガンの領土の多くを実行支配し、脅威になるなどとは、ほとんどの国

---

8) Radio Free Europe Interview with Lakhdar Brahimi, "Afghan Bonn Architect Says People's Needs Have Been Forgotten," December 16, 2008.

が想像できませんでした」と当時の状況を語った。

　他方、パキスタン側に逃れたアフガンタリバンの幹部は、2002年当時、アフガン政府との政治対話について前向きであったとされる。タリバン運動について長く調査している研究者によれば、タリバン指導部は、2002年11月にパキスタン内部で開かれた最高幹部による会議で、アフガン政府側が、タリバン指導部を逮捕しないと保証できる限り、交渉に応じるべきだという決定を行った[9]。しかしこうしたタリバン側からのメッセージは、当時アフガン政府側からも米軍からも取り合われることはなかった。そしてタリバンは戦闘によるアフガン奪回に舵を切ったのである。そのため、和解への動きが始まるのは、アフガンの治安状況が劇的に悪化しはじめた2005年以降になる。この Missed Opportunity（逸した機会）は、将来の平和構築にとって大きな教訓といえるであろう。

　こうした理由で、実際にタリバンとの和解の試みが始まったのは、治安の悪化が顕著になった2005年になってからだった。当時のカルザイ政権は、PTS（ダリ語の省略。直訳は「平和を強化するプログラム」）と呼ばれる和解プログラムを発足させた。しかし私が現地調査を行った2008年の段階で、PTS がうまくいっていないことは、政府が実行支配する地域が激減し、タリバンの浸透が進んでいることからも明らかであった。調査の結果、PTS について以下のような問題点が浮かびあがった。

① 　アメリカ軍の非協力。元タリバン指導者で、「政府への攻撃を放棄し、和解プログラムに参加する」と表明し、アフガン政府から「あなたはアフガン政府軍や警察から攻撃されない」という手紙を受け取ったにもかかわらず、その後、アメリカ軍から拘束されたり攻撃されたりするケースが複数あり、プログラムの信頼が失墜した。

② 　和解に応じた後、生活手段がない。PTS の事務局長が和解に応じた兵士から聞いた話を総合すると、タリバンに属して戦っていた場合、一般兵士で月100ドルから150ドルの給料が得られるとされている。しか

9） Felix Kuehn and Alex Strick van Linschoten, "Separating the Taliban from al-Qaida," Center on International Cooperation, New York University, 2011, 6.

し、和解に応じた後、タリバン指導者か一般兵士かを問わず、その後の生活手段がなく、困窮してしまうのが実情であった。

③　タリバン指導者で、国連の制裁リストの対象になっている人が、PTSを通じて和解に応じても、一向に制裁リストから外されない現状が、タリバン指導部が和解に応じることを著しく阻害している。

④　上のことからも分かるように、PTSは、タリバン指導部との本格的な和平交渉を目指したものではなく、あくまでタリバンの切り崩しを狙ったものであったこと。

これらが、PTSが失敗した主な原因だった。

その一方で、一般のアフガン人の中に、パシュトン人かタジク人かを問わず、「和解によって平和を促進してほしい」という声が圧倒的であることも分かった。私がカンダハール県、ワーダック県、キャピサ県で行ったアンケート調査では、パシュトン人で90％以上の人が「アフガンの平和のために最も必要なのはタリバンなど反政府勢力との和解」と答え、タジク人でも86％の人が、そう答えた。また「カルザイ政権とタリバンの連合政権を支持するか」という質問に対しても、パシュトン人で98％、タジク人でも69％が、「支持する」と答えた。私自身、アンケート調査には通訳と共に参加したが、人々の対話や和解による平和を希求する気持ちの強さに驚かされる思いだった[10]。

こうした現状分析をもとに、私は2008年10月、国連PKO局ベストプラクティス部からアフガン調査についての結果をまとめたリポートを出版した。そこでは、PTSの問題点を指摘した上で、抜本的に新しい和解プログラムを設置することが必要であると主張した。具体的には、1）アフガン政府、UNAMA、ISAF（多国籍軍）、アメリカ軍（対テロ作戦の部隊を含む）、などすべての主要アクターが参加する新たな和解委員会を設置する、2）和解に応じた元タリバン兵士に対して生活支援を行うため、全国で職業訓練プログラムを拡大・新設する。その際、一般住民から不満が出ないよう、一般市民にも職業訓練サービスを行う、3）和解に応じたタリバン指導者層は、国

10）前掲『平和構築』第5章参照。

連の制裁リストから外すようにし、政府との和解に応じるよう促す、4）アルカイダ等の国際的テロリストグループと関係を断つことができるアフガニスタン出身のタリバン指導部とは対話を進め、政治的解決を目指すこと、などを提言した。

　PKO局からレポートを出版した翌月の2008年11月、アメリカの大統領選挙で、イスラム社会との和解を掲げたオバマ大統領が当選し、ブッシュ政権では難しいと思われたタリバンとの和解が、一気に真実味を帯びてきた。こうした変化を見て、新たな和解プログラムを設立する可能性がでてきたと感じた私は、2009年6月に出版した拙著『平和構築』において、アフガン現地調査の結果と、新たな和解プログラムの提案を盛り込み「アフガン各層から信頼を得ている日本が、率先してアフガンにおける新たな和解プログラム作りを主導すべきだ」という主張を行った。幸い、超党派の平和構築議員連盟、自民党アジアアフリカ研究会（当時の高村正彦外務大臣が、アフガンでの現地調査を積極的に応援していた）、民主党外務防衛部会、JICA研究所などでも、こうした提案について発表する機会を得た。また当時の緒方貞子JICA理事長や大島賢三JICA副理事長（元国連日本政府代表部常駐代表）が、外務省の幹部の人たちに私の本を推薦して下さったこともあり、局長や大使など多くの関係者に提言について説明する機会があった。

　また米国政府の中で、アフガン政策を担当していたホルブルック・アフガンパキスタン担当特使の下でNo.2を務めていたポール・ジョーンズ副特使が、私が書いたレポートを読み「ワシントンに来ることがあれば会いたい」と連絡があり、2009年9月にワシントンで、ジョーンズ副特使と、その他の米国務省アフガン支援室の幹部と会談した。1時間ほどの質疑のあと、私の方からこのような提案についてどう思うか問うとジョーンズ氏は、「和解のプログラム（Reconciliation）と呼ぶのか、再統合（Reintegration）と呼ぶのか、名称をどうするかは別として、とにかくこうしたプログラムが必要なことは議論の余地がないと思う。そして日本が新たなプログラム作りに指導力を発揮してもらえれば、非常にありがたい」と答えた。

　米国政府も乗り気であることを確信した私は、9月中旬から、再度日本に戻り、外務省の関係局長などとの面談を行った上、当時の岡田克也外務大臣

との面会を行い、新たな和解プログラムを作る必要性と、それを日本が率先して発表することの意義について、直接議論する機会を得た。その結果、その年の11月に発表された対アフガニスタン支援策の3本柱の一つにこの「アフガンへの和解支援」が盛り込まれた[11]。こうしてアフガニスタンにおける新たな和解プログラムを作る動きが始まった。

　一方、アフガン政府は、2009年の大統領選挙の結果を巡って政治的な混乱が続いたが、10月末にカルザイ大統領の2度目の当選が確定し、11月19日に就任演説を行った。その中でカルザイ大統領は、2期目の最重要課題が、タリバンも含めて反政府武装勢力との和解であるということを言明した。一方私は、以前から応募していたUNAMAの政務官に、2009年7月に採用されたという通知を受け、12月21日にUNAMAのカブール本部に着任した。UNAMAは、私が行った調査を支援してくれた組織であり、UNAMAにとっても新たな和解プログラムの発足は悲願であった。そのため私の努力も評価してくれ、UNAMAの中に新たにできた「和解再統合チームリーダー」として、新たなプログラムの設立に関わることになった。

　その後、UNAMAとしての和解に対する立場を明らかにするため、私は、UNAMAの八つの地方事務所に12ページのアンケート用紙を配布し、その回答をもとに「新たな和解プログラムに関するUNAMA 5提言」を起草し、当時UNAMA政務部長だったタラトベック・マサデイコフ氏や、UNAMA代表のスタファン・デミツラ氏など上司の承認を得た。その5提案は、

① 　和解に向けた取り組みは、下級兵士や中堅司令官だけを対象とするのではなく、同時並行で、タリバン幹部・指導部に対しても行うべき。
② 　地域の中堅司令官との和解に関しては個別事情によるが、地方政府（県レベルや郡レベル）の役職などを与える可能性を含め、政府の中のポジションを用意すること。
③ 　和解が成立した地域で実施する共同体への開発支援については、なる

---

11)「日本の対アフガニスタンパキスタン新戦略」（Japan's new assistance package to Afghanistan and Pakistan）、2009年11月9日。

たけすべての共同体に平等に行う。一斉に全県で行うのが政府の能力から見て難しい場合、アフガン政府が選んだターゲット県の中においては、少なくとも全ての共同体に同じ規模の支援を行うべき。戦闘地域に限って共同体支援を行えば、かえって周辺地域の反発を招き、治安の悪化につながる危険がある。

④ 共同体への支援を行う場合、一定の政治的な安定、治安の改善が見られることを前提とすべき。軍事紛争が続いている地域に対し、やみくもに開発支援を行うことは、資金が反政府武装勢力に流れる可能性を含め、紛争を激化させる危険がある。

⑤ 和解したタリバン兵士や、その他の一般市民に職業訓練を行う場合においては、共同体への開発支援や、その他の地域開発プロジェクトと連携し、開発プロジェクトの実施に必要な職業訓練を行う。そのことで、訓練後の雇用を確保するようにする。

であった。

こうしてUNAMAの政策ポジションを定めた上で、アフガン政府において新たなプログラム作りの責任者であったマスード・スタネグザイ大臣等に対し、上司のタラトベック・マサデイコフUNAMA政務部長と共に説明・説得を開始した。スタネグザイ大臣とUNAMAの考えは近く、話し合いは順調に進んだ。しかし新たな和解プログラムの中身を決定するプロジェクト・ドキュメントを巡っては、当時10万人近い兵力を擁したISAF（多国籍軍）が、その内容作りに大きく関わっていた。

ISAFの関与は、和解プログラムにとって、もろ刃の剣であった。一方で、PTSへの批判の項でも述べたように、ISAFなど多国籍軍が真剣に和解に参加し取り組まない限り、アフガンにおいての和解の成功はあり得ない。紛争の当事者が、アフガン政府だけでなく、ISAF（そしてその中心である米軍）でもあるからだ。一方ISAFが和解の前面に立ち、そのプログラムの運営を左右しはじめると、アフガン人から見て「これは米軍主導の、タリバンに対して投降・降伏を求めるプログラムだ」と認識されてしまう恐れがあった。ここにISAF関与のジレンマがあった。

UNAMAとISAFは、国連安保理決議において、あらゆるレベルにおい

て協力することが求められていた。しかし和解に向けた根本的な思想の違いや、プログラムの具体的な中身についての発想の違いがあることは、紛れもない事実であった。ISAFとの思想の違いの一つは、タリバンのどの階層を主なターゲットにして和解を進めるかという問題だった。UNAMAは、タリバン幹部との和解・政治的合意をすることが不可欠であるという立場であったが、ISAFは当時、アメリカ政府の立場を反映し、一般兵士や中堅司令官など、より階層の低いタリバンやその他の反政府武装勢力を対象にすべきという立場をとっている幹部が多かった。幸い、この点については、アフガン政府の担当大臣であったスタネグザイ氏やカルザイ大統領もUNAMAと基本的に同じスタンスに立っていた。そのため、UNAMAとしては、一貫してこの立場をISAFに伝えると同時に、アフガン政府側にも、タリバン指導部との和解をも含むことを明記すべきだという主張を繰り返し伝えた。その結果、最終的な和解プロジェクト・ドキュメントの中には、反政府武装勢力の「Strategic Level（最高指導層）」、「Operational Level（中堅司令官）」、「Tactical Level（一般兵士）」の全ての階層に同時並行して和解を働きかけることが明記された[12]。

　こうした議論を繰り返しながら、アフガン政府、UNAMA、ISAF、そして主なドナーは、新たな和解プログラム作りを続けた。2010年5月から、UNAMAが共同議長役をつとめ、アフガン政府と主要ドナー、関係する国際機関を招待して、3回にわたって調整会議を開いた。実務担当者が集まった会議では、私が議長を務め、アフガン政府担当者から説明を聞くと同時に、ドナーの意見をプログラムに反映する方法について意見を交わした。6月からは、断続的に主要ドナー国とアフガン政府、そしてUNAMAやISAFのトップが出席した会議が開かれ、4度にわたりプログラム案が書き直された後、7月20日に開催されたカブール国際会議に、最終案が提示された。最終案は出席した70を超える国の代表に支持され、新たな和解プログラム「アフガン平和と再統合プログラム」と和解を応援するための国際基金が

---

12) The Project Document of the "Afghanistan Peace and Reintegration Program," endorsed by the Afghan government and the donors in July 2010.

発足した。

「アフガン平和と再統合プログラム」のプロジェクト・ドキュメントや、農村復興開発省の和解に関するガイドラインには、UNAMA 5提言もほぼすべて反映され、その点でいえば UNAMA として納得できる内容であった。プログラムは主に以下の5点から成り立っている。1）タリバン指導部との対話・和解の促進。反政府武装勢力の幹部が、武器を捨て憲法を尊重し和解に応じた場合、その見返りとして、国連制裁リストから外すことや、政治的参加（Political Accommodation）を認めること、場合によっては第三国への亡命を認めること、2）和解に応じたタリバン兵士の武装解除と、90日間を原則とした最低限の生活支援、3）111の対象郡における共同体への開発支援、4）農業公社や公共公社を新たに発足させ、植林、灌漑、道路建設などを実施し、迅速な雇用創出を行うこと、5）職業訓練を、元兵士と一般市民双方に及ぼし、共同体全体の利益になるようにすること、などであった。

こうしたプログラムを実施するため、その最高執行機関になる「高等和平評議会」のメンバー70人が10月に決定され、ブルハルディン・ラバニ元大統領をトップとし、スタネグザイ大臣を事務局長とする評議会が活動を開始した。また、その下に作られた「中央事務局」では、個別具体的なプログラムを採択する審議が始まり、国際アクターとして ISAF と UNAMA が会議に参加することになった。こうして、「高等和平評議会」「アフガン平和と再統合プログラム」「国際アフガニスタン和解基金」という三本柱による和解支援の枠組みが正式に決まった。国際的な和解基金には、米国、日本、ドイツ、イギリス、オーストラリアなど主要なドナーが参加して約200億円もの和解基金が集まり、主な支援国のバックアップの下、アフガン政府がタリバンなど反政府武装勢力との交渉を始める体制は一応整った。

第4節　一進一退が続くその後のアフガン和平プロセス

こうしてアフガンにおける和解に向けた機運が高まり、その後、アフガン

政府側とタリバン側で、さまざまな接触、対話が始まった。またアフガン市民の多くも、この動きを歓迎した。2010年にアフガン全土で約6000人のアフガン人を対象に、国際的NGOであるアジア財団が行った世論調査においては、83％のアフガン市民が、カルザイ政権が行っているタリバンとの和解の努力を支持すると答えた[13]。そして米国のホルブルック・アフガンパキスタン特使も「アフガン戦争の終結のために、政治的な解決が必要であることは誰もが認めている。…アルカイダと対話することは無理だ。しかしタリバンの指導者と対話をすることは可能なのだ」と明言するようになった[14]。

しかし米国政府の中には、「軍事的優位」をタリバンに対して確立しない限り、タリバンが交渉に応じてくることはないという考えに固執する人たちも多かった。事実米軍は、2010年後半から2011年7月までに3万人の増派を行い、10万人という規模の米軍をアフガン全土に展開、400人近いタリバン司令官が殺害されるか拘束され、1000人近いタリバン兵士が殺害され、2500人近いタリバン兵士が拘束されたと伝えられている[15]。

しかし、アメリカの軍事作戦は効果をあげず、タリバンの支配地域を大幅に奪還するには至らなかった。他方で、2011年5月、アルカイダの首領であるビン・ラディン殺害に成功したオバマ大統領は、翌月の2011年6月の大統領演説で、タリバンとの政治交渉に積極的に関与することを明言する。「政治的な解決なしに、アフガニスタンのような国に平和が来ないことは誰もが知っている。米国はこれから、アフガン政府とタリバンの和解に向けた動きに参加する」[16]。同じころ、国連安全保障理事会も、全会一致で、これまで「タリバンアルカイダ制裁委員会」として、タリバンとアルカイダを同じ制裁リストで扱っていたことをやめ、タリバン制裁委員会とアルカイダ制裁委員会に分けることを決定した。これは、和解に応じたタリバン指導部を、なるだけ速やかに制裁リストから外すための仕組み作りであり、実際2011年7月には、国連タリバン制裁リストに載っていた14名のタリバン幹部をリスト

---

13) Asia Foundation, "Afghanistan 2010: Survey of the Afghan People."
14) Reuter interview with Richard Holbrooke, 7 June 2010.
15) 前掲、Linschoten and Kuehn, "Separating the Taliban from al-Qaeda," p.9.
16) New York Times, "Text of President Obama's Speech on Afghanistan," 22 June 2011.

から外すことを安保理は決定した[17]。

　こうした和解に向けて高まった機運は、その2か月後、積極的に活動を続けていたラバニ高等和平評議会議長が暗殺され、一気に吹き飛ばされた。2011年9月20日、タリバンの最高意思決定機関といわれるクエタ評議会からのメッセンジャーを自称する人物が、スタネグザイ和解担当大臣とラバニ議長に面会し、挨拶を交わそうとした瞬間に自爆テロを敢行し、ラバニ議長は死亡、スタネグザイ大臣も重傷を負った。その後、クエタ・シュラにいるタリバン指導部は犯行を否定し、タリバンの使者を名乗った偽物による犯行だとしたが、未だに真相は分からないままである。

　この事態は双方から信頼される第三者による仲介の必要性を、まざまざと見せつけた事件でもあった。アフガン政府とタリバン側が直接交渉する際、相手に対する敬意を払う必要からも、最低限の身体検査もできなかった現実があった。NGOであれ国連であれ、もし双方から信頼される第三者が仲介していた場合、少なくとも紛争当事者双方の安全を確保するために最善は尽くす。この「信頼される第三者」の仲介による持続的な和平交渉が実現できないことが、アフガン和平プロセスの進展を大きく阻む要因の一つとなっている。

　この仲介者に、2012年以降、中東の産油国、カタールが名乗りを上げた。ラバニ議長の暗殺によって、一度は頓挫したかに見えたアフガン和平は、カタールの仲介の下、比較的早く対話再開への模索が始まった。2012年1月には、タリバン指導部が、「カタールの首都ドーハにタリバン交渉部（オフィス）を設置し、アフガン政府との和平交渉に入る用意がある」と声明を発表[18]。アフガン政府側もそれを認め、カタールを仲介者とした本格的な和平交渉が始まるのではないかという期待が高まった。しかしその後、タリバン側が、米国のグアンタナモ基地に拘束されている5人のタリバン幹部の釈放を求め、米国がそれに応じない中、結局タリバンは一端、カタールのオフィスを閉鎖し、本格的な交渉に入らない決断をした。しばらく停滞した和平交

---

17) Reuters, "U.N. Sanctions Panel Delists 14 ex-Taliban Figures," 15 July 2011.
18) *Wall Street Journal*, "U.S. Afghans in Taliban Talks," 16 February 2012.

渉であったが、2013年6月にタリバンは、再度カタールオフィスを正式に立ち上げ、和平交渉を始めることを宣言。アフガン政府もこれに応じるとし、重傷を負ったにもかかわらず和解に向け努力を続けるスタネグザイ大臣は、「数日以内には本格的な和平交渉に入る」と期待を述べた。そのわずか二日後、タリバンがカタールオフィスにタリバンの旗を掲げたことにカルザイ大統領が激怒、アフガン高等和平評議会メンバーをカタールに行くことを中止させ、交渉開始は棚上げとなった[19]。

　このように、カタールを仲介者とした交渉が、本格的に始まらなかった理由の一つに、カルザイ大統領の側に、「なぜカタールが仲介をするのか」という疑念があったといわれている。カルザイ大統領側には、親米政権でもあるカタールがタリバンと米国の間を仲介し、自らが主導権をとれない中で、米国とタリバンが手打ちをしてしまうのではないかという疑念が常にあった。カタールへの全幅の信頼をアフガン政府側が置くことができない中、カタールによる和平プロセスは、交渉の入り口で挫折を繰り返してしまったのである。

　2014年5月、オバマ大統領は、タリバン側に拘束されていた米軍兵士（Sgt. Bowe Bergdahl）1人と、グアンタナモに拘束していたタリバン幹部5人を交換することを決断し、カタールの仲介のもと、実行した。拘束されていた米軍兵士の健康状態が悪化し、人道的にこれ以上は待つことができなかったとして、オバマ大統領は、議会の猛烈な反発を予想しつつも、この交換を決断した。その背景には、タリバン側が長年求めてきたこの交換を実現することで、政治的解決へのステップになることへの期待もあったと、米国政府高官はメディアの取材に答えている。しかし2014年は再びアフガニスタンで大統領選挙が行われ、投票結果の信ぴょう性について疑念が出されて混乱が続き、2014年末に元財務大臣のアシュラフ・ガーニ氏が新大統領に決まるまで、和平交渉は手を付けることができなかった。

　その間もタリバンは軍事的侵攻を続け、2014年から2015年は、2001年から始まったアフガンの国家再建プロセスの中でも最も治安情勢が悪い年となっ

19）BBC News, "How Taliban Talks have Become Deadlocked in Doha," 12 July 2013.

た。平和を取り戻そうと、新たに大統領に就任したガーニ大統領は、パキスタンの協力を取り付けた上で、タリバンとの和平交渉に臨む姿勢を明らかにした。その努力の結果、2015年7月7日、アフガン政府とタリバンは、パキスタンの仲介のもと、パキスタンの首都イスラマバード郊外で、初めてとなる正式な交渉を行った。交渉には、パキスタン政府、アフガン政府、タリバンの代表に加え、米国政府と中国政府も参加し、これを機に、次の会談で、アフガン政府とタリバンの初の正式な和平協議に入るのではという期待が高まった[20]。

そのわずか2週間後、「実はオマール氏は、2年前に死亡していた」という驚愕の情報がリークされた。タリバンの絶対的指導者と見られていたオマール氏の死が明らかになったことから、タリバン側での激しい後継者争いが始まり、またしても和平交渉は、その入口で頓挫することになったのである。そのため、この稿を書いている2016年10月現在、アフガン和平プロセスはまったく先が見通せない状況が続いている。また2014年末までにアフガンに駐留するアメリカ軍は1万人を切るまで縮小され、一方タリバンは軍事的攻勢をさらに強め、アフガン南部や北部の州都も支配される可能性が出てきており、決して楽観できない治安情勢が続いている。

このアフガンにおける平和構築の歴史は、持続的でかつ包摂的な政治プロセスを作ることが如何に重要で、かつ難しいかを如実に示している。

おわりに　他のケースと今後の課題と教訓は

平和構築プロセスにおける、「国連の比較優位」と「包摂的な政治プロセス」の重要性は、他のケースでも顕著である。たとえばイラクでは、2003年にアメリカがイラクに侵攻し、フセイン政権を打倒した後、イラク政府の運営を一手に担っていたバース党を解散。また40万人ともいわれるイラク国軍

---

[20] New York Times, "Afghan Officials and Taliban Meet in Possible Step Toward Peace Talks" 7 July 2015.

も解体し、生活に追われた彼らの多くが反政府武装勢力に加わることになった。イラク全体でいえば、人口の70％ともいわれるシーア派による政治的・経済的権力の独占が進み、約20％を構成し、フセイン大統領の出身母体だったスンニ派が、政治的にも経済的にも排除されていく構図が強まった。この反発が原因となり、2004年以降イラクは、シーア派、スンニ派、クルド派による戦闘が激化し、内戦ともいえる凄惨な状況に陥った。2007年以降、ペトロレス米軍司令官が、スンニ派との和解・懐柔に努めはじめ、まず10万人ものスンニ派の反政府武装勢力の人たちを、「イラク覚醒評議会」と呼ぶ組織に加盟できるようにし、1月1人当たり300ドル以上の給料を支払うようになった。こうした政策の結果、2008年以降、劇的に治安は改善され2011年末には米軍はイラクから撤退した。しかし米軍撤退直後から、シーア派のマリキ首相が、スンニ派の政治的排除を再開し、またイラク覚醒評議会への支払いもストップしたため、瞬く間にスンニ派が多数派を占める地域で反政府活動が広まった。それにつけ込む形で、イスラム国（ISIS）がスンニ派地域で支配を広げ、2014年にはイラクの3分の1を支配し、世界に衝撃が走った。これに対してオバマ大統領は、「イラクにおいて包摂的な政府が必要である」と再三にわたって主張[21]。その結果、マリキ大統領はアメリカの圧力もあって退陣。アバデイ首相が就任し、スンニ派との和解を再度進め、ISISからの領土の奪還を目指している。

　他方、包摂的なプロセスに成功したケースもある。たとえばシエラレオネにおいては、1999年に政府側と、RUF（Revolutionary Unitary Front）という反政府武装勢力がロメで和平合意した後、RUFが政党として選挙に参加することを認め、その指導者は政府中枢の役職として国政に参加し、RUFの一般兵士は、DDR（Disarmament, Demobilization, Reintegration いわゆる軍備解体と再統合プログラム）によって、武器の放棄と引き換えに、職業訓練などの恩恵を経て、新たな国づくりに参加することになった。国連は1万人規模の国連PKOミッションを派遣して、治安維持に貢献した。その後

---

21) この節は前掲、*Challenges of Constructing Legitimacy in Peacebuilding,* chapter 4 参照。

紆余曲折を経ながら、2002年の大統領選挙も成功し、2014年には、国連PKOミッションの後に設置された国連特別政治ミッションも撤退。シエラレオネは近年最も平和構築に成功した国として、安保理メンバーからも祝福を受けたのである。
　また1999年に国民投票を行ってインドネシアから分離し、3年間の国連統治を経て、2002年に独立した東ティモールも、建国の父といわれるシャナナ・グスマオ大統領が、野党FRETLINのトップであったアル・カティリ事務局長の意見を取り込みながら、包摂的な政治運営を行い、国内情勢は安定した。2012年末には国連PKOミッションが撤退、その後も東ティモールの平和と安定は続き、国づくりが進んでいる。そしてシエラレオネでも東ティモールでも、国連への信頼は大きい。シエラレオネでは、国民の95％が、「1999年まで介入していたナイジェリアを中心とする多国籍軍ではなく、国連PKOがシエラレオネの治安維持を担ったことに満足している」と答えた。また東ティモールでは、1999年から2005年まで国連PKOが駐留し、2006年から2012年まではオーストラリアを中心とする多国籍軍が駐留したが、8割以上の東ティモール人が「国連PKOの方が好感を持っている」と答えている[22]。
　こうした平和構築の個別ケースの課題や教訓を、世界の国々と共有し、共に解決策を探っていくことも、日本が平和構築に果たせる大きな役割であろう。私は、2012年8月から2014年8月まで、東京大学と外務省の人事交流によって、ニューヨークの国連日本政府代表部の公使参事官として平和構築や和平調停の統括業務を行う機会に恵まれた。これまでの研究や経験から、平和構築において正統性ある政府を作っていく上で鍵を握る「包摂的なプロセス」を作るにはどうすればよいのかを、他の加盟国と共に探っていくことは重要だと考え、日本政府代表部が主導する形で「国家再建における包摂性に関するセミナー」を主催していくことを提案し、当時の西田恒夫国連日本政府代表部常駐代表の指導を仰ぎながら、国連タンザニア代表部と共催する形で、2回のセミナーを開催した。セミナーには毎回、国連加盟国や国連事務

---

22) 前掲、*Challenges of Constructing Legitimacy in Peacebuilding*, Chapter 4参照

局の関係者を中心に150人以上の聴衆が集まり、関心の高さが伺えた[23]。これを受け、2014年に行われた和平調停に関する国連総会決議案交渉において、日本政府として「和平調停によって和平合意が実現した後のプロセスにおける、包摂性の重要性を強調する」という文言を新たに盛り込むことを提案、ロシアなどの国々との交渉を経て、2014年7月31日、同決議案は、日本が提案した文言の趣旨が盛り込まれた形で、全加盟国の賛成のもと採択された[24]。また日本は2011年から2015年末まで、国連平和構築委員会の中の教訓作業部会（Working Group on Lessons Learned）の議長を務めたが、私がこの教訓作業部会を統括した2014年は、1年かけて「国連ＰＫＯミッションや国連特別政治ミッションが撤退した後、どう持続的な平和を作るか」についてワーキングレベルで議論を繰り返した。そして最後に吉川元偉国連日本政府代表部常駐代表が、教訓作業部会議長として報告書を提出[25]。この報告書では、国連ミッションが撤退した後、1）包摂的な政治プロセスや対話が失われ、政治的排除が起きるリスク、2）国際社会からの任意拠出が減少し、平和構築の当該国が財政危機に陥るリスク、があることを指摘。その上で、国際社会と当該国が共通の目標を立て、当該国は包摂的な政治プロセスを維持し、国際社会は持続的な支援を続けていくことをお互いに合意し実施していくことが、リスクを克服する上で大事であると結論づけている。

　平和構築が人の命に直結する活動である以上、一つ一つの平和構築の現場やその歴史から学び、少しでもよい方法を模索することは、日本にとっても世界にとっても大事なプロセスであろう。自らの経験から、日本は多くの国々が持つ知恵や経験を共有し、よりよい方策を共に探っていくグローバル・ファシリテーター（Global Facilitator）として、中心的な役割を担えると確信している。

---

23) 当該連続セミナーについては、国連日本政府代表部の以下のリンクで見ることができる。http://www.un.emb-japan.go.jp/topics/peacebuilding_seminars.html
24) 和平調停に関する国連総会決議 A/RES/68/303 Operational Paragraph 15参照。
25) 平和構築委員会教訓作業部会のページに、サマリーや報告書が掲載されている。

第3章

東ティモールの平和構築と指導者の役割
2006年の国家危機から学んだ教訓

長谷川祐弘

元国連事務総長特別代表（東ティモール担当）、
日本国際平和構築協会理事長

グスマン大統領（左）と筆者（写真提供：国連）

人間の安全保障と平和構築を論ずる場合に，「欠乏からの自由」とか「恐怖からの自由」がよく語られてきている。紛争多発国や紛争終結直後の国では、これらの二つの自由を確保することが重要であるが、国家の安定と市民の安全により決定的な影響を与える「自由」がある。それは指導者が自らの我執を克服する「貪欲からの自由」である。独立国家の指導者たちが権力と財力の欲望にとらわれ国家の安定と利益を犠牲にすることを防ぐために、この貪欲から解放されるように導いていくことが平和構築支援者の核心的な任務であるといえよう。国際社会は法の支配や民主主義政治体制の組織作りと共に、紛争多発国の指導者のものの見方と考え方の転換を実現するよう努めるべきである。

　国連の平和構築支援活動の責任者として、東ティモールの国家の指導者と行動した筆者が学んだことは、ステート・ビルデイング（State Building）と呼ばれる国家統治機構の運営能力の向上と同時に、ネーション・ビルデイング（Nation Building）、つまり国民国家建設をするプロセスにおいては、指導者の志（Aspiration）と思考方法（Mindset）に変化をもたらすことの重要性であった。指導者たちが自らの権力維持や私的利益の確保に専心するより、国民の福利と厚生を優先することが自らの地位を安定させ歴史的な名誉（Legacy）を残すことになることを悟ってもらうことである。平和構築を成功させるための決定的な要因であるこの点に留意し、治安対策や政治課題としてのみならず社会文化そして心理学の観点から現地の指導者の志と考え方を変えることを、国連平和活動ミッションの主要な任務にすべきである[1]。

　前章の東氏の論考は、正統性ある統治機構をどう樹立するかを巡るものであったが、ここでは、指導者の志や思考方法に焦点をあてて論じてみたい。具体的には、東ティモールの独立後に起こった数回の危機の根源的原因を考察し、2006年の国家危機に遭遇したときに、東ティモールの指導者と国連幹

---

1 ）Sukehiro Hasegawa, *Primordial Leadership: Peacebuilding and National Ownership in Timor-Leste*, Tokyo: UN University Press, 2014. Sukehiro Hasegawa, *Post-Conflict Leadership*, UN Chronicle, Vol. LII No. 4, April 2016.

部がどのように対処し克服したかを検証する。そしていかに平和を定着させ民主主義国家の実現を成し遂げたか、指導者の行動と志から学んだ教訓を提示する[2]。

第1節　東ティモール2006年の武力闘争と国家危機の根源的な要因

　2006年4月から5月にかけて、東ティモール国防軍（F-FDTL）と国家警察（PNTL）が衝突して、一連の武力闘争事件が起こった。オーストラリア軍を主とした多国籍軍が投入され、武力闘争が鎮圧され治安が回復されるまでに、現地住民39人が命を落とし、約150,000人が国内避難民となった。

　この危機の直接的原因は国防軍内の差別待遇に不満を持った兵士たちの嘆願デモであった。その根源的要因はただ単なる差別待遇のみならず、より複雑で深いものであった。国家の最高指導者である大統領と首相の権力闘争が主要要因であったが、国家をどのように治めるべきかに関しての指導者の政治思想と志の違いが根底にあった。その上に指導者と国民の相互信頼関係、大人と若者の対立、首都と地方の格差など多くの要素が混存していた。

　武力闘争の根源的要因は国家権力の強化と権益の確保を究極目的とするグループと、人民の信頼と融和を望むグループの民主主義に関する問題意識の相違でもあった。一方では「法の支配」（Rule of law）を「法による支配」（Rule by law）にして統治体制の基盤強化を狙うグループと、自然法のような漠然としてはいるが、「法の支配」（Rule of law）の理念に基づいて社会を治めていくアプローチの違いでもあった。貧弱な経済での緊縮財政の重要性を確信していたアルカティリと、国際金融機関からの支援を受け経済を稼働していこうとするグスマンの問題意識の相違でもあった。

　グスマンとアルカティリ両者の間の対立は、2006年の騒乱以前のインドネ

2）東ティモールでは独立後の数年間に2002年、2005年、2006年、2008年と2〜3年ごとに反政府暴動や騒乱が起きたが、ここでは2006年に起こった武力闘争を中心に分析することにする。「志」とは内に秘めた願望で外部には認知されない場合が多々ある。

シア統治時代まで遡る。グスマンは1975年に若手メンバーとして活動を開始したが、次第に残り少ない解放軍の指導者として台頭し、1980年代に入ると結成した東ティモール民族解放軍（FRANTIL）を率いることになった。その後、グスマンは1992年にインドネシア軍に拿捕されるまで、卓越した指導者となったが、1980年代から1990年代にかけてフレティリン中央委員会との間で思想上の対立が深まった。マルクス・レーニン主義を政治思想として掲げるフレティリンと共に独立闘争は続けられない気持ちになったと、グスマンが筆者に何度となく思い出深く語ったのを覚えている。

　インドネシア軍の占領が始まる前に、東ティモールを脱出してモザンビークで亡命生活したアルカティリは、1999年の国民投票後に帰国し、国連の暫定統治中に憲法作成に専心し、大統領を名誉的な職にして、実権は首相が把握するように、条文を作成した。そして国連の暫定統治の終了後に正式な現地政府が樹立されると、グスマンの同意を得て初代首相に就任した。グスマンは大統領になったが、憲法上の制約があることを詳細には認知していなかった。アルカティリは政府そして国家の全権掌握を目指し、2002年から2006年までの間、憲法上の法的な手段を活用して、権力の集中を図った。国防軍と国家警察などの治安機関を支配下に置くことにも執心した。グスマンは、独立達成後の数年間はアルカティリが自らへの脅威になるとは思わず寛容的な態度を保った。例えば、2004年5月20日に警察の執行権と国防軍の指揮権を正式に移譲する文書に署名する式典を行った。警察権の委譲に関してはサンディ・ピースリー国連警察総監とパウロ・マーティンズ国家警察長官そしてカマレシュ・シャルマ国連事務総長特別代表とアルカティリ首相が署名することで同意されていた。国防権の移譲に関しては、国連事務総長の代理としてシャルマ特別代表と国家元首で東ティモール国防軍総司令官のグスマン大統領が署名する協定書を準備した。式典の日程が近づくにつれ、アルカティリは、防衛大臣やF-FDTL司令官を直属下におく行政府の長である自分が署名すべきだと主張してきた。グスマンに問い合わせたところ、首相が同席して署名することに反対しなかった。グスマンは自信をもって、外国軍が東ティモールに再度攻め込んできたら、国に残って戦うのはアルカティリではなくグスマン自身だと筆者に述べた。

アルカティリは第1代目の総理大臣として、自らが書き上げた憲法を土台にして治安部隊の権限を完全に把握しようとした。しかし、国防軍の兵士の多くは大統領が最高司令官として指揮する権限をもっていると思っていた。2006年1月にサルシナ中尉と159人の兵士が大統領府を訪れた際、グスマンは大統領兼最高司令官として、東部（ロロサエ）出身の将校らによる西部（ロロモヌ）出身者に対しての差別が国防軍内に存在することが問題であると指摘した。その後さらに多くの西部出身の兵士が差別待遇の是正を訴え出ると、大統領と、政府・国防軍との個人的及び組織的対立が深まった。大統領はロロサエとロロモヌ双方に相互受け入れを促したが、政府は国防軍による規制や規律の実施強化を支持した。両者はそれぞれの権力基盤の拡大を始め、治安部隊の政治化を促した。

　2002年から2006年にかけて行政府が独走して活動出来たのは、政治的、組織的かつ憲法上の要因があった。アルカティリが首相として一歩一歩、独占的な立場を強化し、国民議会さらにフレティリン党内においても自由な政治議論を許さないようになった。これが多くの議員そして国民の不信感を生む結果となった。国会内では野党は弱小で、圧倒的多数の力を有するフレティリン党の行政府に対して、効果的な抑制力を発揮することができなかった。国会の外では、政権与党と教会・市民社会との間の対立が高まっていった。

　アルカティリにたいするグスマンの信頼感が消滅したのは、アルカティリが民主主義の基礎的なルールを無視して権力の維持を強行したときであった。2006年5月、フレティリンの党大会において、党首の選出に改革派のグテレス国連大使が立候補したときに、アルカティリ派が秘密投票の規則を無視して挙手による公開投票に切り替えて反対派を封じ込めた。この出来事により、アルカティリが法の順守をせずに専制主義国家の樹立を目指していると判断したグスマンが、アルカティリの意図を阻止する決意を固めることになった[3]。

　国連の東ティモールでの事務総長特別代表（SRSG）として、筆者は中立的な立場を取り大統領と首相との間の仲介役を務めた。国連安保理事会が決

---

3) Hasegawa, op. cit., pp.135-137.

議したマンデートに含まれていない、国防大臣と国防軍司令官との関係も緊密にした。2006年の3月にサルシンナ中尉が率いる嘆願兵を除隊処分にしたときには、タウル・マタン・ルアク（Taur Matan Ruak）国防軍司令官とロック・ロドリゲス（Roque Rodrigues）国防大臣を特別代表公邸に呼び、その理由を問うと共に、国防軍の運営改革を行うことを協議した。そして2006年4、5月に状況がかなり深刻になったときでも、東ティモールの指導者たちは筆者のアドバイスを傾聴してくれた。しかし国連安保理の決定で、2005年に国連平和維持部隊が撤退していたために、筆者の役割は指導者に対するアドバイザーであり、東ティモールの指導者や活動家たちが個々に指揮していた東ティモールの警察や兵士の行動を力で抑えることは出来なかった。

　武力闘争の発端となった嘆願兵のデモ行進は2006年4月24日に混乱なく始まった。しかし最終日の28日にアルカティリ首相が官邸から出てきてデモ隊との面会を拒否すると若者たちが暴徒化して官邸敷地内に突入した。筆者はそのときには、国連安保理に出席するためにニューヨークに滞在していたが、現地の国連ミッションからの詳細の報告を受けた。それによると、デモ隊員の鎮圧に大統領の承諾を得ず、首相が国防軍の出動を指令したとのことであった。

　国防軍の指揮権と統制権に関して、東ティモール憲法では、大統領が「国防軍の最高指令官」を担うと第74条2項に示されている。しかしアルカティリ首相は、国防軍FDTLが主権国家の政府機関として国防大臣そして総理大臣に従属すると第146条第3項に定められているので、国防軍に首相が指令を出すことは正統性があると主張した。空港の近くのタシトロ地域で多数の人が虐殺されたという噂が流れると、翌日の朝にグスマン大統領が、その真否を検証するために視察しようとした際に兵士に阻止された。これは兵士が国防軍の最高司令官の権限を無視したことを意味した。安保理に報告するため、筆者は現地の国連ミッションの部下に、タシトロ地域に直ちに行き虐殺が起こったかを見定めるよう指示した。調査の結果、虐殺は行われなったという報告を受けた。しかしこの時点で、PNTL警察とFDTL軍の内部ではすでに分裂が起こりはじめ、大統領側と首相側に属する部隊員の武力衝突が始まった。その中でレナード憲兵隊長が脱退して、反政府行動を始め、武

力闘争を究極的に悪化させた。

　ニューヨークでの国連安保理の終了後に東ティモールに戻ると、筆者は直ちに反乱軍兵士の指導者サルシンナ中尉と会った。会談では政府の官僚から武器が武装集団に渡されていることが指摘された。その後、直ちにアルカティリ首相とグスマン大統領に会い、武器管理の統制を強化すると共に、すでに人手に渡っている銃器を回収することを進言した。両者とも原則として同意したが、すでに武力闘争に突入していたので共同して回収事業をする意思はなかった。

　国防軍と国家警察隊が5月23日に銃撃戦を始めると、特別代表として筆者は国連軍事連絡団長と警察訓練団長に、介入して戦闘を終止させるよう指示した。タウル・マタン・ルアク（Taur Matan Ruak）国防軍司令官は、もし警察官が降伏、あるいは武器を受け渡すなら、FDTL兵士に銃撃を停止させると確約した。しかし、非武装したPNTL警察官がPNTL本部から国連東ティモール事務所（UNOTIL）本部に向かっていたとき、軍兵士が非武装の警察官を銃撃した。ルアク国防軍司令官が後に認めたように、国連側に約束したことを現場の兵士は守らなかったのである。

　多くの警察官の死をもたらしたこの事件において、国連平和維持軍が撤退しており、国連として武力による治安活動を取ることは出来なかった[4]。しかし筆者は、外部からの治安部隊が必要であることをラモス＝ホルタ外務大臣と協議し、即座に国連安保理事会に多国籍軍の派遣を要請する手続きを取ることにした。グスマン大統領、アルカティリ首相とルオロ国会議長の署名を取り、ニューヨーク国連本部に送った要請は同日に安保理に提出され承認された。即座に必要な多国籍軍部隊はオーストラリアの主導の下に、ニュージーランド、ポルトガルとマレーシアの軍隊で構成された。オースラリア軍はその翌日に到着し、その圧倒的な威力で武装勢力の活動を鎮圧することができた。筆者の呼びかけに応じて、ホルタ外務大臣、グスマン大統領、アルカティリ首相、ルオロ国会議長が、政治的対立を超え、騒乱の鎮静化のため

4）長谷川祐弘「国連平和構築支援の新たな課題と改善策」、日本国際連合学会『平和構築と国連』国際書院、2007年、pp.33-37.

に多国籍軍の派遣を一致して要請してくれたことが、内戦突入の危機から東ティモールを救うことになった。

第2節　国家秩序と安定の回復

　武力闘争の再発を防ぎ安定した国家社会を構築するためには三つの必要条件があった。第一には大統領と首相との権力闘争に決着をつけること。このために大統領が国家最高会議を開いて国家危機の責任の所在を明らかにする必要性を説いた。首相か大統領自身が責任を取るという提案がなされ、グスマン大統領は、アルカティリ首相が責任を取らなければ、大統領自身が辞任することを明確にした。そのため、アルカティリ首相の動向が焦点となった。
　筆者はアルカティリ氏に会い、日本では多くの政治家が総理大臣を辞して議員として残り、再び総理の座を得る努力をしていることを紹介し、アルカティリ氏に首相の座から降りても、国会議員として残れば民主主義制度の下では再度復権する可能性もあることを丁寧に説明し、決断を求めた。こうした説得もあってか、アルカティリ氏は、首相を辞任することを決断。次の選挙で、政権奪還を目指すことを決めた。首相辞任後にアルカティリが武力闘争を続けることを断念したことは、内戦に突入することを回避できた最大の要因であり、高く評価されるべきである。
　第二には今回の国家危機の原因を、公正に解明することが重要であった。そのために、国連に特別独立査問委員会（Independent Commission of Inquiry）を設立することを、中立的な立場にいたホルタ外務大臣に提案した。ホルタ外相は直ちにグスマン大統領とアルカティリ首相と協議してくれ、2006年4月末から5月末に起こった事件に関して真実を確立するために、諮問委員会を設立するよう国連側に要請することで合意した。国連本部も即時に同意して、諮問委員会が記録的な早さで設立された。そして、7月には委員会が現地入りして調査を行い、勧告を含めた報告書を10月2日に発表した[5]。これは、国連組織にとって偉業であったといえよう。

諮問委員会は、その業務の本質は司法的なものではないと強調しつつも、同時に、明確に政府の高官や治安機関の幹部の関与を示唆した。そして刑事犯罪行為を行った者に対する責任を追及する必要性を明示した。大統領に関しては、一部の要員が暴力行動に従事するのに大統領の言動が影響を与えた可能性があると判断して大統領の責任を示唆したが、それ自体を犯罪行為とは判断しなかった。一方、首相が関与した可能性に関しては、東ティモールの検察庁長官が司法の観点から調査する必要があるとした。検察庁長官はその後、法の支配を確固たるものにするために、和解を試みる前に裁判を含めた司法プロセスを行うべきだと判断した。刑事訴追が必要かどうかを決定するために、いくつかの暴力行為に関する調査を開始し、アルカティリ元首相を召喚した。司法の実現のために法の支配と法務手続きを厳格に順守する必要性があるとして、当時の内務大臣のロジェリオ・ロバト（Rogerio Lobato）が武装グループに武器を配布した事実を重視して逮捕し、裁判で有罪が確定した。この国連による独立諮問委員会の活動とその成果によって、2006年の武装闘争と国家危機に終止符を打つことできたことは有意義であった。

　第三としては、正統性ある政府を設立するために自由かつ公正で信頼される選挙を行い、国民にどの政党そして指導者に政権を託すか決めてもらうことであった。憲法の規定により、翌年2007年が定期の総選挙が行われる年であったので、グスマン大統領はそれまでの間、暫定政権を運営するためラモス＝ホルタ外相を首相に任命した。そして憲法上、行政府とくに首相に権限が与えられていることに鑑み、グスマン自らがCNRTという政党を設立して、2007年の総選挙に臨み、連立政権を樹立した。ラモス＝ホルタが大統領になり、グスマンは首相となった。筆者は4年半近くの東ティモールでの任務を終えていたが、ラモス＝ホルタ大統領とグスマン総理大臣の特別顧問としてアドバイスをすることを頼まれた。

　グスマンには、今後は若い世代の指導者を養成して権限を委譲することが、東ティモールという国家のためのみならず、グスマン氏の歴史的なレガ

---

5) Report of the Independent Special Commission of Inquiry for Timor-Leste (S/2006/822), 18 October 2006.

シー（遺産）になると説いた。2012年ルアク元国防軍司令官が大統領になったときには、筆者はグスマンに「アジアのマンデラ」になってくれるようにその願いを伝えた。その後、何度もこの願いを伝えたが、その都度、納得したように黙って聞いてくれていた。そして2015年2月には、首相の任期がまだ2年残っていたが、保健衛生の専門家でアリカティリ首相の下で厚生大臣をしていた20歳近く年下のルイ・マリア・デ・アラウジョ（Rui Maria de Araújo）氏に首相の座を委譲した。筆者は自らの夢が叶ったと感激した。

第3節　国際平和構築支援者と現地指導者の平和構築の課題認識の相違

　紛争後の平和構築に関する国際的な学説は、まずは「不処罰の文化」の撲滅と政治的な安定を確保するために、法の支配と民主主義の理念に基づいた社会を構築することを強調してきた。立法府、行政府そして司法府の機能を充実して、三権分立を確立することが重要であると説いた。国内の治安は公正でプロフェッショナルな国家警察に委ねることを基本原則とした。一般市民の雇用と福利厚生の向上のために、経済の復興と自由な市場主義に基づいた開発を進めることが必要条件として掲げられた。一方で民主主義の手段である選挙や裁判が導入されたが、必ずしも紛争直後の国々の安定と進化をもたらしたとはいえなかった[6]。

　東ティモールに関して国連安全保障理事会は、治安の回復を確保するために国連平和維持部隊と国連警察を派遣すると同時に東ティモールの国家警察を設立することを決めた。そして民主主義政治の基盤を設立し、国民の基本的なニーズを満たすために、公正な行政の施行能力を高める任務を三つの国連ミッション（国連東ティモール暫定行政機構［UNTAET］、国連東ティモール支援団［UNMISET］、国連東ティモール事務所［UNOTIL］）に託し

---

6) Roland Paris, *At War's End: Building Peace after Civil Conflict*, Cambridge University Press, 2004. Edward Newman, Roland Paris and Oliver P. Richmond (eds.), *New Perspectives on Liberal Peacebuilding*, UNU Press, 2009. Paul Collier, *Wars, Guns, and Votes: Democracy in Dangerous Places*, Vintage, 2010.

た[7]。東ティモールの指導者たちは、国連の定めたこれらの目的と任務を自らの社会事情にどのように融合させたか吟味してみよう。

1. 旧宗主国や旧敵国との和解の達成

　平和構築を達成するための国際的な学説は、正義感のある社会の存在が必要であると挙げ、第一条件として不処罰の文化の撲滅を説いてきた。そのために「移行期正義」の確立により、法的・刑事的訴訟を通して、重大な犯罪や人権侵害を処罰することが欠かせないと説いた。人道法と人権擁護の達成という二つの目的には「移行期正義」は不可欠な手段と捉えられ、そして国際的な人権水準を保つ倫理的、法的な義務を示唆してきた。

　東ティモールでは国連安保理は「移行期正義」の手段として応報的正義（Retributive Justice）を達成することが重要であり、過去の犯罪行為に対する応報として犯人に刑罰を科す法廷を設置することを決議した。これに対して東ティモールの指導者たちは、旧宗主国のインドネシアと和解を達成して友好関係を築きたいと願っていた。両者の見解を反映して、三つの移行期正義の制度的メカニズムが創設された。すなわち、1975年から1999年の25年間に行われた人権侵害の解明を目的とした受容真実和解委員会（CAVR）、国連が独立を問う国民投票を行った1999年に起こった犯罪行為を処罰する重大犯罪法廷（Serious Crimes Tribunal）と東ティモールとインドネシアの二国間での真実友好委員会（Commission of Truth and Friendship）であった。東ティモールの指導者たちは真相の解明と友好関係を設立することが重要と考え、南アフリカでのマンデラ方式の採用を決めた[8]。国連は犯罪者を裁判にかけず罪を問わないことに反対し、このマンデラ方式を認めず、東ティモールでの試みにも非協力的であった。しかし、東ティモールの指導者たちは国連の反対を退け真実友好委員会を通して和解を勧め、インドネシアと友好関係を樹立することに専心して成功した。この方法は恒久の平和を達するた

7）安全保障理事会決議1272（1999）、1410（2002）、1599（2005）。
8）南アフリカでは、1996年にマンデラ大統領が真実を明らかにすることを優先して、証言人の罪を問わない真実和解委員会が設置され、黒人と白人の対立を緩和し社会の安定に寄与した。

めに効果的で有意義であって、日本と中国、そして韓国が学ぶべき方法でもあるといえよう。

2．治安機関の中立性とプロフェッショナリズムの確保

東ティモールにおける優先任務の一つして、法の支配と人権を尊重するプロフェッショナリズムに満ちた国家警察（PNTL）の運営上の知識と技能を養成するだけではなく、警察としての独立性を確保することが重要であった。そのためには政治や治安機関の指導者の態度が決定的に警察官の振る舞いと行動に影響を与えるので、指導者からの十分なコミットメントが必要であった。しかし政治指導者と警察当局の幹部のメンタリティーは、インドネシア支配の時代とあまり変わらなかった。

インドネシアによる24年間の占領下で、一般の人々は根拠のない逮捕や投獄、拷問さえ受けてきた。国連暫定統治機構（UNTAET）は、POLRI[9]であった警察官を採用し、2001年8月に東ティモール国家警察（PNTL）を設立した。その後2003年11月までには特殊部隊を追加して3300人の規模にまで拡大した。国連警察の支援で、警察官たちの技術的な能力はそれなりに向上した。筆者が国家警察の設立に直接かかわったソマリア（1994年）とルワンダ（1995-96年）での試みと比較すると、その上達度は明らかであった。ソマリアでは、警察官を収容しトレーニングする施設も資金もなかった。第二次国連ソマリア活動（UNOSOM II）の政策計画局長として、筆者は国家警察を設立するためのスキームを作成したが、実行には至らなかった。安全保障理事会が1994年に国連平和維持軍を撤退させることを決定したからである。ルワンダでは1995年、国際社会の援助で、政府はやっと受講者を収容できるほどのトレーニングセンターを建設した。しかし、国際社会が支援できることには非常に限度があり、英国と米国による自発的貢献に限られていた。国連ルワンダ平和支援団（UNAMIR）は1996年に解散するまで名目上国家警察に関わっただけであった。

東ティモールにおいては、国連は積極的に国家警察の設立に関わり専門技

9）POLRI はインドネシア共和国警察隊の頭字語である。

術や物質的支援をした。国連警察（UNPOL）が2004年5月まで全国の警察署に駐在している間、UNPOL訓練官がPNTL国家警察官に対して訓練指導を行った。国連警察官の数は2002年の1000人以上から、2004年5月の157人、2005年5月の60人と削減されたが、積極的にPNTL警察官の能力構築に従事した。オーストラリアと英国が2003年にPNTLの独立機関としての運営と管理のための能力の育成支援に加わった。両国の資金と技術援助で行われた東ティモール警察開発プログラム（TLPDP）は、犯罪防止と地域社会の安全、捜査と運営におけるトレーニング、警察訓練学校の設立、そしてPNTL組織化のための財政と人材資源管理に援助を集中した。運営上の要件において、治安部門改革の優先任務の一つは治安維持機関の管理・運営能力を向上させることでもあった。それは、資金や人材の管理を意味し、適正な昇進システムで治安機関の職員や隊員を的確に管理することであった。オーストラリア政府はこの必要性を認識し、PNTLの管理能力を強化するために大きな努力を払った。2005年までにティモール警察軍は基本的な専門性と運営能力を身に付けた結果、ニューヨーク本部の国連警察部はPNTL警察官の能力が信頼できると考え、10人の東ティモール警察官を国連コソボ暫定行政ミッション（UNMIK）に派遣することが承認された。

3．国家統治への三権分立から協調関係への変遷

東ティモールの平和構築での独立直後の試練は、行政府、立法府そして司法府の機関がその業務を果たしていく技術的そして運営能力を迅速に習得していくことと、国家機関の権力の相互関係のバランスを保っていけるかであった。特に大統領と首相府との間では対立から協力関係へと移行する必要性があった。そして究極的には指導者たちが自らの権力の維持ではなく、国民の福利と厚生を促進していく気構えを持つかであった。これらの試練を東ティモールの指導者と国連がどのように解決し、克服しようとしたかを吟味してみる。

国連の暫定統治の終了にともない、2002年4月にグスマンが大統領に就任し、5月には制憲議会が国会となった。その時点で国家権力の4つの機関――大統領府、政府、議会と司法府――が国家の統治に関わることになった

が、各々の権力と実行力は、指導者の個人の実力により大きな差があった。専制的な政治体制に慣れていた社会では、自立可能な民主主義の成長のために必須となる権力均衡を促進することは容易ではなかった。そのような状況での国連東ティモール支援ミッション（UNMISET）の主要業務はそれぞれの国家機関に100人の技術専門家を送りこみ、新生国家機関が支障なく安定して機能するよう実務を担当させることであった。そして2004年以来、東ティモールの公務員が基本的な行政能力を身につけられるように技術支援者を派遣することとした[10]。国連からの支援は、当初の２年間は行政府に集中させ、その後、他の三つの国家機関に移行させた。具体的には、法律の効果的な発布、国会の監視と統制機能の育成、多角的なパートナーシップと優れたガバナンス、そして建設的な代表制の育成などである。UNMISET の専門家も大統領府の能力向上を支援した。「国防と主権に関連する事項についての」大統領の協議組織である防衛安全保障最高理事会、そして政治的諮問組織である共和国大統領理事会のような協議組織に関する法律の実施などを行った。より注目すべきは、国連開発計画（UNDP）から送られてきた開発専門家による技術支援の大部分は司法分野での訓練に向けられていた点である。

　東ティモール指導者と国連の意見が、人権擁護そして治安維持に関して異なったことがあった。国連人権高等弁務官事務所は人権擁護のために、十数人の人権担当官を派遣し、特別代表から独立して現地での人権問題に関してジュネーブの本部に報告した。ラモス＝ホルタ外務大臣がジュネーブで開かれた人権理事会で東ティモールでの人権状況に関する報告書を読み、誇張された報告内容に激怒したことがあった。特別代表の筆者に、国連の役割は、現地政府の人権侵害を非難するばかりでなく、人権擁護をより向上させるために支援することであると説いた。筆者はこの提案に同意して、人権担当官を政府の関係部署で勤務させることにした。人権を保護、奨励するための国

---

10) これらの国際専門家は安定化専門家（Stability Advisors）と呼ばれ、国連安全保障理事会によって PKO 予算で派遣された。現地の技術者が職務遂行できるように技術移転を目的とした開発専門家（Development Advisors）は国連開発計画（UNDP）や国連専門機関から提供された。

家機関の能力を強化するために、UNOTILでは2006年には10人の人権担当職員のうち6～7人を、さまざまな国家機関に派遣した。首相官邸、外務協力省、内務省、教育省、人権と司法のオンブズマンオフィス、国会などであった。例えば人権擁護事務所では2006年3月に開設された苦情対処制度を確立するのに技術的な支援をして評価された。UNOTILになって人権擁護事務所の職員も16人採用することになり、多くの重要な事例に対処できるようになり、数年後には大臣の汚職事件を取り上げるようになった。トランスペアレンシー・インターナショナル（Transparency International）が東ティモールを高く評価する要因になったといえよう。

　治安維持に関しては東ティモールの指導者は2006年の国家危機後、騒乱や武力闘争の再燃を防ぐために、首相あるいは大統領が単独で国防軍に命令ができなくなるよう、大統領、首相そして国会議長の三者の承認を必要とする取り決めを行った。2006年の武力闘争後にレナード大佐が反政府活動を展開しはじめると、国防軍と国家警察が共同で行動した。このような過程をへて、東ティモールの指導者たちが共同で国家の運営を行うという意図を明確にしたことは有意義であったといえよう。

4．若者の雇用と国家経済の運営

　独立後には東ティモールの指導者たちにとって国民に経済社会的な恩恵を施す必要性が増した。2002年7月、筆者が東ティモールに到着したとき、この新生国ではフレティリン党首のアルカティリ氏が首相として新しい国家政府を結成したところであった。政府には、最低限度の教育や保健などの社会厚生業務を実施し、国内の治安の安定を維持するためにも独立戦線で戦ってきた元兵士に何らかの恩恵を与え、若者たちに雇用の機会を与える復興事業を立ち上げ、その恩恵が地方にも行き届くようにする責務があった。

　しかし国家財源がほとんどない政府にとって、東ティモールの指導者が直面していた経済分野での目標は、達成不可能であるといっても過言でなかった。小学校に通う生徒を奨励するために、筆者は国連機関の世界食糧計画（WFP）の給食を無料にすることを当時の首相であったアルカティリ氏に提唱した。首相は20万人ほどいるとされている小学生に一食30円かかると計算

して、毎回6万ドル、年間1200万ドルもの財源が必要になると推定した。そして国家の全予算が6000万ドルしかない中でその5分の1を給食だけに充てるのはまったく不可能だと指摘した。

アルカティリ首相は筆者に、東ティモールが独立国になったので、国民は心構えと考え方を変えることが必要であると何度も述べた。インドネシアが支配していたときには、なんでも供給され依存心が増した。アルカティリ氏は、「国民は依存心を取りはらい、自立の精神で生きる心構えが必要である」と、地方で行った公開公聴会で繰り返し説きながら、国民、特に若者が自ら雇用の機会を得るために技能を身につけることが必要であると指摘した。雇用問題が政府にとって致命的な要素になる可能性も自覚していたからである。ヴィケケ県でナタ・ボラ橋の完成を祝う式典に同行し、生徒たちがダンスを披露したとき、アルカティリ首相が「これは時限爆弾だ」と筆者に言ったことを覚えている。若者が育っていくにつれ、まず教育、そして雇用に対しての期待が増していくことを意味していた。もし若者が教育や仕事を得られなければ、政府にとっての時限爆弾になるだろうという懸念をアルカティリ首相は抱いていたのである。若者が2006年に嘆願兵士に合流し、デモが暴動化したことは、アルカティリ首相が想定したより早く爆弾が爆発したことを意味した。

東ティモールの三大指導者のアルカティリ首相とグスマン大統領とラモス＝ホルタ外務大臣は、二つの主要近隣国オーストラリアとインドネシアとの友好関係を確立することによって経済的な恩恵を受けることを願った。両大国に対して実践的なアプローチを採用し、オーストラリアに対しては、数年にわたる厳しい交渉の結果、原油資源からの歳入を増やすことに成功した。インドネシアに対しては、東ティモールがインドネシア占領下にあった期間、残虐行為を指揮した疑いのあったビラント（Wiranto）インドネシア軍最高司令官に対する司法手段を取らないことで寛容の態度をとり、インドネシアからの信頼を得て投資と貿易を拡大することにも成功した。

東ティモールの指導者が直面した試練は、順調な経済回復と成長に対する国民が持つ高い期待を満足させることであった。総論においては3人とも同意したが、各論では意見が異なった。当時の外務大臣ラモス＝ホルタは、公

共事業を始めるために東ティモールは、世界銀行やアジア開発銀行、クウェート・ファンドのような金融機関から借り入れを行うべきだと考えた。多くの復興、再構築事業は雇用を創出し、一般の人々に収入をもたらした。しかし、アルカティリ首相は外圧を警戒し、世界銀行からの支援にも懐疑的であり、借金をすれば公共事業に対するコントロールを世銀などの国際機関に奪われると恐れた。ポール・コリアが指摘したように[11]、手ごたえのある経済的回復と成長がないまま、紛争後の国家である東ティモールは2006年に紛争に逆戻りすると解釈したのである。

5．国家政治体制の安定化

東ティモールは2006年の国家危機を乗り越えた後には、指導者の権力闘争の終結と共に、民主化政治が軌道に乗りはじめた。そして2008年の大統領暗殺未遂事件に遭遇した指導者の団結で、国家の安定が定着したといえよう。

国家危機から1年後の2007年4、5月に行われた大統領選挙ではラモス＝ホルタ氏が大統領に選出された。6月30日に行われた国会議員選挙は、日本も含めた30か国余りから派遣された国際監視団により自由で公正な選挙であると判断された。この総選挙の結果、独立後の国会における与党であった東ティモール独立革命戦線（フレティリン）は第一党となったが、過半数には達せず、グスマン前大統領が率いる東ティモール再建国民会議（CNRT）が社会民主協会-社会民主党連合（ASDT-PSD）政党と民主党（PD）と連立を組み、グスマン元大統領が首相となって新政権を樹立した。その翌年の2008年には、ラモス＝ホルタ大統領の暗殺未遂事件が起こったが、その後は、図3-1に示されるごとく、挙国一致の基盤は崩れずに安定した政治体制が継続するようになった。

---

11) Paul Collier, Anke Hoeffler and Måns Söderbom, *Post-Conflict Risks*, Centre for the Study of African Economies, Department of Economics, University of Oxford, 31 August 2007.

図 3-1　東ティモールにおける混成的平和統治の進化的発展

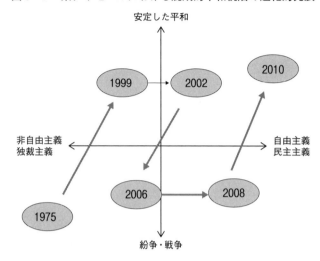

結　論

　東ティモールの2006年の国家危機は、平和構築支援に携わる者に貴重な教訓を与えてくれた。それは国家の指導者の志と考え方が決定的な役割を果たすということであり、時代の流れにより変遷していくということである。

　新興国家では、独立後に外部からの介入や圧力が無くなると、多くの権力者たちはあらゆる手段で権力を維持しようとする。国防軍や国家警察は部族や派閥の指導者たちによって簡単に操作されてしまう。そして、権力と武力闘争により国家の破綻と社会の崩壊をももたらすことが多々ある[12]。

　東ティモールの平和構築で特筆すべきことは、内戦に突入して破たん国家になってしまう直前に、国連と協調した指導者たちが、自らの権力維持より

---

12) Marie-Joelle Zahar in "Understanding the violence of insiders: Loyalty, custodians of peace and the sustainability of conflict settlement," in Edward Newman and Oliver Richmond, *Challenges to Peacebuilding: Managing Spoilers during conflict resolution*, Tokyo: United Nations University Press, 2006, pp. 40-58.

も国家の安定を優先したことである。国際社会に多国籍軍の投入を要請して治安を回復し、国家の危機に陥った真相の解明も中立的な国際社会の司法専門家に委ねた。このことは指導者の平和構築への志が深化して建設的な役割を果たしたことを意味した。そして司法制度のプロセスを経て国家危機を克服したことは有意義であった。特に評価されるべき点は、当時首相だったアルカティリ氏が、自らの権力維持より国家の安定を優先する考え方をとり辞任したことであり、そのことが新生独立国の東ティモールが内戦に突入することを防いだといえよう。アルカティリ氏との権力闘争に勝利したグスマン氏は、その後アルカティリ氏の行政への復帰を許容した。その上グスマン氏は自己の首相としての任期が終了する2年前に、フレティリン政党の元厚生大臣であったテクノクラート政治家に首相の座を委譲したことは有意義である。

このように東ティモールの平和構築では、外国からの武力支配や内戦から抜け出したばかりの段階で、指導者が自らの権力や利益より国家の安定と公益を優先した。そして、国民に独立の政治的な意義のみならず、経済的な恩恵をもたらすため、隣国のインドネシアとは真実友好委員会を通して、和解を達成し貿易や投資を増やした。オーストラリアとは海上国境線に固守せず、妥協して資源の分配案を受け入れた。これらのことは寛容性を重んじて政治的な安定を確保すると共に、国民への経済的な恩恵を優先した指導者の志と考え方が刷新されたことを意味しており、平和構築を成し遂げる原動力になったといえるであろう。

最後に、筆者が東ティモールに国連事務総長として勤務した独立直後のときには、東ティモールの指導者は国連と国際社会との協調を最重要視したが、その後には自国の権利を優先する傾向が出てきたのは注視すべきであろう。その一つは、国連の調査団が真相解明を行うことを東ティモールの指導者たちは2006年には同意したが、2008年に大統領暗殺未遂事件が起こったときには、国連の関与を認めなかったことに表れている。また、東ティモールの治安に多大な貢献をしてきたオーストラリアとの海上国境線に関しては、2016年、ハーグにある常設仲裁裁判所（Permanent Court of Arbitration）に提訴して海底資源の所有権を主張した。これらのできごとは国連や関係国

の役割に関する東ティモールの指導者の認識が変わってきたことを反映しているといえよう。

第4章

「アラブの春」後のエジプトにおける混乱と平和構築
チュニジアとの比較から

鈴木恵美
早稲田大学地域・地域間研究機構主任研究員

スィースィー大統領の軍人時代の写真が掲げられたカイロ市街の様子。筆者撮影。

はじめに

　2011年のいわゆる「アラブの春」以降、中東地域はかつてない混乱と暴力の時代を迎えた。シリア、イエメン、リビアでは政権と反体制派の衝突が内戦化し、エジプトにおいても領域国家を否定する「イスラーム国」（以下IS）が勢力を拡大するなど、さまざまなイスラーム急進派が割拠する場となった[1]。そして、これら内戦となった地にはロシアやアメリカ、湾岸アラブ諸国がそれぞれの思惑で軍事介入し、改めてこの地域の問題の複雑さを国際社会に知らしめた。

　多くのアラブ諸国はかつてない政治変動を経験したが、これらの国々の宗教や宗派などの社会構造や支配機構、軍の形態などは一様ではなく、アラブ諸国全体を一般化して論じることは不可能である。そのため、本稿ではアラブ諸国で最大の人口を擁し、2011年のいわゆる「アラブの春」の政治危機において、800名を越す犠牲者を出した末に民主化に着手したエジプトを例に取り上げたい。多くの犠牲者を出した後に、統治機構の改革に着手したという意味で、エジプトもまた広い意味での平和構築を目指したケースの一つといえよう。ここで議論されるのは、2011年に始まった民主化は、幅広い政治勢力による包括的参加を目指して行われたにもかかわらず、なぜ失敗したのかという問いである。そして、2013年以降はイスラーム急進派による爆弾事件や要人暗殺が相次いだが、民主的な国家とは逆の方向に向かう軍部出身のスィースィー大統領率いる権威主義的な政権を、なぜ人々が受容したのかという疑問である。これらの問いを考察することで、この地域の平和構築、特にその民主化の難しさの一端を明らかにしていきたい。

　なお、本稿ではムバーラクの辞任からスィースィー総司令官によるクーデターまでの最初の民主化が実施された2011年2月から2013年6月までを第一移行期、クーデターから再度の民主化を経て新たにスィースィー総司令官が

---

1) 「イスラーム」は一般には「イスラム」と表記されることも多いが、本章では「イスラーム」で統一する。

大統領に選出されるまでの、2013年7月から2014年6月までを第二移行期と呼ぶこととする。

本稿の構成は以下の通りである。まず第1節において2011年以降のエジプトの政治的な歩みについて概略する。そして第2節において、民主化に伴う問題にイスラームと国軍の存在があることを指摘し、第一移行期に実施された民主化が挫折した要因として特にイスラームに関わる問題を議論する。そして第3節では民主化に伴う二つ目の問題として、第二移行期における国軍の存在に着目して考察する。

第1節　政治動乱の経緯

2011年1月、30年に亘って大統領の座にあったムバーラクに辞任を求める大衆の抗議デモが始まった。治安維持部隊はすぐさま暴力的な手段で弾圧し、デモ隊や街の人々に800名を越す死者を出したが、デモはさらに大規模化した[2]。政府は内閣改造や憲法改正を提案して沈静化を図ろうとしたが、デモ隊はそれらを拒否し抗議の規模は拡大を続けた。事態が膠着すると、国軍総司令官以下、国軍幹部で構成される軍最高評議会は、国民の側に立つ姿勢を示しながらムバーラクに引導を渡して全権を掌握し（「1月25日革命」）、議会を解散させ憲法を停止した。そして軍最高評議会が管理するなか、民主的な体制を構築すると宣言した。

こうして、エジプトにおいて初めて本格的な民主化が行われることになった。まず軍最高評議会は、全国の刑務所に収監されていたイスラーム急進派約800名を釈放し、それらによる政党の結成を許可した。このとき政党を設立した急進派には、1997年にエジプトを代表する観光地ルクソールで外国人観光客61名を殺害した「イスラーム集団」も含まれていた。そして1928年の

2）ムバーラク政権崩壊の社会的背景については、長沢栄治『エジプト革命』（平凡社新書、平凡社、2012年）、あるいは加藤博、岩崎えり奈『現代エジプト社会――「アラブの春」とエジプト革命』（東洋経済新報社、2013年）などを参照。

民主化が挫折する以前のカイロ市内のデモの風景（2011年8月）

設立以来、非合法団体として歴代政権によりその政治活動が厳しく弾圧されてきたムスリム同胞団（以下同胞団）の政党結成も許された。1952年の共和国体制の樹立以降、一貫して権威主義体制にあったエジプトにおいて、体制に挑戦してきた勢力に政治参加の機会が与えられたことは、エジプトの歴史においてかつてない画期的なできごとであった。

　このように、幅広い政治勢力が参加して民主化プロセスが始まったが、やがて各政党あるいは政治勢力から不満の声が上がるようになった。なぜなら民主化の全過程において、水面下で軍最高評議会と同胞団が激しい権力闘争を繰り広げ、他の政治勢力の声が新体制づくりに反映されないまま民主化のプロセスのみが進展したからである。そして、2012年初頭に同胞団の設立した自由公正党が議会選挙で第一党となり、同年6月にはエジプトで初めての文民大統領に、同胞団出身のムハンマド・ムルスィーが選出された。これにより、圧倒的に同胞団に優位な体制が出来上がった。

　しかし、ムルスィーの大統領就任から4か月もすると、同胞団の意向が強く反映された政権運営に不満をもつ様々な勢力と同胞団支持者の間で、暴力的な衝突が頻発するようになった。そして、ムルスィーが最後の民主化工程である新憲法の制定を定められた期限に完了させるため、超法規的宣言である「憲法宣言」を発令すると[3]、反同胞団運動は全土に拡大し、国内が騒乱状態となった。この「憲法宣言」の内容は、新憲法が制定されるまでの期間

に限り、大統領の決定は最終決定であり司法もそれを覆すことはできないとするもので、政権に批判的な司法を掌握して新憲法を制定することを意図したものであった。そして、ムルスィーの大統領就任から1年後の2013年6月末には、同胞団色の濃いムルスィー政権に反発する勢力に、低迷する経済とエネルギー不足に不満を持つ勢力が加わり、反政府デモは2011年のムバーラクに対する抗議デモを上回る規模にまで拡大した。ムルスィーが辞任を拒否しつづけると、デモ隊の間に軍部の介入を求める声が高まった。すると、スィースィー国軍総司令官（国防大臣兼任）はこの機を待っていたように、ムルスィーに国民の要求を受け入れるよう最後通牒を出し、3日後の7月3日にはムルスィーを幽閉して同胞団幹部らを逮捕するクーデターを決行した。そして、2012年末に制定されたばかりの新憲法を停止して再民主化を宣言し、暫定大統領に最高憲法裁判所の長官アドリー・マンスールを任命した（「6月30日革命」[4]）。この暫定政権は、体裁としては文民政権であったが、実質的には副首相と国防相を兼任するスィースィー総司令官の意向が強く反映された政権であった。再び「民主化」を管理監督することになった軍部は、ムルスィーの復権を求めて広場に座り込む同胞団支持者との話し合いが膠着すると、国民に対し事態を収拾する権限を軍部に「委託」（タフウィード）することを求めた。そして、クーデターを支持する人々が全国の広場に出て軍部への「委託」を表明すると、同年8月14日、同胞団支持者らが座り込む広場に軍と治安部隊が突入し、支持者の側に640名もの死者を出す「強制排除」が行われた。この「排除」は、白昼のカイロ中心部で大量の死者を出す大規模なものであったにもかかわらず、軍部を批判する声はほとんど聞かれなかった。

3）「憲法宣言」とは、憲法不在時、あるいは停止時の非常事態の際に最高権力者が一方的に発令する超法規的宣言である。過去には、1952年にクーデターを行った自由将校団が発令しており、2011年の「1月25日革命」の際にも軍最高評議会が発令して全権を掌握した。法的な根拠に基づかない宣言であるが、非常事態の際には国民は受け入れてきた。
4）ムスリム同胞団の支持者はスィースィー政権の正当性を否定しているため、「6月30日革命」という言葉の使用を否定している。

この「強制排除」以降、本格的に再民主化プロセスが進められたが、それは同胞団を完全に排除する形で進展した。2014年6月には、憲法改正に続く再民主化プロセスの二番目の工程である大統領選挙において、スィースィーが有効投票数の約97％を獲得して大統領に就任した。以降、スィースィー政権は国軍を支持母体とし、自由を制限する権威主義的な政策を実行していった。やがて議会も翼賛化し、政権に異を唱える声は聞かれなくなった。国民の多くは2011年から続いた混乱の末、自由よりも安定を求めるようになったのである。このように、エジプトでは幅広い政治勢力を政治プロセスに取り込んだ包括的な民主化を目指したにもかかわらず、当初意図した体制とは逆の、非民主的な体制が成立する皮肉な結果となった。

第2節　民主化が頓挫した要因としてのイスラーム

筆者はこれまでの自身の研究のなかで、エジプトの政治風土に合わない民主化の手順と選挙制度が、民主化プロセスを政権崩壊後に残った巨大な政治勢力である同胞団と国軍による権力闘争へと変化させる結果を招いたと指摘してきた[5]。エジプトにおける民主化の成否の鍵となるのは、同国で大きな政治的影響力をもつ二つの勢力、つまりイスラームを基盤とする勢力と共和国体制の根幹である国軍の存在を、いかにして民主的制度のなかに取り込むことができるかにある。ここでは、2011年2月から2013年6月までの第一移行期に行われた民主化が頓挫した要因を、特にイスラームに着目して考察する。

1．イスラームを基盤とした勢力の政治参加

具体的な考察に入る前に、イスラームについて留意すべき点について簡潔に述べておきたい。まず強調すべきは、いずれのアラブ諸国にもイスラーム

5）民主化の手順に関わる問題については以下を参照。鈴木恵美『エジプト革命——軍とムスリム同胞団、そして若者たち』中公新書、中央公論新社、2013年。

を基盤とした勢力が複数存在し、民主化というかつて経験したことのない事態に、各々の勢力が異なる対応をしたということである。つまり、民主化の過程でエジプトでは同胞団、チュニジアではイスラーム政党であるナフダ党が躍進したが、これらは同国の全てのイスラーム勢力を代弁しているわけではないのである。そして、イスラーム勢力の政治参加に対する考えもまた多様である。いずれの勢力も、政治制度にイスラーム法の適用を盛り込むことを目指しているが、求める適用の範囲はさまざまで、その目的を達成するための手段も異なる。同胞団やナフダ党は当面は緩やかな適用を求め、段階的にその範囲を拡大することを目指しており、その手法からしばしば「穏健派」と呼ばれる。厳格なイスラーム法の適応を主張する勢力は、目的を達成するために限定的な武力の行使を容認するか否かで区別することができ[6]、武力の行使を否定するものは厳格派あるいは保守派、容認するものは急進派と呼ばれることが多い。

　「アラブの春」後に民主化が進められたエジプトとチュニジアでは、イスラームを基盤とした複数の勢力が政治運動を開始したが、エジプトでは穏健派はむろん、1990年代に外国人観光客や政府要人の暗殺事件を起こした急進派までもが民主化プロセスに参加した。一方、チュニジアの厳格派や急進派は、エジプトと比較すると民主化プロセスに参加することに必ずしも積極的ではなかった。なぜなら、同国に限らず厳格派や急進派にとっての法とは啓典『クルアーン』であり、立法と主権は神にのみ存すると解釈しているからである。そのため、両派は自らが国民の代理人となって立法行為に従事することに否定的な態度をとる傾向がみられた。また、イスラーム法の厳格な適用を最優先に考える急進派や厳格派は、国境を越えた理念上の領域である「イスラームの家」（Dār al-Islām）を優先する。そのため、いずれのアラブ諸国の為政者もそのような勢力を既存の政治制度の枠内に組み込むことは容易ではなかった。以上のように、イスラームを重視する勢力の政治との関わりは多様で、イスラームという共通項のみで一般化して議論することは避け

6）厳格派と急進派を区別する指標は、為政者を「背教者」として積極的に排除するかなども挙げることができる。

るべきである。

2．民主化の手順

　先述の通り、筆者は第一移行期における民主化の挫折要因に、同国の政治風土に合わない民主化の手順があったことを指摘してきた。第一移行期では、議会選挙、大統領選挙、新憲法の制定という順序で民主化が実施されたが、これは民主化を管理監督する軍最高評議会が、早期の民主化を求める世論に押され着手可能なものから始めたためである。人々は、新体制が誕生するまでの手続きに時間をかければ、ムバーラク時代まで事実上の一党独裁を維持した国民民主党が新たな政治勢力を結成し、復活することを恐れたのである。しかしながら、上記の手順で進めたことで、民主化プロセスの最初の工程である議会選挙において、有権者の大量動員が可能なイスラームを基盤とした同胞団の政治部門である自由公正党が、508ある総議席のうち216議席（43％）、厳格派のダアワが設立したヌール党が109議席（22％）、両党合わせて議席の約65％を占める結果となった。同様の現象はチュニジアにおいてもみられた。2011年の制憲議会選挙において、ナフダ党が217の議席のうち89議席（37％）を獲得して第一党となったのである。エジプトでは次に行われた大統領選挙において、自由公正党の党首であったムルスィーが初の文民大統領として当選を果たした。そして、民主化工程の最後に、国家の枠組みを決める憲法草案が同胞団に優位な形で起草された。こうして、エジプトでは民主化の結果、ムバーラク期の国民民主党に代わり同胞団が短期間で権力を独占した。

　しかし、権威主義政権が崩壊した後に、一時的に宗教を基盤とする勢力が政治的に躍進することは冷戦終結後の東欧諸国などにもみられ、イスラーム諸国に特異な現象というわけではない。なぜなら、権威主義政権は野党を弾圧し、労働組合や職能団体なども管理下に置くことでその政治機能を封じるからで、このような政権が崩壊した直後に残る広範なネットワークをもつ組織は、宗教を基盤とした組織に限定されるからである。民主化により躍進した同胞団やナフダ党は村落単位でモスクを拠点とした活動拠点があり、権威主義政権が崩壊した段階でネットワークを構築しやすい条件が揃っていた。

では、権威主義体制の崩壊後に宗教を基盤とした勢力が躍進することが珍しくないのであれば、なぜエジプトで民主化を失敗に至らせるほどの問題となったのだろうか。エジプトにおいて第一移行期後に問題となったのは、議会選挙や大統領選挙における同胞団の勝利は動員によるもので、必ずしも民意を反映してはいないと考える人々が、階層や所得に関係なく一定数存在したことだった。筆者は、2012年5月に実施された大統領選挙に選挙監視員として携わったが、第一移行期の民主化は幅広い政治勢力の取り込みを目指したものであったにもかかわらず、大統領選挙がムバーラク政権最後の首相を務めた空軍司令官シャフィークと、同胞団のムルスィーの一騎打ちになったことに、エジプトで単純な多数決で物事を決定することの危うさ、民主主義の矛盾を感じた。さらにエジプトにおいて事態を悪化させたのは、ムルスィーが政権に批判的な勢力を反イスラーム的であるなどと批判し、政権運営にイスラームを持ち込んだことだった。エジプトに限らず、アラブ地域においては政教分離という概念は必ずしも浸透しているわけではない。住民も緩やかな政治と宗教の融合を求める者から、厳格なイスラーム法の適用を求める者までと幅広い。エジプトでは個人としても信仰心篤いものが多いため、あたかも同胞団のみを公認のイスラームとするようなムルスィーをはじめとする同胞団関係者の発言は人々の怒りを買った。同胞団は1928年の設立以来、違法団体として歴代政権に弾圧されてきた。2011年の民主化により政権を担うことになったが、民主制度の枠内での政治経験は不足していた。そのため、反対勢力による抵抗に直面した際に超法規的な宣言を発令したり、あるいはイスラームを持ち出して相手を非難するなどの行動をとったのではないか。チュニジアのナフダ党は民主化プロセスを歩むに当たり、民主制度のなかでイスラーム的政策を実行することに成功したトルコの公正発展党を模範とすることを明らかにしていた[7]。しかし、エジプトでは同胞団の幹部は公正発展党の例を参照はするが模範とはせず、独自のイスラーム体制を目指すことを表明していた。このことから、同胞団は最初の段階から手探り状態で

---

7) 今井宏平「アラブ諸国の政治変動に対するトルコの対応」、『「アラブの春」の将来』公益財団法人日本国際問題研究所、2013年、104ページ。

表4-1　エジプトとチュニジアにおける民主化プロセスの比較

	チュニジア （人口　約1100万）		エジプト （人口　約9200万）	
2011年	1月	ベン・アリー辞任 ガンヌーシー首相が大統領職臨時代理に就任		
			2月	ムバーラク辞任 軍最高評議会が全権掌握
			3月	憲法改正を問う国民投票
	10月	制憲議会選挙（ナフダ党第一党へ）		
	12月	暫定大統領にマルズーキー就任		
			12月	議会選挙（同胞団第一党へ）
2012年			5月	大統領選挙（6月、ムルスィー当選）
			12月	新憲法制定
2013年	2月	野党指導者（シュクリー・ベライード）暗殺		
			6月	反同胞団デモの大規模化
	7月	野党指導者（ムハンマド・ブラーフミー）暗殺	7月	スィースィーによるクーデター、再民主化の開始
2014年	1月	新憲法制定	1月	憲法改正
			5月	大統領選挙（スィースィー当選）
	10月	国民代表者議会選挙で「チュニジアの呼びかけ党」が第一党、ナフダ党が第二党へ		
	11月	大統領選挙（カーイド・アッセブスィー当選）		
2015年			10月	議会選挙

出典：筆者作成。人口は2016年現在。

政権を運営していたことが分かる。この同胞団の政権運営の未熟さやイスラームを用いて反対勢力を抑え込もうとした姿勢が、第一移行期における民主化では幅広い政治勢力に参加の門戸が開かれていたにもかかわらず民主化が頓挫してしまった大きな要因と考えられる。

　では、チュニジアにおける民主化の手順には問題はなかったのだろうか。チュニジアはエジプトとは対照的に、ベン・アリー政権の崩壊から約3年9か月後の2014年10月に行われた議会選挙において、2011年10月の制憲議会選挙で第一党に躍進したナフダ党が第二党となり、「世俗」志向の高い「チュニジアの呼びかけ党」（Nadā Tūnis）が第一党となる政権交代が実現した。

イスラームを掲げた政党が、選挙の結果イスラーム色の薄い政党に第一党の座を譲るのは、アラブ諸国では稀なことといえる。注目されるのは、チュニジアの民主化プロセスがエジプトとは逆の順序で進められたという点である。表4-1は、エジプトとチュニジアの民主化の工程を比較したものである。両国の民主化を単純に比較することはできないものの、チュニジアはエジプトとほぼ同時期に民主化プロセスを歩んでおり、クーデターを回避することに成功した[8]。表からも明らかな通り、2011年1月にベン・アリーが亡命すると、各政党の代表者による合議の末、まず大統領職臨時代理が決められた。その後、新憲法を制定するための制憲議会選挙が実施され、ナフダ党が第一党となった。エジプトでもほとんどチュジニアと同時期に行われた議会選挙で自由公正党が第一党となり、大統領も同党から当選するなど速い速度で民主化が進められた。しかし、2013年になるとエジプトではムルスィー政権に対する批判が高まり、社会全体が混乱した末にクーデターが起きて民主化は頓挫した。そしてチュニジアにおいてもイスラーム勢力に批判的な野党指導者が暗殺されるなど、民主化が挫折する危機にさらされた。しかし、チュニジアではこの混乱を受け各政党が協調して国民対話を進め[9]、2014年1月には新憲法が制定され、10月には議会選挙を通した政権交代が実現した。そして、ベン・アリー大統領の亡命から約4年を経た同年12月、ベン・アリー時代の下院議長カーイド・アッセブスィー暫定首相が新大統領に当選した。以上のように、チュニジアでは民主化を進める際に、最初に暫定的な取り決めをして各勢力の意見を調整する余地を残したうえで、最終的な民主化を実行した点にエジプトとの違いがある。また、チュニジアは自国よりも早くプロセスを進展させたエジプトの例を注視しており、その失敗を反面教師としたことも功を奏したといえる。

---

8) 渡邊祥子「革命後チュニジアの政治的不安定」、『アフリカレポート51』アジア経済研究所、2013年、63-78ページ。
9) チュジニアの国民対話については以下を参照。鷹木恵子『チュニジア革命と民主化——人類学的プロセス・ドキュメンテーションの試み』明石書店、2016年。

3．選挙制度

　次に、選挙制度とイスラーム政党の関係について考察する。上記の通り、エジプトやチュニジアのように政党が十分に育っていない環境で権威主義政権が倒れた場合、アラブ諸国では選挙において単純な多数決制を採用すればイスラーム政党が勝利する可能性が高いといえる。単一の政党が議席の大半を獲得するような状況を回避するには、複数の政党が議会に代表者を送ることが可能な比例代表制が望ましいといえる。実は、ムバーラク辞任後のエジプトでは同胞団の躍進が予想されたため、同胞団による権力の集中を懸念していた左派やリベラル勢力などは、全議席を比例代表制で実施することを求めていた。しかし各政治勢力の話し合いによる協議が難航したため、軍最高評議会は各政治勢力間の主張を調整した結果、比例代表制を全議席の三分の二、残りの三分の一を小選挙区制で実施することを決定した。さらに、一人の候補者が両方の選挙制度から立候補することも認められた。これは、軍最高評議会が同胞団に妥協した結果であった。問題は、一つの政党への票の集中を防ぐ比例代表制を導入したにもかかわらず、イスラーム政党以外の政党の存在感が非常に薄く、イスラーム勢力が圧倒的に有利だったことである。政権崩壊後に数多くの政党が設立されたが、それらはいずれも規模が小さく、党の母体となる組織や勢力は存在しなかった。党の綱領も、革命の理念を継承するなどと具体性に欠けるものが多く、政策に言及したものはほとんどみられなかった。

4．民主化プロセスへの急進派の取り込み

　チュニジアにもイスラーム勢力の取り込みに問題がなかったわけではない。チュニジアの暫定政権は急進派を民主化プロセスから排除しなかったにもかかわらず、同国の急進派は民主化プロセスに対しエジプトの急進派ほど積極的な姿勢を示さなかった。さらに、民主化の過程を通して急進派が関連したと思われる暴力事件や政治家の暗殺事件が発生し、その存在は民主化の障害要因となった。2013年2月には、ナフダ党を批判していた左派連合「人民戦線」の指導者シュクリー・ベライード氏が自宅前で銃撃により殺害され、さらに7月にはナフダ党と対立する野党指導者のムハンマド・ブラーフ

図4-1 シリアとイラクにおけるISを中心とする反政府勢力に加わった外国人戦闘員の国籍別参加人数

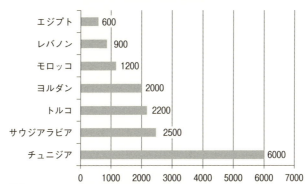

出典：*Foreign Fighters: An Updated Assessment of the Flow of Foreign Fighters into Syria and Iraq*, The Soufan Group, December 2015をもとに筆者作成。
http://soufangroup.com/wp-content/uploads/2015/12/TSG_ForeignFightersUpdate3.pdf

ミーが何者かに殺害される事件が起きた。しかし、これらの野党指導者の相次ぐ暗殺の後、労働総連盟、法律家機構、産業貿易手工業連盟、人権擁護組合など4つの団体の連合組織である「チュニジア国民対話」は、与野党間の対話を促し、頓挫しかかった民主化プロセスを軌道に乗せることに成功した。この組織は、このときの功績を評価され、2015年にノーベル平和賞を授賞したが、厳格派や急進派との対話という意味においては、必ずしも民主化プロセスへの取り込みに成功したとはいえない。その証左として、シリアにおいてISの戦闘員にチュニジア出身者が多いことが挙げられる。図4-1は、シリアとイラクにおけるISを中心とする反政府勢力に加わった外国人戦闘員の数を出身国別に示したものである。ヨルダンやレバノンのようにシリアと国境を接する隣国から多くの戦闘員が参加するのは不思議ではないが、地理的に離れたチュニジア出身者が多く参加していることは注目に値する。これは、チュニジアの民主化に納得できない厳格派や急進派が自国ではなくシリアに渡り、同国でイスラーム体制の樹立を目指したと解釈することができる。なお、チュニジアと違い、シリアで戦闘に参加しているエジプト人の数が少ない理由として考えらえるのは、地理的に離れたシリアではなく、同胞団政権を倒した「反イスラーム的」政権であるスィースィー政権と

戦うことを優先したためと考えられる。

　急進派の民主化プロセスへの参加という点においては、エジプトの急進派はチュニジアとは対照的に政治参加に非常に積極的であった。エジプトでは急進派が台頭した1970年代以降、歴代政権はイスラーム体制の樹立を目指す急進派と激しく対立してきた。そのため、2011年にこれらの組織が武装放棄を宣言して民主化に参加したことは、国際社会から驚きをもって受け止められた。1981年にサダト大統領を殺害した「ジハード連合」を構成した「イスラーム集団」は、建設発展党という名の政党を結成して議会選挙に参加し、わずか13席ではあるが議席を獲得した。他にも、急進派の流れを組む勢力が、アサーラ党を設立し議会選挙に参加した。興味深いのは、これらの急進派の政治参加は、当時民主化を管理していた軍最高評議会が促したものではなく、急進派自らの意志であったことである。しかし、このような急進派の民主制度への参加は、エジプトに顕著にみられた現象といえ、他の国では容易には起こらないだろう。エジプト人は信仰心の篤さにかかわらず、エジプトという領域国家あるいは国土に対する愛着が非常に強いことで知られている。そのため、ムバーラクの辞任に際して、急進派はまずはエジプトという領域国家においてイスラーム体制を樹立することを目指したと思われる。また、スィースィー政権は同胞団に同調的な勢力や武装組織に対しては武力による徹底弾圧を行っているが、イスラーム厳格派であっても政治制度の枠内で活動することを表明した政党には、ある程度の政治活動を許した。

第3節　民主化と国軍

　この節では、エジプトにおいて民主化を行う際に直面する二つ目の問題として国軍に着目する。第一移行期においては、軍最高評議会が民主化の流れの大筋を描き、その進行を監督する任を担ったが、第二移行期においても国軍を後ろ盾にしたスィースィーをはじめとする退役軍人があらゆる場面で民主化プロセスに関与した。この節では、まず20世紀半ばに国軍が体制の中核となる共和制が成立した経緯を概観する。そして、スィースィーが体制の権

威主義化を推し進めた背景と、多くの人々がそれを甘受した要因を考察する。

1．軍事共和制の成立

　アラブ諸国では社会に対して常に国家が強い状態にあり、共和国の場合、国家の中枢にあるのは国軍である。強大な国軍をいかに民主制度のなかに位置づけることができるかが、民主化の成否を握るといえよう。エジプトをはじめ、アラブ地域において共和制を採用している諸国では、軍の役割は国防に限定されず、その影響力は政治や経済や社会など幅広い領域に及ぶ[10]。これらの国々では国軍が支持母体となった政党が与党となってきたが、エジプトでは軍人は現役時代に参政権はなく、国軍が支持母体となった政党も存在しない。しかし立法府には退役軍人が無所属議員として所属し、議会の国防委員会や予算委員会など重要な委員会において大きな発言力を持っている。経済領域については、国営企業の所有、あるいは民間企業との合弁、株式の所有などを通して国家経済の大きな柱となっている。エジプトでは、国軍が関係した企業が占める割合は、GDPの30％程度にも及ぶといわれ、国軍は文字通り国家の柱となっている[11]。

　このように、国軍が国家のあらゆる方面で大きな影響力を持っているのは、20世紀半ばにアラブ諸国で相次いで共和制が成立した歴史的な経緯から説明することができる。エジプトでは、1952年にイギリスの影響下にある王制を打倒するため、青年将校らにより秘密裏に結成された自由将校団がクーデターを決行し、共和制の樹立を宣言した。そして自由将校団は将校らを大量に退役させ、行政府と立法府に送り込み「軍事共和制」を樹立した。このエジプトの体制変化に触発される形で、イラク、イエメン、リビアなどでも相次いで将校らによるクーデターにより王制が倒れ、アラブ諸国に軍人中心

10）エジプトの国軍に着目した研究に以下を挙げることができる。鈴木恵美「スィースィー政権の権威主義化にみるエジプト軍の役割」、酒井啓子編『途上国における軍・政治権力・市民社会——21世紀の「新しい」政軍関係』晃洋書房、2016年、81-85ページ。
11）国軍の経済活動は情報公開が制限されており、その所有する企業形態も非常に複雑で、定義によりこの数字は5％から40％と変化する。

の共和制が成立した。これらの国々では、いずれも政治的自由が制限されるなど体制が権威主義化したが、人々がそれを甘受したのは、治安警察による取り締まりに加え、冷戦下での東西対立とイスラエルとの戦争の脅威が存在したからである。その後、冷戦が終結し、またイスラエルと戦火を交える可能性が低下しても、軍主体の共和制はそのまま温存された。

　このように、アラブ地域では軍事色の濃い共和制が敷かれたが、「アラブの春」における国軍と国民との関係は国により大きく異なった。チュニジアでは、23年間大統領の座にあったベン・アリーが、国民の辞任要求デモの大規模化を受けサウジアラビアに亡命したことで民主化が始まったが、国軍はその民主化プロセスには関与しなかった。一方エジプトでは、30年間大統領を務めていたムバーラクに引導を渡し、政変を約2週間で終わらせたのは軍最高評議会であり、その管理下で民主化プロセスが着手された。エジプトに特異だったのは、ムルスィーを大統領の座から辞任させるのに、最後の手段として国軍に介入を求める声が高まったことだった。つまり、ムルスィー政権に批判的な人々は、多数決という手続き的な民主主義によっても解決できない問題の最終的な解決手段として、国軍を政治の場に呼び込み力による解決を選択したのである。民主化の障害となることの多い軍を問題解決の手段としたことは、民主的な体制の構築に大きな足かせとなる致命的な行為だったといえよう。

2．自由の制限

　クーデターで始まった第二移行期は、第一移行期とは対照的にその初期段階で同胞団の支持者に多数の死者を出すなど、社会が騒乱状態にあるなかで始まった。そのようななか、シナイ半島において治安当局に攻撃を繰り返していたイスラーム急進派組織「アンサール・ベイトゥルマクディス」（エルサレムの支援者団）が本土で活動を開始した。他にも新たに複数の急進派組織が結成され、首都圏を中心に大規模な爆弾テロ事件を起こすようになった。このように急速に治安が悪化する一方、第二移行期はその全期間を通して政権に優位な形で法整備が進み、政権が権威主義化する傾向を強めた[12]。しかし、2011年から続く社会と政治の混乱に疲れた人々は、安定を求めて再

び政府による自由の制限を甘受するようになった。スィースィー国軍総司令官（国防相）は、クーデターを決行するにあたって憲法を停止したが、同時にその停止した憲法の条文にある「大統領不在時は国会議長、国会議長も不在の場合は最高憲法裁判所長官がその任を担う」という規定に従い、アドリー・マンスール最高憲法裁判所長官を暫定大統領とした。この処置は、クーデターで民主化を白紙に戻した軍部に対する社会の批判を回避する目的もあったと思われる。

　第二移行期の再民主化は、第一移行期のように軍最高評議会が直接民主化を管理する形をとらなかったが、マンスール暫定大統領はスィースィーあるいは軍の強い影響下にあった。数々の権威主義的な法の制定は、実は議会と大統領が不在であったマンスール暫定政権によって制定された。まずマンスール暫定政権が着手したのが「公的な場所における集会および行進における権利の制限に関する法」（通称デモ規制法：2013年第107号法）であった。この法律の制定により、デモは事前に警察に実施の許可を求める認可制となった。この法律が制定される以前、ムルスィーや同胞団の支持者は、ムルスィーの復権を主張して「正当性を支持する国民連合」を結成し、暫定政権とスィースィーの正統性を否定するデモ行進を行っていた。しかしこの法律が制定されると、当局の弾圧を恐れデモはほとんど行われなくなった。

　民主化に必須な包括的参加という点において問題であったのは、同胞団やその支持者に対する処置である。クーデターから約3か月後の2013年9月、カイロ緊急裁判所は同胞団をテロ組織と見なす司法判断を下した。この司法判断はクーデター後に頻発した軍や警察、司法に対するテロ攻撃や関係者の暗殺事件を受けた処置だった。テロや暗殺事件と同胞団の関係は不明な点も多く、海外に逃亡した同胞団幹部の指揮命令系統がクーデター後のエジプトで機能していたかについても明らかではない。しかし同年12月には刑法第86条に従って、正式に同胞団は「テロ集団」とされた。この時逮捕された同胞

---

12) 体制の権威主義化については以下の論文を参照。鈴木恵美「エジプト再民主化プロセスにみる『軍事共和制』の強化」、『国際問題』No.629、公益財団法人日本国際問題研究所、2014年3月、5-16ページ。

団員の数字は明らかにされていないが、数千から数万人規模であるという。この処置に対しては、閣僚経験者などごくわずかではあるが反対の意見が上がった。しかしスィースィーと国軍が後ろ盾となった暫定政権に対し積極的に反対の意見を述べるものはほとんどなく、同胞団の解体手続きは進んでいった。同胞団は1928年の設立からムバーラク期まで法的には違法団体ではあったが、病院や学校経営、慈善活動などは事実上黙認されていた。しかし、マンスール暫定政権はそれらの活動も違法とし、組織の資産を接収あるいは凍結した。このように、第二移行期では政府は同胞団の経済的、社会的基盤に大きな打撃を与えることでそのネットワークを断ち切るなど、同胞団を排除した政治体制を構築した。

　報道に対する規制も強化された。スィースィーは2014年6月の大統領就任以来、テロに対抗するための法整備の必要性に言及していたが、それはメディアの規制という形を伴って実施された。2015年7月、最高裁判所はスィースィー政権が提出した「テロ対策法」の改正案に合意したが、そのなかにはメディアに対する規制（第33条）が盛り込まれた。その内容は以下の通りである。「テロ攻撃に関して、責任ある立場の人間が公式に発表した声明の内容と異なる不正確なニュースやデータを報じた者に対しては、2年以上の禁固刑が課せられる。」この条文からも明らかなように、これは政府の見解と異なる内容の報道は許されないことを意味した。また「テロ組織」の定義が規定されていないため、規制の対象は政府に批判的な社会勢力にまで及ぶ可能性があった。メディア各社はこの法改正に反対の声を上げたが、法は速やかに施行された。そして、報道関係者は当局による逮捕拘束を恐れ、まもなく政権に批判的な報道を自主規制するようになった。

　上記の通り、クーデター後の社会全体の自由を規制することを通して同胞団などの反体制勢力の活動を阻止する試みは、司法の協力があって初めて可能であったといえる。しかし、このように司法と行政が利害を共有して足並みを揃えることは、1952年の共和制導入以降、稀なことであった。1969年、判事クラブがナセル政権による法の軽視を非難すると、ナセルは200名あまりの判事を公職から追放した。2000年代になると、「司法の政治化」が指摘されるほど、司法はムラーバク政権と対立するようになった。2005年の議会

選挙では、当局の不正を問題にした最高憲法裁判所判事を罷免しようとした政権に対し、判事クラブが激しく反発し、連日抗議集会が実施された。2007年にはイスラエルへの天然ガス輸出の価格を巡って政権と司法が対立した。司法は輸出価格を不当とする判決を出したものの、ムバーラク政権はこの判決を無視した。

　歴代の権威主義政権に対抗してきた司法が、スィースィーのもとで政権の権威主義化を法的に支える役割を果たすようになったのは、司法と行政が同胞団を排除した「民主化」プロセスを進めることで一致していたからである。第1節で述べた通り、ムルスィーは司法を大統領の指揮下に置くことを目的に、「憲法宣言」という名の超法規宣言をたびたび発表した。これが、司法に同胞団に対する敵対的な判決を出させる要因となった。ここで留意すべきは、司法は同胞団という組織に敵対的なのであり、イスラームを掲げる組織全体に対して批判的ではないということである。しかしその結果、司法は軍や警察と同様に、イスラーム急進派による暗殺や爆弾テロの標的となった。

3．スィースィー政権における「正義」

　以上の通り、スィースィーによる社会の安定とは、政治的自由を制限する法の整備と武力の行使により、反体制派を排除することであった。2011年以降の不安定な政情や悪化した治安、疲弊した経済に疲れた人々は混乱よりも安定を選び、そのために自由を制限するスィースィーの政策をある程度は受け入れた。スィースィーは、体制を権威主義化するにあたり、「公正」（'Adāla)「権利」（Ḥaqq）などの言葉を多用してその政策に正当性を与えようとした。これらの言葉は歴史的にイスラーム世界に深く根付いた概念であり、2011年と2013年に人々がムバーラクとムルスィーに辞任を突きつけた際にも声高に叫ばれた。しかし、この言葉は為政者に都合よく用いられる可能性をはらんでいる。スィースィーは同胞団や急進派勢力を壊滅させるためこれらの言葉を多用した。例えば、シナイ半島では2014年11月に「アンサール・ベイトゥルマクディス」がISに忠誠を誓い、「イスラーム国シナイ州」と名称を変更したが、スィースィーはこの組織の掃討作戦を「殉死者（殉教

者）の権利」作戦と名付けて徹底的な弾圧を行った。また「移行期正義」という、アラブ地域では新しい概念も導入された。象徴的な出来事は、スィースィーが後ろ盾となったマンスール暫定政権が、移行期正義省という名の省を新たに設立したことである。大半のエジプト人にとって聞きなれない「移行期正義」という名を冠したこの省の目的は、エジプトにおける「社会正義」の促進とされたが、まず着手されたのはエジプト国旗の尊重に関する法の整備であった。エジプト国旗は、2011年の「1月25日革命」時にも多く掲げられたが、エジプトという領域国家よりもイスラームを重視するムルスィー政権を否定するため同胞団に批判的な勢力が掲げた。「移行期正義」とは、本来紛争や対立後の社会の融和を模索するための概念であるが、この言葉が反体制勢力の活動を力で封じる政権の支配を正当化するために用いられているのは、皮肉といえよう。また、民主化の名のもとで体制を権威主義化するスィースィー政権が国際社会から非難を浴びにくいのは、エジプトが中東における「テロとの戦い」に欠くことのできない存在だからである。リビアの武装勢力の掃討には、隣国エジプトの協力が不可欠である。また、「イスラーム国シナイ州」はガザ地区にもネットワークを持っており、イスラエルにも安全保障上の重大な脅威となっている。つまり、民主化を掲げるスィースィー政権の権威主義化は、安定を求める国内の声と、「テロとの戦い」を優先する国際社会の声という二つの声があったことで初めて可能となったといえよう。

おわりに

「アラブの春」を経験したエジプトでは、幅広い政治勢力の参加を志向した民主化の試みが挫折すると、司法と国軍が協力して、社会の特定の集団を排除する形で「再民主化」を行った。反体制勢力を徹底的に排除することで社会を安定させ、盤石な国家体制を構築しようというのが、スィースィーのいう民主化のようである。しかしエジプトでは現在、治安や経済状況の悪化が続いており、このような政治的排除による「再民主化」が成功するかどう

かは予断を許さない状況である。

　イスラーム的価値観が社会に根付き、国軍に対する信頼感が高いエジプトでは、政教分離と文民統制が実現した民主制度は早期には実現しないのかもしれない。しかし、第一移行期を見る限り、民主制度の導入は簡単ではなくとも不可能ではないだろう。まずは単一の政治勢力による権力の占有を許さない選挙制度を導入する必要がある。そして、困難な政治状況に直面した際に国軍に助けを求めないよう、人々に民主主義についての理解を深める必要がある。エジプトでは、文民統制という概念ばかりでなく、その言葉の意味さえも一般には知られていないからである。また、将来健全に司法が機能することも期待できる。なぜなら、司法はムバーラク期まではしばしば政権の支配に抵抗する自立志向の高い機関であったからである。司法は、スィースィー政権が今後さらに権威主義化を強めれば、再び政権に抵抗する存在となる可能性を残しているといえる。時間を要するかもしれないが、2011年の「1月25日革命」を経験した若い世代が、エジプトを民主化の方向に導いてくれることに期待したい。

第5章

国際化するテロリズムと国際社会の対応

植木安弘
上智大学教授
元国連広報官

2009年9月11日の同時多発テロ事件で炎上する世界貿易センタービル。

はじめに

「テロ行為」は今に始まったことではない。テロは「恐怖」を意味し、恐怖を用いて何らかの政治目的を達成しようとする試みは、時代を超えて行われてきた。しかし、テロの目的や手段は時代や政治状況の変化とともに変わってきた。現在、テロリズムは国際化し、国際秩序やガバナンス体制そのものを変革しようとする試みにまで発展してきており、国家や人間の安全保障への大きな脅威となっている。

これに対し、国際社会は、国連を中心に、テロ行為を禁止し処罰する一連の国際条約を締結し、テロを行う個人や組織に対して対応策を講じてきた。国連総会では、2006年に国際対テロ戦略が採択され、より包括的なアプローチが取られるようになった。また、安全保障理事会では、一連の決議で国際テロ組織に対する対抗措置が採択され、テロ対策委員会や制裁委員会などを通じて実行に移されている[1]。

しかし、国際テロ組織は、紛争や政治統治の混乱に乗じて勢いを拡大し、領土を獲得して国家の様相を備えたり、他地域のテロ組織を傘下に入れて活動を活発化している。インターネットなどのIT技術を駆使してプロパガンダやリクルートも行っており、自発的なテロ行為を起こさせたりもしている。

国際テロ組織に対抗するためには、軍事的対応だけでなく、政治的、法的、経済的、宗教的、社会的といった重層的な対応が必要になる。国連の対テロ戦略は包括的なものであるが、これを効果的なものにしていくためには、国家や社会、個人の協力が必要になる。国連のような国際機関は、対テロ戦略でその正統性を付与し、協調行動を促す役割を与えられている。

---

1) 英語の counter-terrorism は、本論では「対テロ」あるいは「テロ対策」と訳すが、文脈で使い分ける。

第1節　テロリズムの定義と共通要素

　国連は、1960年代の「ハイジャック」と呼ばれる民間飛行機の乗っ取り事件以来、テロ行為に対する措置として、国際条約を採択し、各国に有効な対応措置を求めたが、それぞれの条約は一定の「テロ行為」を禁止し、犯罪化するためのものであった。

　テロ行為が頻繁に行われるようになってから、テロリズムを包括的に定義する努力が国連で行われたが、これまで合意に達していない。その理由は、パレスチナの自決権行使をめぐる見解の相違である。パレスチナの独立を求め、イスラエルの占領に対する抵抗活動に対して、これを「テロ行為」とみるか、「自由闘争」とみるかで、見解が異なる。イスラエルは、パレスチナ人による武力攻撃や殺傷行為、自爆行為などをテロ行為として非難し、アラブ諸国は、これらの行為を民族自決権を行使する抵抗運動とみて容認している。そのため、国連では、「テロ行為」を違法化するアプローチとともに、アルカイダや「イスラム国」（IS, ISIS, ISIL, Daesh などとも呼ばれる）といった特定の国際テロ組織に対して、制裁措置を取ってきている[2]。

　テロリズムの国際定義が未確定な中、テロ行為については一定の共通要素がある。そして、1990年代からは新たな要素が顕著にみられるようになってきた。

　伝統的共通要素には次のようなものがある。

1．テロ行為を行う者は弱者の立場にあり、権威者に対する対抗手段としてテロ行為を行う。この場合の権威者は植民統治国や独立国家であることが多い。個人の場合もある。
2．テロの目的は政治的であり、明確かつ限定的である。その目的には、

2）テロリズムに関する各種の定義については、James J.F. Forest, *The Terrorism Lectures: A Comprehensive Collection for Students of Terrorism, Counterterrorism, and National Security,* Santa Ana, CA: Norita Press, 2015 の第1章、第1節を参照。アルカイダの日本語での表記には幾つかあるが、本論ではこれに統一する。

民族自決権に基づく新たな民族国家の形成、あるいは分裂と独立、自治権の要求、文化や言語保護の要求などがある。堕胎反対や動物保護など、社会的要求が目的となることもある。
3．テロの対象は、通常、権威者と権威者を象徴する組織である。国家の場合は、国家を象徴する政治家や軍、警察などが対象となる。市民が二次的犠牲になることもある。
4．テロの手段は威嚇、暴力行為を伴い、一方的な強要行為である。暴力行為には、人質を取ることや、身代金を要求することも含まれる。人質や捕虜を見せしめに殺すこともある。特定の人物を狙った暴力行為、自爆テロ、民間航空機や船舶の乗っ取りなども含まれる。

新たな要素には、次のような側面がある。

1．テロの目的が国家を超えるものとなり、特定の政治的イデオロギーや宗教観で形成されている。
2．テロの組織が国際化している。国際化は、一つの組織が国境を越えて拡大する場合と、一つの組織が他の組織を傘下に入れて国際的なネットワークを形成する場合とがある。政治的イデオロギーや宗教観に共鳴して、組織とは関係なく、テロ行為を行う場合（自家製テロ）もある。
3．テロの対象が、一般の市民を含む、無差別的なものとなっている。敵と断定された人や組織であれば、すべてが対象となる。女性や子供も奴隷にされたり、性的搾取の対象となることもある。
4．テロの手段が、過激化している。銃や爆弾といった伝統的な手段に加え、民間航空機を乗っ取って攻撃目標に体当たりさせるとか、化学兵器などの大量破壊兵器を使用するとか、自爆テロを常套化する、一般市民が多く集まる場所を狙う、殺戮行為をビデオで流すなど、恐怖を与える手段が先鋭化している。

第2節　テロリズムの歴史的流れ

　特定の政治的目的を達成するためにテロを手段として使用する動きは、近代から現代にかけての歴史において幾つかの流れの中でその特徴を捉えることができる。政治学者のデーヴィッド・ラポポートは、テロリズムの歴史的分析の中で、4つの流れを指摘している[3]。

1．1880年から1920年代：アナーキストの流れ

　帝政ロシア時代のアナーキストによるテロ行為から、1897年のスペイン首相暗殺、1901年のウィリアム・マッキンレー米大統領暗殺、1920年のウォール・ストリートの銀行を狙った爆破事件などに代表される。アナーキストは政府といった公式の権威を持った組織を認めず、人々の自由意志による社会を目指した。

2．1920年代頃から1960年代：反植民地の流れ

　1921年の北アイルランド分割に合意した英国・アイルランド協定に反対するカトリックとプロテスタントの抗争で、プロテスタント側が勝利した後、アイルランドとの統一を目指して武力抵抗したアイルランド共和国軍（IRA）、ユダヤ人国家を目指すシオニスト過激グループによる宗主国英国を相手にしたテロ行為、アルジェリア独立闘争など1950年代から1960年にかけて、アジア・アフリカで植民地からの独立を目指した各種の闘争など。アルジェリア独立闘争では、市民を標的にした爆破事件が起き、このような手口の先駆けとなった。

3）David C. Rapoport, "Terrorism" in *Encyclopedia of Government and Politics*（vol.2）, edited by Mary Hawkesworth and Maurice Kogan, London: Routledge, 1992, p.1067, as quoted in James J.F. Forest, *The Terrorism Lectures*, chapter II.

3．1960年代頃から2000年頃：左翼革命の流れ

　東西冷戦が深まる中で、中国やベトナム、キューバなどで共産主義政権が成立したのを受け、毛沢東主義やキューバのエルネスト（チェ）ゲバラ、ブラジルのカルロス・マリゲヤなどに影響された過激派が革命を目的としてテロ行為を行った。イタリアのレッド・ブリゲード、パルスチナの人民解放戦線（PFLP）、ギリシャの11月17日グループ、ドイツの赤軍派、日本の赤軍、ペルーのセンデロ・ルミノソ、ネパール共産党など、多くの左翼組織がこの流れの中で活動した。

4．1979年から現在：宗教ベースの流れ

　1979年に起きたイランでの宗教革命が発端となって、宗教をベースとした世界の確立を目指す思想が広がり、その一部がテロ行為を正当化し、テロ行為を中心的手段とするテロ組織の誕生と拡大につながっていった。その中には、1995年に地下鉄サリン事件を起こした日本のオウム真理教や、米国のキリスト教反堕胎グループの「神の軍」、ユダヤ人のカハネ・チャイ過激派、レバノンのイスラム教シーア派のヘズボラなども入る。このような一国をベースとした過激派組織以外に、よりトランスナショナルな組織としては、アルカイダやそれから分裂して勢いを増す「イスラム国」などがある。

　この4つの流れで必ずしも全てのテログループや活動をうまく整理できるわけではない。これら以外にも、例えば、フランス革命やロシア革命時に、恐怖政治によるテロ行為もみられるし、スペインでのバスク地方の分離独立を目指したエタ（ETA：「バスク・父祖・自由」）やスリランカで分離独立を目指したタミール・イーラム解放の虎（LTTE）といった民族主義グループによるテロ行為も世界各地で頻発した[4]。

　また、「国家テロ」の問題もある。国家テロとは、国家が別な国家に対して、直接あるいは間接的にテロ行為を行うことを指す[5]。国家が、自国民に

---

4) James J.F. Forest, *The Terrorism Lectures* 第3章では、民族・分離主義、左翼、右翼、宗教テロリズムの四つに分類している。

5) Daniel Byman, *Deadly Connections: States that Sponsor Terrorism*, Cambridge: Cambridge University Press, 2005.

対して、恐怖政治やテロ行為を起こさせて支配することも、恐怖を政治的に使用するという意味では国家テロといえなくもないが、国家の場合は為政者であり、国家が自らの行為をテロ行為として認めることはなく、テロ行為を受けた国が、行為に関与した国を「テロ国家」と認定するのが普通である。国家が、別な国の組織や個人に第三国に対してテロ行為を起こさせる場合は、国家支援のテロとなり、国家テロの一部となる。政府支援の国家テロとしては、例えば、アフガニスタンでタリバン政府が統治していた1990代後半から2001年まで、タリバン政府は、国際的テロ組織アルカイダを保護、支援していた。政府支援には、軍事や作戦訓練、資金や武器供与、外交的支援、組織支援、イデオロギー面での支援、物理的保護などが含まれる。

第3節　テロ行為と国際対テロ条約

　国際社会のテロ行為に対する対応は、個々のテロ行為に対する措置を国際条約化する形で、徐々に発展してきた。これには、テロ行為が一国家の範囲を超えるものとなってきたことがある。これまでに、19の国際テロ条約と議定書が採択されている。これらの条約や議定書は大別して9つのカテゴリーから成る[6]。

1．民間航空に対するテロ行為

　1960年代から1970年代にかけて飛行機乗っ取り事件、いわゆる「ハイジャック」やそれに関連する違法行為が勃発したため、これに対する措置を中心とした国際条約が採択された。民間航空機の安全を守る措置から、安全を脅かす行為を違法化し、さらには、そのような行為を犯罪として処罰することを締約国に義務付けるまでに至っている。2016年の時点で、7つの条約や議

---

6) 国際連合 "United Nations Action to Counter Terrorism," http://www.un.org/en/counterterrorism/legal-instruments.shtml および外務省、「テロ防止関連諸条約の締結」http://www.mofa.go.jp/mofaj/gaiko/terro/kyoryoku_04.html、両方とも2016年9月時点。

定書がこれに関連したものである。
　1）航空機内で行われた犯罪その他の関連行為に関する条約（航空機内の犯罪防止条約［東京条約］、1963年）
　2）航空機の不法な奪取の防止に関する条約（航空機不法奪取防止条約［ヘーグ条約］、1970年）
　3）民間航空の安全に対する不法な行為の防止に関する条約（民間航空不法行為防止条約［モントリオール条約］、1971年）
　4）1971年モントリオール条約の補足議定書：国際民間航空に使用される空港における不法な暴力行為の防止に関する議定書（空港不法行為防止議定書、1988年）
　5）国際民間航空に関する不法行為防止条約（民間航空機を武器として使用する行為や生物、化学、核兵器を用いた攻撃、及び威嚇行為を犯罪化、2010年）
　6）1970年の航空機の不法な奪取の防止に関する条約の議定書（不法奪取に近代技術を取り入れた方法も含む、2010年）
　7）1963年の航空機内で行われた犯罪その他ある種の行為に関する条約の議定書（犯罪の範囲を拡大、2014年）
　残りの8つのカテゴリーは次の通りである。
2．外交的保護
　8）国際的に保護される者（含外交官）に対する犯罪の防止及び処罰に関する条約［国家代表等犯罪防止処罰条約］、1973年）
3．人質
　9）人質をとる行為に関する国際条約（人質行為防止条約、1979年）
4．核物質
　10）核物質の防護に関する条約（核物質防護条約、1980年）
　11）核物質の防護に関する条約の修正（国内での平和利用、貯蔵、輸送中の核施設や核物質の防護を法的に義務付け、2005年）
5．海洋航行
　12）海洋航行の安全に対する不法な行為の防止に関する条約（海洋航行不法行為防止条約、1988年）

13) 1988年の海洋航行の安全に対する不法な行為の防止に関する条約議定書（船舶をテロ行為に使用すること等の犯罪化、臨検の手続き、2005年）
14) 大陸棚に所在する固定プラットフォームの安全に対する不法な行為の防止に関する議定書（大陸棚プラットフォーム不法行為防止議定書、1988年）
15) 1988年の大陸棚に所在する固定プラットフォームの安全に対する不法な行為の防止に関する議定書をさらに修正した議定書（修正、2005年）

6．爆発物
16) 可塑性爆薬探知のための識別措置に関する条約（プラスチック爆薬探知条約、1991年）

7．テロリストによる爆弾使用
17) テロリストによる爆弾使用の防止に関する国際条約（爆弾テロ防止条約、1997年）

8．資金供与
18) テロリズムに対する資金供与の防止に関する国際条約（テロ資金供与防止条約、1999年）

9．核テロ
19) 核によるテロリズムの行為の防止に関する国際条約（核テロリズム防止条約、2005年）

第4節　安全保障理事会と総会による対テロ行動

　安全保障理事会（安保理）は、国連憲章下、国際平和と安全保障維持で第一義的な役割が与えられている。安保理の決議には法的拘束力が与えられており、憲章第7章下、強制措置を取ることができる。強制措置には、経済制裁や軍事行動が含まれる。
　安保理による対テロ行動は、国家テロが発生した冷戦終焉頃から具体化した。安保理による最初の対テロ行動は、1989年に採択された決議635号だっ

た。この決議では、前年に起きたロッカビー上空でのパンナム機爆破事件と、同年に起きたフランス航空機のサハラ砂漠上空での爆破事件に、リビアが関与していた疑いが生じ、これらの爆破事件に対応する形で、民間航空機に対するテロ行為の防止、特に、プラスチックなどを使った爆発物の刻印を義務付ける国際制度の作成を国際民間航空機関（ICAO）に要請するものだった。さらに、これらの事件でリビアの関与が明確になった後、1992年には決議748号を採択して、犯人の引き渡しを要求して、リビアに対して飛行制限、武器禁輸、外交団縮小を含む制裁を課した。リビア政府はこれらの爆破事件への直接の関与を否定したものの、国連による経済制裁や国際的圧力の結果、リビア人容疑者の引き渡しと裁判に応じ、後日、制裁解除と引き換えに、犠牲者への補償に応じた[7]。

1996年に採択された決議1044号では、エチオピアのアジスアベバで起きたホスニ・ムバラク・エジプト大統領暗殺未遂事件にスーダン人が絡んだとして、スーダン人3人の身柄のエチオピアへの引き渡しを要求した。

1998年に起きたケニアとタンザニアの米国大使館爆破事件に対応して、安保理は決議1189号を採択して、これを強く非難した。これらの爆破事件が、アルカイダによるテロ行為と判明すると、アフガニスタンに本拠地を移動したアルカイダを庇護しているとして、決議1193号と1214号で、タリバン政府に対してアルカイダへの庇護の撤廃と処罰を求めた。しかし、これらの決議が無視されると、翌1999年、決議1267号で、タリバン政府に対し、アルカイダの指導者オサマ・ビン・ラディンの引き渡しを要求し、同時に、タリバン政府に対して、飛行制限と資産凍結という制裁措置を課した。それに続く決議1269号で、すべてのテロ行為を非難し、テロ行為への対処のための国際協力を促した。

安保理による、より強力な対応は、2001年9月11日に起きたアルカイダによる米国同時テロ攻撃（いわゆる9/11テロ事件）後に起きた。安保理は、決議1373号で、テロ活動の防止、犯罪化、テロ資金断絶に向けた国際協調行動

---

7) Geoff Simons, *Lybia and the West: From Independence to Lockerbie*, Oxford: Centre for Lybian Studies, 2003, Part IV.

を促し、国際テロに本格的に対処するため、テロ対策委員会を設立した。そして、この委員会を補佐する専門機関として、テロ対策執行部（Counter-Terrorism Executive Directorate: CTED）を2004年に設立した。

9/11直後に米国で起きた炭疽菌事件では、テロ組織に生物兵器といった大量破壊兵器が使用される可能性が現実化した。また、2003年に起きたイラク戦争で、戦争の正当化に、テロ組織による大量破壊兵器取得および使用の可能性が謳われたこともあり、安保理は、アルカイダのような非国家組織が大量破壊兵器を取得するのを防ぐため、2004年の決議1540号で、1540委員会を設立して、防止対策を取った。そして、翌2005年、決議1624号で、テロ行為を促す行為も法的に禁止し、テロ組織を匿うことも拒否するよう各国に要請した。

テロ対策での国連総会の役割は、一連のテロ行為を犯罪化し、国際条約を採択して、国際協調行動を促すことにある。総会は、国連で唯一全加盟国が集まって国際問題を討議し、決議を採択できる機関である。その決議はあくまで勧告であるが、国際条約を採択することによって、より強制力のある国際行動を促すことができる。国際条約は、総会の下部機関が条約草案を起草することもあれば、民間航空の安全管理を目的とする国際民間航空機関（ICAO）のような専門機関が締結した条約を総会が採択して、批准を勧告する場合もある。

国連総会が、特定のテロ行為を「国際問題」としてはじめて取り上げたのは、1972年に起きたミュンヘン・オリンピックでの「黒い９月」パレスチナ人グループによるイスラエル選手宿舎襲撃事件に対するものであった。その後、1992年から1993年にかけてイエメンで起きた米国の施設を狙ったテロ事件や、1993年ニューヨークの世界貿易センターで起きたトラック爆弾事件など、多発するテロ事件を背景に、1994年には、国連総会で国際テロ廃絶のための措置宣言が採択された。この宣言では、テロ行為を、国家や国民間の友好関係を損ない、国家の領土保全や安全に脅威を与えるものとして、場所や人物に関わらず、犯罪行為であり、正当化できないものとして非難するとともに、そのような犯罪行為は、政治や哲学、イデオロギー、人種、民族、宗教その他、いかなる理由であれ容認できないものであるとした。そして、そ

のような行為に対するための国内法の整備や国際協力を要請した。この宣言は1996年の同様の宣言で強化され、さらには、総会の下部機関として、テロリズム・アドホック委員会が設立された。このアドホック委員会を通じて、爆弾テロや核テロに対処するための国際条約、そして包括的な対テロ国際条約締結のための審議が行われていく。

第5節　グローバル対テロ戦略と国連のタスクフォース

　包括的な対テロ国際条約は、テロリズムの定義で合意が得られなかったため成立しなかったが、テロの国際的広がりを受け、国連総会は、2006年、グローバルな対テロ戦略を採択した[8]。国際テロ対策では、主権国家の役割が根本にあるとしながらも、国際協調の必要性を謳っている。
　グローバル対テロ戦略は、4つの柱から成っている。
　　1）テロ拡散に寄与している要因への対処
　　2）テロの防止と対応措置
　　3）テロの防止と対応に必要な国家能力構築と国連システムの役割強化
　　4）テロとの闘いにおいての人権と法の支配の尊重
　テロ拡散の原因には、多くの要素がある。総会決議では、長引く紛争や、テロの犠牲者の非人間化、法の統治の欠如、人権の侵害、民族や国籍、宗教などでの差別、政治的排他主義、経済や社会生活での疎外化、良き統治の欠如などが根本要因として指摘されているが、これらの要因がすべてテロ行為に直ちにつながるということではないにしても、何らかの形で影響しうるため、これらの要因に対処するための措置が、多面的に行われる必要がある。
　テロの防止と対応には、いくつものレベルでの措置が必要となる。国連決議では、国家の責任として、テロ行為者や組織に自国の領土を使用させないことや、テロ行為者や組織が自国内で逮捕された場合には適正な処罰を行うか、逮捕状を出している国への引渡しに協力すること、各国の警察機関の協

8）国連総会決議 A/RES/60/288。

力、情報の共用、麻薬の取引や武器の闇取引、資金洗浄、大量破壊兵器関連物資の闇取引といった違法行為の取り締まり強化と国際協調などが強調されている。国連を筆頭とした一連の国連機関に対しても、特に、生物兵器の開発を防ぐために、生物技術産業との連携を促進したり、テロ組織がインターネットをうまく使ってテロリストの勧誘や資金集めをしていることもあり、このような動きに対処、そして、逆にインターネットを通じて、テロのプロパガンダに対抗するよう促している。国連と地域機関、国際刑事警察機構（インターポール）などとの連携の重要性も指摘している。

　国家能力構築支援については、国連のテロ対策委員会やテロ対策執行部といった対テロ機関による国家のテロ対策のための技術的支援の強化や、テロに関連した活動をしている各種の専門機関による国家支援を奨励している。テロ組織の資金源となる麻薬密売行為であれば、国連麻薬犯罪事務局（UNODC）、資金洗浄やテロ資金の取り締まりであれば、世銀（World Bank）や国際通貨基金（IMF）、インターポールなど、大量破壊兵器であれば、国際原子力機関（IAEA）や化学兵器禁止機関（OPCW）、世界保健機関（WHO）など、民間航空や船舶などでは、国際民間航空機関（CAO）や世界関税機関（WCU）、国際海事機関（IMO）などとの協力が必要になる。

　国連や国連システムの強化については、各国による財政的な支援や他の国際機関や地域機関などとの連携強化、テロ対策での有効な措置の共有、民間組織との連携強化などが謳われている。また、国連決議では、2005年に事務局内に設置されたテロ対策履行タスクフォース（Counter-Terrorism Implementation Task Force: CTITF）の制度化が歓迎されている。

　4つ目の柱の、テロへの対応における人権の尊重については、各国のテロ対策は、あくまでも国際法、国際人権法、難民法、国際人道法に則った方法で履行されるべきものとした。また、国連の人権関連機関である人権理事会によるテロ対策への貢献や国連人権高等弁務官とその事務所の強化、人権問題を専門的に調査する国連人権特別報告者たちへの協力などを促している。

　総会は、2年ごとにこの戦略をレビューし、履行状況を図りながら、各国や国連に対してさらなるテロ対策の充実化を要請している。

　テロ対策履行タスクフォース（CTITF）は、世界的な脅威となったテロ

行為に対して、国連とその専門機関や関連機関との協調体制を構築し、より体系的に対応するための中心的調整機関としての役割を果たすことを目的としている。このタスクフォースは、2009年に制度化され、国連事務局の政務局の中に統括する事務所が正式に置かれた。タスクフォースは、30を超える国連諸機関で構成されている[9]。タスクフォースには11の作業部会がある。それぞれの作業部会には、分野に関係した機関が参加しているため、作業部会によって構成が異なる。

1. テロ対策に関連した国境管理と法の執行
2. テロ拡散に寄与する状況
3. テロ資金対策
4. 外国人テロリスト戦闘員
5. 国家及び地域レベルでの対テロ戦略
6. 大量破壊兵器による攻撃の防止と対応
7. 暴力的過激主義の防止
8. 対テロ行動での人権と法の支配の促進と保持
9. インターネットを含む重要インフラ、攻撃目標になりやすい施設などやツーリズムの安全確保
10. テロの犠牲者支援と広報
11. テロに対する法的、刑事司法面での対応

　作業部会の中でも、テロ拡散に寄与する状況への対処については、テロや暴力的過激主義に陥る状況をどのように改善していくかが大きな焦点となる。テロや暴力的過激主義に陥る理由には、貧困や社会的・人種的差別、雇用の機会の欠如や失業、疎外化など多々ある。しかし、それらがすべて自動的に過激化やテロ活動につながるわけではない。何らかの「触発」要因が必要となる。それは、インターネットでのアピールや過激活動家のような触発者による影響、家族や友人による勧誘、刑務所のようなところでの過激化、

9）国際連合 "CTITF, Counter-Terrorism Implementation Task Force" https://www.un.org/counterterrorism/ctitf/en。2016年の時点で38の機関や事務所がメンバーとなっている。

現地での思想教育などである。

　また、テロや暴力的過激主義のアピールに対抗していくのはそう簡単なことではない。現在の国際テロ組織や暴力的過激主義は、イスラム教原理主義といった宗教的な理由で正当化されている。特にイスラム教原理主義を支えているサラフィ主義では、非イスラム教徒との闘い（ジハード）、彼らに対する憎悪と優位主義、現生での性的抑圧と死後の報酬、イスラム共同体（ウンマ）やシャリーア法に基づく社会の構築など、容易には否定できない宗教的要素でアピールしているため、そのアピールを正確に理解し、対応することが必要となる[10]。

　テロ資金対策は、国連決議を通じた各国におけるテロ組織や個人の資産凍結や、資金洗浄や慈善団体を装った資金集めの取り締まりなど、多くの措置が取られているが、テロ組織の資金は、石油などの資源の闇取引、人質を取っての身代金要求、支配地域での徴税、麻薬販売など多岐に渡るため、テロ資金の根絶には相当の困難が見られる。

　外国人テロリスト戦闘員は、紛争の長期化や国際テロ組織の拡大とともに増加し、特に、アルカイダや2014年に誕生した「イスラム国」などには、多くの国から戦闘員が参加している。外国人戦闘員が増加する背景には、シリアやイラク、アフガニスタン、ソマリア、イエメン、リビアなどでの紛争の長期化と、国際テロ組織の持つ宗教的イデオロギーのアピール、リクルートの巧妙さがある。外国人戦闘員は、紛争地域で戦闘に従事する場合もあれば、自国に戻ってテロ行為を起こす場合もある。「イスラム国」の場合には、100を超す国々から、数万人規模の戦闘員が集まっているとされていることから、その対応には、国際的な情報の共有や協力などが不可欠になる。

　テロ組織が大量破壊兵器を入手する、あるいは開発することに大きな関心があるのは知られている。核兵器に関しては、国連機関の中では、国際原子力機関（IAEA）がその対応に中心的役割を果たしており、核兵器や核物質のテロ組織への拡散を防止するために、また、実際に使用された場合には、国連機関と各国が協働して対応できるシステムを構築している。化学兵器の

---

10) Dr. Tawfik Hamid, *Inside Jihad*, Maryland: Mountain Lake Press, 2015, pp.33-44参照。

場合には、化学兵器禁止条約に基づいた化学兵器禁止機関（OPCW）が専門家を有しており、例えば、シリア紛争などでは、化学兵器使用の疑いに対する現地調査に協力して、最終的なシリアからの化学兵器撤去についても、重要な役割を果たした。生物兵器の場合には、化学兵器の場合のような禁止条約やそのフォローアップの国際機関が存在しないため、国連の軍縮局が対応のフォーカル・ポイントとなっている。世界保健機関（WHO）なども重要な役割を果たしうる。

テロ組織のプロパガンダやリクルートの方法は、インターネット時代に急速に発展した。当初は、大きなテロ事件を起こすことによって起きるテレビなどを通じた国際報道に頼っていた面が強かったが、インターネットが急速に世界中に広まる中、社会全体だけではなく、個人に直接アピールすることが出来るようになったのである。インターネットへのアクセスを制限する動きに対しては、特に西側諸国では表現の自由論が主流を占めてこれを阻止しているため、自由なアクセスをテロ目的に利用しているのである。これを手助けしているのが、インターネット技術の進化であり、暗号化技術がさらに高度化することによって、テロ目的のサイトを閉鎖するのが困難になっている。

2001年の9/11事件後に起きた米国の「テロ戦争」で問題になったのが、テロとの闘いで起きた人権侵害行為だった。イラクやアフガニスタン、キューバ東端で米国が租借しているグアンタナモ基地などでの拘束者に対する拷問行為だった。当時の米国のジョージ・W・ブッシュ政権は、水責めや精神的苦痛を与える行為、人間的威厳を犯すような行為を拷問に当たらないと解釈したが、これは国際的に非難される結果となった。テロのような人権侵害行為に対して別な人権侵害行為で対応するのでは、テロへの対応を正当化することはできないというものである。米国は、バラク・オバマ政権になってから、前政権の解釈を変更した。

第6節　アルカイダのイデオロギーと戦略

　1980年代末から、国境を超えるトランスナショナルなテロ組織として、アルカイダが登場し、次第に勢力を拡大していった。アルカイダがそれまでのテロ組織と大きく異なる点は、既存の国際社会の価値体系や秩序をすべて否定し、イスラム教が中東地域を中心に支配した7世紀当時のイスラム原理主義社会に復帰し、シャーリアを基調とした新たなウンマ共同体の構築をグローバルに目指していることにある。

　このイスラム原理主義への復帰の思想は今に始まったことではなく、すでにイスラム世界がモンゴルによって征服された13世紀－14世紀以来、イスラム思想家によって暫し提唱されたものである[11]。その中でも、現在に至るまで大きな影響力を与えているのが、ワッハブ主義と呼ばれているイスラム原理主義思想である。これは、17世紀初頭イスラム教学者のムハンマド・イブン・アブド・アル・ワッハブが提唱したもので、イスラム教の厳格な解釈が人間の行動を指導する唯一の原則であり、他のいかなる妥協も許されないというものである。そして、この思想が、サウジアラビア王国につながるサウド家によって受け入れられことにより、サウジアラビアを中心に広がっていく。その他にも、20世紀初頭にエジプトのムスリム同胞団を設立したハッサン・アル・バンナなど、多くの宗教思想家がその後のイスラム原理主義の拡大に貢献した。

　アルカイダの設立に直接貢献したのは、1979年ソ連のアフガニスタン侵攻後、これに抵抗するムジャヒディーン（イスラム戦士）勢力を支援したパレスチナ人イスラム神学者アブドゥラー・アッザムである。ジハード（聖戦）の生みの親とも呼ばれ、ソ連への武力抵抗を宗教的に解釈しながら、ジハードをイスラエルや西側社会に対抗するイスラム原理主義復活のグローバルな運動にしようとするが、1989年にパキスタンでの車爆弾で暗殺される。この

11）イスラム原理主義思想の流れに関する説明は James J.F. Forest, *The Terrorist Lectures*, Chapter 15 参照。

アッザムに加わったのが、サウジアラビア出身のオサマ・ビン・ラディンである。ビン・ラディンは建設業などで富を得た大富豪の息子で、その資産を利用して、アフガニスタンのムジャヒディーンを支援し、アッザムに共鳴してアルカイダの設立に加わった。アッザムの死後、ビン・ラディンがアルカイダの指導者となる。

アルカイダの思想的守護神となったのが、エジプトのイスラム・ジハードのリーダーで、1981年に起きたアンワール・サダト大統領暗殺事件に関わったとして投獄されたアイマン・アル・ザワヒリである。解放後は転々とした後アフガニスタンに渡り、アルカイダに加わった。ザワヒリは、最後のカリフを名乗ったオスマン帝国が第一次世界大戦で滅亡した後、西側によってイスラム社会が弱体化されていることを嘆き、イスラム原理主義世界の回復を求めてグローバル・ジハード運動を唱えたのだった。ザワヒリは、「近くの敵」であるイスラム諸国は「遠くの敵」である西側諸国、特に米国によって支えられているとして、遠くの敵に対する攻撃を指導した。これが、1998年のケニアとタンザニアの米国大使館テロ攻撃や2001年9月11日の米国同時テロ攻撃につながっていく。

9/11後、米国は「テロとの戦争」を掲げ、アルカイダを保護していたアフガニスタンのタリバン政府を倒し、2003年には、アルカイダとイラクのサダム・フセイン政権が手を組んでいる、さらに、イラクは大量破壊兵器を隠匿あるいは再開発しているとの誤情報をもとにイラク戦争を起こす。米国主導のイラク占領が、逆にイラクのアルカイダ（AQI）誕生につながっていくのである。2011年、米国はパキスタンのアボッタバドでビン・ラディン殺害に成功するが、アルカイダはザワヒリが継承していく。

第7節 「イスラム国」(IS)の台頭

2010年末から2011年初頭にかけて「アラブの春」が中東地域に広がる中で、シリアにも飛び火し、内戦が勃発すると、イラクのアルカイダもシリア内戦に介入し、2013年にはシリアのアルカイダ系ヌスラ戦線と合流して、

「イラクとシリア（シャーム）のイスラム国」（ここでは ISIS の名称を使う）と名称を変え、2014年6月にはイラク北部の大都市モスールを陥落させ、シリア東部からイラク北部にわたる「イスラム国」（Islamic State: IS）設立を宣言した。

これに先立ち、2014年2月には、アルカイダの指導者ザワヒリはアブ・バクル・アル・バグダーディ率いる ISIS を破門するが、これは、闘争をイスラム教とキリスト教・ユダヤ教の闘いとするアルカイダと、スンニ派以外をも敵として、イスラム教徒であっても攻撃の対象とする ISIS の戦略の相違に基づくものであった[12]。実際には、イスラム原理主義運動の主導権争いともいえる。

「イスラム国」の指導者バグダーディーは、カリフ制度復活宣言を行い、自らをカリフと名乗って、「イスラム国」を守ることがイスラム教徒の義務であると宣言して、他のイスラム原理主義運動に参加を呼びかけた。その結果、ソマリアのアッシャバーブやナイジェリアのボコ・ハラムなど多くのテロ組織が「イスラム国」に忠誠を誓い、また、多くの外国人戦闘員を吸引する結果となった。「イスラム国」は、イラクとシリアをまたぐ地域を支配し、サダム・フセイン政権下のスンニ派の官僚組織を中心に国家統治の形態を備えている。そして、内戦の続く、あるいは政権の統治が脆弱なアフガニスタンやイエメン、リビアなどでも勢力を伸ばしつつある。

「イスラム国」は、また、ヨーロッパを中心にテロリストを侵入させ、市民を標的にした自爆テロ攻撃を行っており、プロパガンダを通じて、同情的一般市民によるテロ攻撃を誘発している。そのため、米欧などでも、反移民主義や排他的右翼勢力の拡大をもたらしており、これが逆にテロリスト醸成の素地を作っている側面もある。

---

12) Jessica Stern and J.M. Berger, *ISIS: The State of Terror*, New York: Harper Collins, 2015 参照。

おわりに

　テロリズムは、特定で限定的な政治的目的達成のための手段から、トランスナショナルなグローバル秩序やガバナンスへの挑戦の手段となり、国際社会にとっても大きな脅威となってきた。国際社会は、テロ行為に対応する形で、国連を中心に国際条約や対テロ戦略を推進してきたが、国際テロ組織は、地域紛争の拡大や国家統治の脆弱さをうまく利用して拡大してきた。テロ組織があくまでテロという暴力的手段を行使している以上、これに軍事的に対応することは必要であっても、それだけではテロの根絶につながらないため、国連の対テロ包括的戦略の下に、各国が政府レベルだけでなく、社会やコミュニティー・レベル、さらには個人レベルにおいても、暴力的過激主義を否定するいっそうの努力をすることが必要不可欠となっている。

第Ⅱ部
強靭な社会を どう作るのか

　第Ⅰ部では、人間の安全保障と平和構築に関する理論的なフレームワークを解説すると同時に、主に国家の統治機能が崩壊したときに、それをどう再建していくのかという視点で、個別のケースや課題を提示した。国家による統治機能の再構築は、ある意味で「上からの保護」に向けた努力ともいえる。

　続く第Ⅱ部では、この「上からの保護」に対し、「ボトムアップのエンパワーメント」を通じてどう強靭な社会を築いていけるのか、という視点で議論が展開していく。第6章では、「援助機関と平和構築――アフリカでの現場経験から」と題し、畝が、長年勤めた援助機関JICAが行う平和構築事業の理念や方針、歴史について概観した上で、実際に自ら関わったコンゴ民主共和国（DRC）や、ウガンダでの主にコミュニティ能力向上支援の実施段階での詳細を語り、援助機関が実施する平和構築の成果と難しさを描き出す。第7章では、「教育からみた人間の安全保障と平和構築」と題し、杉村が、紛争後の平和構築を行っている国の一つであるネパールにおいて、障がい者へのインクルーシブ教育がどのように行われているか、自らのフィールドワークの成果を伝えている。特に障がい者の「包摂性」と「公正性」のバランスをどうとるかについてのネパールの取り組みは、第Ⅰ部で正統性ある政府を作る上で重要だと本書が訴えた「包摂性」が、実際に障がい者教育の現場でどう実践されているのかを知る上でも、きわめて示唆的である。第8章では、「文化・スポーツ活動と心の平和構築」と題し、福島が、持続的な平和を構築する上では、制度的な仕組みの再生だけではなく、人と人との心

の和解・共生が必要であることを力説し、オーケストラ活動やサッカー活動など文化やスポーツの普及を通じて、平和構築に取り組んでいる人々の姿を描いていく。その独自の調査に基づいた分析から、現場で平和を担う人々の「心の平和構築」が、強靭な社会を再生する上でも不可欠であることが浮き彫りにされていく。

第6章

援助機関と平和構築
アフリカでの現場経験から

畝 伊智朗
元 JICA 研究所所長、
吉備国際大学教授

コンゴ民主共和国 アンゴラ難民との融和を目指す農民グループの収穫風景（代表者 Pierrot Kalubi 所有写真より。2015年9月筆者撮影）

はじめに

　2003年の政府開発援助（ODA）大綱の改正並びに国際協力事業団（JICA）の独立行政法人化以降、JICAは平和構築支援の必要なアフリカ諸国に開発支援を積極的に展開していった。この積極的な取り組みの原動力は、独立行政法人国際協力機構（略称JICAは変更なし）の初代理事長である緒方貞子氏であった。就任後の緒方理事長は、アジアからアフリカへの資源シフト、人道から復興・開発へのシームレスな支援などを推し進めた。

　1990年以降、冷戦構造崩壊、世界銀行などによる過度の構造調整の推進による国内政治の不安定化などにより、国内紛争が多くなり、国際社会は対応に苦慮していた。90年代中旬からのJICAにとっての大きな変化は、紛争の影響が強く残っており地雷などの除去も進んでいないカンボジアへの支援を行うことであった。その後、東ティモール、アフガニスタンへの支援などが追加されていった。JICA職員・関係者が経験をしていない、またはほとんどない国、地域で、国連その他人道・開発援助機関などと協力して事業を行うこととなった。そして、アフリカ大湖地域の紛争影響地域への協力が模索される。

　1990年代後半からの検討の中で、開発援助を実施する機関のJICAに平和構築を担えるのか？ などという点も含め議論され、経済協力開発機構（OECD）開発援助委員会（DAC）などとの相互学習を進めつつ、課題別指針「平和構築」が2003年に作成され、業務に供された。その後、2005年に策定された新ODA中期政策、2008年に有償資金協力業務を統合した新JICAとして協力の方向性を再検討する必要もあったため、JICAは2009年に課題別指針「平和構築」[1]を改訂している。

1）2009年11月改訂の課題別指針は次のURLを参照。
http://gwweb.jica.go.jp/km/FSubject0501.nsf/ff4eb182720efa0f49256bc20018fd25/8439f13d06db7196492579d400280b6a/$FILE/%E8%AA%B2%E9%A1%8C%E5%88%A5%E6%8C%87%E9%87%9D%E3%80%8C%E5%B9%B3%E5%92%8C%E6%A7%8B%E7%AF%89%E3%80%8D(H21).pdf（2016年11月15日アクセス）

開発援助機関 JICA の平和構築分野における取り組み方針・枠組み、アフリカ開発を概観した後、筆者が直接携わった二つの JICA 事業を紹介し、その経験から、開発援助機関と平和構築に関し論考したい。

第1節　取り組み方針・枠組み

開発援助の実施機関 JICA は、事業実施の基本的な目的として、対象国、対象地域の中長期的な発展、開発を目指している。したがって、JICA は平和構築自体を目的とする事業体ではない。そのため、2009年の課題別指針「平和構築」において、平和構築支援を次のように定義している。

<u>「紛争の発生と再発を予防し、紛争時とその直後に人々が直面する様々な困難を緩和し、そしてその後の長期にわたる安定的な発展を達成することを目的とした協力」</u>[2]

そして、平和構築支援における全体的な枠組みとその中における開発援助の位置づけを、図6-1のとおり、これまでの伝統的な平和構築支援アクターとの関係を整理している。

基本的なアプローチとしては、二つの視点がある。協力実施の難易度が高い国、地域で事業を行うと、開発援助は結果的に紛争を助長する可能性もあるし、開発援助を通じて平和構築に貢献ができる場合もある。「紛争要因を助長しない配慮」と「紛争要因を積極的に取り除く支援」、これら二つの視点が必要となる。そのため、JICA では、平和構築アセスメント（PNA: Peacebuilding Needs and Impact Assessment）を事業の計画からモニタリング・評価の段階まで、節目節目で行い、二つの視点を通じて事業の一時中止の可否、内容修正も含め確認、評価している。

それでは平和構築支援という特別な事業を実施しているのか？ これはよく聞かれる質問である。紛争の再発・発生の予防という目的はあるが、平和構築支援といっても、当該国、地域の発展を目指しているので、通常の開発

2）課題別指針、5頁。下線は原文のとおり。

図6-1 平和構築支援の枠組み

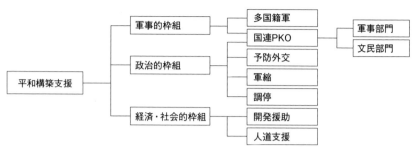

出典：JICA課題別指針「平和構築」（2009）

援助とほとんど同じである。分野についても、インフラ、教育・保健、農業・農村開発等、通常の協力と変わらない。一方、通常の事業では想定しないような課題、つまり、ガバナンス、帰還民対応などの特有のニーズ、これまでの紛争の経緯などがあることは事実であり、また、それらの課題は時間とともに変動する。そのため、国・地域のニーズと紛争要因を可能な限り把握、分析した上で、四つの重点支援分野[3]から優先度の高い事業を選定、形成し実施することが重要となる。

以上の二つの視点、四つの重点分野に加え、分野横断的な視点として、さらに二つの視点がある。まず、「和解・共存促進」である。対立グループ間の交流や共同活動を事業に盛り込むことにより、和解・共存に配慮したアプローチをとることが重要。次に、「紛争で影響を受けた人々・社会的弱者への配慮」である。紛争で影響を受けた人々（紛争起因障害者、孤児、寡婦、国内避難民など）および社会的弱者が事業に参加し、平和や復興の配当を受けられる仕組みを事業に組み込むことが重要とされている。

事業実施上の留意点として、課題別指針では、7項目[4]を挙げている。7

---

3) ①社会資本の復興支援（生活インフラ整備、保健・教育システムの機能強化など、失われたインフラと人材の復興）、②経済活動の復興支援（雇用の確保・拡大、生計向上など、開発に向けた復興初期段階における経済活動の復興）、③国家の統治機能の回復支援（選挙支援、メディア支援、法制度整備など、政府機能の再建と民主的制度構築）、④治安強化支援（治安セクターの整備、動員解除支援、地雷対策など、開発の前提となる治安の安定促進）

項目のうち2項目は、ロジスティック的な留意点であるが、それ以外の5項目は、JICAにおける「人間の安全保障」への取り組みを反映したものである。

2009年11月の「JICAにおける『人間の安全保障』への取り組み　アプローチの特徴と事例」[5]によれば、具体的な協力のアプローチとして次の4項目をあげている。

①「恐怖」（紛争や災害）と欠乏（貧困）からの自由に包括的に取り組む協力

②社会的に弱い人々への裨益を強く意識した、きめの細かい協力

③「保護（Protection）」と「能力強化（Empowerment）」双方の実現を目指す協力

④グローバル・リスクに対処する協力

そして、課題別指針「平和構築」においては、留意事項の5項目は、人間の安全保障の具体的アプローチ4項目を平和構築支援のコンテキストで反映させたものといえる。

第2節　アフリカ開発の最重要課題

事例を紹介する前に、アフリカ開発のコンテキストを概観しておきたい[6]。

4）①協力の迅速性・柔軟性の確保、②政府に対する支援とコミュニティ・人々に対する支援、③関係者の政治的・社会的属性への配慮、④周辺国を視野に入れた支援、⑤包括的アプローチ、⑥安全管理・危機管理、⑦実施体制の整備

5）JICAホームページのURLは次のとおり。
https://www.jica.go.jp/publication/pamph/ku57pq00000najg5-att/anzen.pdf（2016年11月15日アクセス）

6）本節は、畝伊智朗「第5回アフリカ開発会議（TICADV）に向けて——平和構築の視点から農業・農村開発を考える」、日本水土総合研究所『ARDEC』第48号（2013年3月）をベースにしつつ、一部修正、最新情報などを加筆している。

1．アフリカ開発の現状と課題

　まず、アフリカは世界の陸地面積の20％を占め、日本の面積の80倍もある広大な大陸である。アフリカ大陸には54の独立国があり、地理的、気候的、民族的、宗教的に多様である。経済・社会指標の値、自然災害の頻度などでも、極めて差の激しい大陸である。

　2000年代に入り、資源価格の高騰などを背景に、年率約5％の経済成長をアフリカは維持してきた。その結果、アジアに次ぐ第2の成長市場となっている。多額の民間直接投資が流入し、経済成長を牽引してきた。人口ボーナス期待、天然資源ブーム、東アフリカ共同体などの地域経済統合の進展により市場が拡大し、経済成長が進んできた。リーマン・ショックや欧州債務危機の影響は受けたが、すぐに回復している。2014年以降の資源価格の低迷により、経済成長率が低下しているが、マイナス成長にはなっていない。その結果、努力の余地はあるものの、貧困人口率が減少している。

　他方、アフリカの経済成長には脆弱性がある。次のような要因で、政治的不安定や自然災害をトリガーとして、紛争の発生・再発を招いている。

①経済成長に伴い地域、国、コミュニティそれぞれにおいて格差が拡大していること

②紛争、自然災害に伴う食糧不足、難民発生などの負荷が経済社会の脆弱性を高めていること

③格差の拡大や脆弱性の高まりが政治的不安定を招いていること

　世界的な開発潮流も踏まえつつ、アフリカ開発には、包摂性と強靱性が必要であるとの考え方が主流となっている（本書の第2章で東論文が述べている「包摂的プロセスの重要性」は、アフリカの開発でも強調されている）。そのために、アフリカの農業を活性化すべきだ。天然資源に依存しすぎない経済に移行するためには、つまり、経済成長を持続的なものにするためには、まず、加工業を含む農業の活性化が鍵になる。アフリカ農業は、総雇用の60％、GDPの30％を占めていると推計されている[7]。それだけ重要なセクターでもあるにも拘わらず、一部の国を除き、長期継続的な資源投入を必要

7）"World Development Report: Agriculture for Development," The World Bank, 2008.

とする農業開発に十分な資源が配分されてきていない。短期的な利益期待案件への投入資源の偏重、物流を妨げるインフラの未整備などもあり、アフリカ農業は低迷してきた。アフリカ農業開発の多様な政策提言の歴史に鑑みれば、この責任はアフリカのリーダーたちのみが負うのではなく、広く国際社会が負うべきである[8]。

　より深刻な点は、国家の基盤が何であるかを、国際社会は考えていない。荒木光弥が主張[9]するとおり、先進国も含め、国家は農民を主体とする農村社会の健全な発展に支えられており、農村社会の凋落はその国の凋落にも通じる。アフリカは農業開発のポテンシャルがあるにも拘わらず、食糧問題は人口増加と共に大きな社会問題となりつつある。そして、若年労働人口が急増する中、それをすぐに第2次産業で吸収することには無理がある。だからこそ、農業の活性化が持続的なアフリカの経済成長には必要なのである。

2．アフリカ開発の最重要課題：平和と安定

　第二次世界大戦後の紛争は、件数では、アジア地域とアフリカ地域に集中している。この2地域で世界全体の半数以上の紛争を経験している。アフリカでは、コンゴ民主共和国東部を中心とする大湖地域、ソマリア周辺のアフリカの角地域、西アフリカ地域の3地域を中心に紛争が発生、再発、継続してきた。冷戦構造崩壊後、つまり、1990年以降、国家間紛争から国内紛争へと紛争の形態が変化している。

　アフリカ開発会議（TICAD）のプロセス[10]において、日本政府はTICAD発足当初から一貫して、紛争への対処をアフリカ開発の重要事項としている。アフリカ各国首脳はその政治的意志を強く有しているものの、紛争問題は開発の問題ではないという立場であった。転換点は、第3回TICADで採択された「TICAD10周年宣言」である。その宣言では、平和の定着と紛争

8）書評、機関誌『アフリカ』第52巻第3号、アフリカ協会、2011年9月。
9）荒木光弥「羅針盤　アフリカ農業開発の暗い影：世界穀物輸出の"草刈り場"」、国際開発ジャーナル社『国際開発ジャーナル』2013年2月号。
10）外務省ホームページに詳しい。http://www.mofa.go.jp/mofaj/area/ticad/（2016年11月15日アクセス）

の終結は、アフリカの能力と資源を経済成長と持続可能な開発に注ぎ込むために不可欠とした。

2011年の南スーダン独立という良いニュースがある中、独立後5年も経過しないうちに国内紛争をおこし現在も継続しているという悪いニュースがある。同じ2011年の「アラブの春」と北アフリカの不安定化、ソマリア、マリ、中央アフリカの現実を無視してはアフリカ開発を議論できない。紛争の原因となる貧困問題や格差に対処する必要がある。

平和と安定は、アフリカ開発の前提条件であり、最重要課題である。その課題解決の糸口は、紛争や災害の影響を受けている農村コミュニティの再生と健全な発展にある。農業・農村開発を通じて、どのように平和と安定が確保されるのか、具体的な事例を紹介する。

第3節　事例

以下紹介する2事例は、筆者がJICA経済基盤開発部（現社会基盤・平和構築部）時代、事前調査団の団長として事業立ち上げに関与したものである。多くの関係者とこれら事業に取り組むことができたのは筆者の誇りであり、喜びである。

1．コンゴ民主共和国コミュニティ再生支援調査[11]

コンゴ民主共和国は、1991年の首都キンシャサでの暴動後、1990年代後半に2度の内戦を経験し、経済・社会基盤インフラが破壊された。2002年にプレトリア包括和平合意が締結され、2003年に暫定政権が発足、さらに、2006年の大統領選挙の実施後、現大統領ジョセフ・カビラ氏が大統領に選出され

---

11) 本事例の記述については、次の資料などを参考とした。
　・滝川永一ほか「コンゴ民主共和国及びウガンダ共和国におけるコミュニティ開発に関する事例紹介」、2013年国際開発学会春季大会発表資料
　・片山祐美子ほか「プロジェクト終了後の地域変容——コンゴ民主共和国の事例より」、2014年国際開発学会全国大会発表資料

ると民主化プロセスが活発化した。一方、同国東部を中心に、外国政府の支援を受けているとされる反政府組織と政府軍による交戦状態は継続されていた。このような状況の中、JICA は2007年8月にコンゴ民主共和国駐在員事務所を開設し、コンゴ民主共和国への二国間援助を本格的に再開した。この援助再開を受け、JICA は2008年6月から2010年12月にかけて、紛争に対する耐性強化とコミュニティの機能強化を図ることを目的とした「バ・コンゴ州[12]カタラクト県コミュニティ再生支援調査」を実施した。

（1）プロジェクト概要

　2008年当時、対象地域を含むバ・コンゴ州は、コンゴ民主共和国に存在する11州の1つで、同国最西端の州である。北にコンゴ共和国、南にアンゴラ共和国、東にキンシャサ特別州及びバンドゥンドゥ州、西にアンゴラ共和国カビンダ州（飛び地）と接し、同国で唯一外洋と接する州として国家レベルの経済活動及び物流の重要な拠点である。その地理的特徴より、アンゴラ共和国からの難民流入が繰り返された地域である。同州中部カタラクト県キンペセ・セクターでは、アンゴラ共和国の内戦が激化した1990年代以降に大量の難民が流入した。ただし、アンゴラ難民の一部はコンゴ民主共和国の人々と婚姻関係を結ぶ等、地域に同化している者もいる。2007年7月に国連難民高等弁務官事務所（UNHCR）の人道支援が終了し、地域の復興及び開発プロセスへの移行期にある中、残留する旧アンゴラ難民と地域住民との間で地域資源の利用に対する負荷が増大し、残留する旧アンゴラ難民と地域住民との共存・和解を促進させつつ、コミュニティの機能を強化させることが求められていた。

　本事業では、①調査団（日本の開発コンサルタント[13]）とコミュニティ・メンバーとの地域の賦存資源に対する認識の共有、②住民組織化による新たなコミュニティの枠組みの提案、③コミュニティ開発計画の策定、④紛争予

12）バ・コンゴ州は地方分権に伴う州分割の対象ではないが、コンゴ・セントラル州に改名されている。本稿では混乱を避けるため、旧名称を継続使用する。
13）NTC インターナショナル社。

防配慮を実施した。また、緊急復興事業としてコミュニティ道路18kmを改修し、道路沿線村落を含む道路維持管理組織を基盤としたコミュニティ開発委員会を設立した。開発計画の策定プロセスにおいて、コミュニティの発意で、「持続的にBHN[14]が満たされ、紛争に対する耐性が強化される」という目標の設定がなされた。

なお、プロジェクト実施に要した経費は、緊急復興事業（18kmのコミュニティ道路改修工事、約2億5000万円）、現場事務所設営費などを含め、約7億2000万円であった。

（2）平和構築支援の視点での評価

前項の取り組み方針・枠組みに従って、この事例を分析すると、次の通り。

平和構築支援の基本的なアプローチとしては、プロジェクト形成段階から実施管理、モニタリング評価までの各段階において平和構築アセスメントPNAは実施されており、紛争要因を助長しない配慮を行うと共に、紛争要因を積極的に取り除く支援を具現化している。この事業において初めて、JICAは契約受注者である開発コンサルタントに契約以後のPNAを業務として任せている。

四つの重点分野の視点では、まず、社会資本の復興支援の好事例であろう。コミュニティ道路の改修など生活インフラを整備しており、それが大きなインパクトをコミュニティに及ぼしている。次に、牛耕、コミュニティ圃場などパイロット・プロジェクト（PP）[15]を通じて、生計向上がはかられており、経済活動の復興支援でも好事例となっている。国家の統治機能の回復支援については、末端行政機関の能力向上に主には貢献しており、州、中央政府の行政官の能力向上にも一定程度貢献している。

分野横断的な視点では、コミュニティ住民間の和解・共存の促進、社会・ニーズ調査、ワークショップなどの機会に、普通であれば意見の聞かれるこ

---

14) Basic Human Needsの略。人間が人間らしく生きていくための基本要素「衣・食・住」のことである。
15) 実証事業ともいう。プロジェクトの一部として、うまくいくかどうかを見極めるための活動である。

とのない女性、若者など、コミュニティ内の社会的弱者の参加を促すと共に、それら意見をPPの実施などに取り込んでいる。

　事業実施上の留意点7項目はすべて適時適切に配慮され、事業の成果発現につながっている。基本的な情報が絶対的に不足する中で、実質的にすべての活動が1年6か月の短期間で実施され、コミュニティや前提条件の変化に応じた柔軟な対応がなされたことは特筆に値する。迅速、柔軟な対応は平和構築支援の鉄則である。そして、この事業の成果発現並びにその成果の持続性の確保に貢献しているのは、「政府に対する支援とコミュニティ・人々に対する支援」の留意点に的確に対応している点である。人間の安全保障では、保護と能力強化双方の実現を目指す協力である。行政が脆弱で事業実施のための予算もないからといって、コミュニティ再生支援を外部者である開発コンサルタントが主導するのではなく、事業の各活動においてカウンターパートであるキンペセ・セクターの行政官（農村開発課長ほか）を巻き込むことで、住民と行政官、特に末端行政機関キンペセ・セクターの行政官とのコミュニケーションの機会を積極的に作ってきたことである。この取り組みと併せて、PP実施に伴う住民のグループ化、組織化を通じて生計向上が図られ、草の根レベルからのエンパワーメントによる効果とも相まって、住民と行政官の意思疎通が向上している。地域内の村長による開発会議（CDVL）に行政官を参加させたことも功を奏している。事業実施前より行政に相談する機会が増加したと、行政官と村長の双方が回答している。その結果、当事者間で解決できるレベルの土地問題などが減少した。当事者間で解決できない問題は、村長やCDVL、セクター長へと報告がなされ、それぞれの段階での問題解決が適宜図られることになった[16]。行政官の数が少ない、予算がないという現実の中で、それを前提として、行政官ができることは何かと考え、行動しはじめた。事業実施により、行政官が行動変容を起こしている。コミュニティと一緒になって問題を考え解決を図るという行政のやり方になっている。コミュニティと行政の橋渡し型ソーシャル・キャピタル（SC）[17]が形成されたといえよう。そして、コミュニティ内の紛争が減少

16）2014年8月キンペセ・セクター農村開発課長の証言。

した。

　一方、住民の生計向上を通じた平和構築の効果も見逃せない。生計向上を目指したPPにより農業生産性・収入の向上、具体的には、牛耕の導入やコミュニティ圃場（村ごとの共同圃場）における栽培技術移転を行った結果、耕作面積の拡大に伴う農業生産量の増加、新品種の作付けなどにより農業収入が増加し、村ごとにばらつきはあるものの、コミュニティ全体の底上げにつながった。収入を得た若者が村の行事に寄付することにより、長老から認められるようにもなっている。また、グループ活動を経験した結果、個人農地での共同作業を行う形で日本側の協力が活かされている。

　さらに、コミュニティ道路を整備したコミュニティ10村で顕著な現象であるが、道路18kmを改修することにより、トラック、普通乗用車、バイク、自転車などの輸送手段の通行性が格段に向上した。モーダル・シフトが起きた。その上、農作物の荷痛みも減少した。その結果、コミュニティ間の交流及び物流の向上を目的とした道路改修であったが、農地から市場へのアクセスを向上させ、仲買人の来訪が増えた。保存性の高いキャッサバ栽培中心であったものが、野菜を栽培する農家が増加した。農業収入を原資として、バイクタクシーをビジネスとして始めた者も多い。多い村では14名にのぼる。首都キンシャサを含め大都市からの農地利用者が大幅に増え、その結果、キオスクの開業が進んだだけでなく、農地利用者などから地代を稼ぐなど、道路改修によって、コミュニティ内の現金獲得手段の増加、多様化が確認されている。

　この事業実施とその後のモニタリング[18]の成果を中間的にとりまとめると、平和構築支援、特に紛争後の農村コミュニティ再生支援については、パイロット・プロジェクトの実施、道路の改修、脆弱な行政機能を補完する組織設立にかかる各活動でのコミュニケーション機会を通じて、対象地域内に新たな地縁の創出、地縁の再生を支援する可能性を示した好事例である。同

17）国際協力におけるＳＣに関しては、国際協力事業団国際協力総合研修所『ソーシャル・キャピタルと国際協力——持続する成果を目指して』（2002年）を参照。

18）JICAは2013年に本事業のフォローアップ調査を実施し、2014年から長期モニタリング調査（継続中）の対象案件としている。

時に地縁が強化されることにより、当初の活動は休止・停止しているが、活動の内容や形を変えて、グループ活動を継続・発展させていることも判明した。

　膨大な支援ニーズと脆弱な行政能力のギャップなどに起因する住民の不信、対象地域にもともとあったはずの社会紐帯が希薄化していることも多い紛争影響地域においては、地縁の強化が重要であり、それらを事業の各活動に取り込むことによって、対象地域内のコンフリクトを軽減させる。その結果、コミュニティの紛争耐性を強化させることにつながる。

（3）プロジェクト形成

　この事業はアフリカ大湖地域における平和構築案件形成の一環としてプロジェクトが形成されたものである。安全確認調査を含むプロジェクト形成調査を実施した後、2007年3月、コンゴ民主共和国政府より日本政府に本事業の要請書が提出された。これを受け、2007年5月に予備調査を実施し、2008年4月に第2次予備調査を実施して、同年5月に本事業にかかる国際約束（S/W）が締結された。筆者は第2次予備調査団長であった。緊急事業ながら、要請書受領から事業開始まで1年以上の時間を必要とした。

　この事業は緒方イズムを実現するモデルとして期待されていた。緊急開発調査のスキームを使い、UNHCRが支援していた難民サイト2か所と周辺コミュニティの支援を行うこと、UNHCRが2007年中に難民支援を停止するので人道支援から復興・開発支援にシームレスに移行すること、平和の配当を目に見える形で迅速に行うこと等が求められていた。そのため、案件形成においては、スピードを重視し、また、UNHCRの担当官の同行を求め連携事業の形成がはかられた。

　筆者が調査団長として、1週間近く首都キンシャサで交渉してきたことは何であったのか。国際約束を締結すべく、最大限、相手国政府の要望を受け入れ準備したが、署名には至らなかった。カウンターパートは農業・農村開発省で、大臣はモブツ元大統領の子息であった。東部重視を打ち出していたカビラ大統領の政権において、野党勢力のモブツ大臣に小規模プロジェクトとはいえ、西部のバ・コンゴ州での事業を行う国際約束に署名を求めること

には無理があった。特に、アンゴラ難民が受益者となっていることは政治的にセンシティブすぎた。事業内容などはコンゴ民主共和国政府の要請書に記載されているにも拘わらず、担当副大臣、担当事務次官などから、なぜ、バ・コンゴ州でプロジェクトを行うのか、ほかの州ではだめなのか、なぜ、アンゴラ難民を支援対象に入れるのか、もっとインフラを作れないのか、などの質問をしつこく受けた。安全対策上、JICAはキンシャサ特別州とバ・コンゴ州でしか活動が許されないこと、バ・コンゴ州は、コンゴ民主共和国にとって唯一の貿易港を持つ地政学的に重要な州であり、マタディ橋に代表されるように日本が以前より協力実績が多い州である等の説明を筆者は繰り返した。調査団滞在中に国際約束の案文は事務ベースで固め、大統領府、首相府、外務・国際協力省に側面支援を要請したが、署名には至らなかった。1か月以内に署名できない場合は、本事業を白紙に戻す旨の書簡を残し調査団は帰国した。その後、モブツ大臣が海外出張中に、大臣の代行者としてボナネ副大臣が国際約束に署名をした。カビラ政権に配慮しつつも、事業を前に進める工夫であり、政治的な妥協である。

　事業開始の前提条件である国際約束の締結に時間がとられ、事業の実施内容を調査団として十分詰めることができなかったことは、開発コンサルタントに対して、今でも申し訳なく思っている。緊急案件だから、国際約束に時間がかかったからという理由で、1年半という限られたプロジェクト期間にせざるを得なかった。対象コミュニティの特定（いくつの村があるかも分からなかった！）、PPの選定、技術移転をするカウンターパート行政官の特定など、本来、JICAが提供すべき調査結果がないまま、JICAは開発コンサルタントに事業実施を委託した。

　筆者にはマタディ橋のような大型事業ではないが、このコミュニティ再生支援事業が地政学的に重要な州で実績を上げれば、コンゴ民主共和国の安定化、ひるがえって周辺国を含めた地域の安定につながるとの信念があった。

2．ウガンダ北部復興支援[19]

　ウガンダ共和国北部アチョリ地域は、1980年代以降、20年以上に亘り神の抵抗軍（LRA）との紛争に巻き込まれ、その影響により社会インフラへの

図6－2　ウガンダ北部支援の必要性

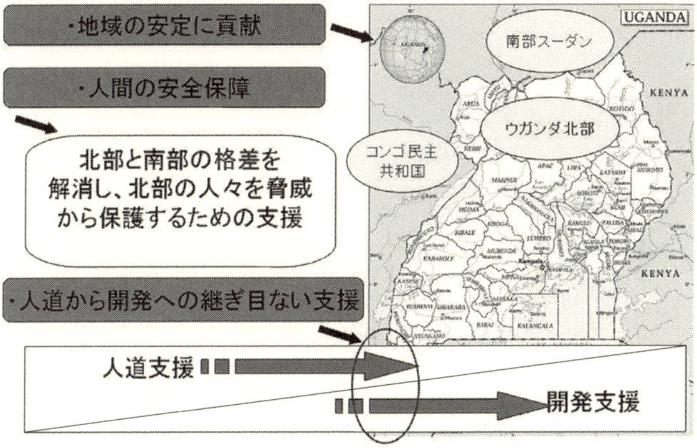
・地域の安定に貢献
・人間の安全保障
北部と南部の格差を
解消し、北部の人々を脅威
から保護するための支援
・人道から開発への継ぎ目ない支援
人道支援
開発支援
UGANDA
南部スーダン
ウガンダ北部
コンゴ民主
共和国
KENYA
KENYA

投資が停止した。そのため、同国南部地域に比べ開発が遅れた。紛争の影響で、200万人ともいわれる国内避難民（IDP）が生じた。2005年までにはLRAがウガンダから退去し平和が戻り、治安が改善した。ウガンダ政府による北部復興開発計画が策定され、北部の安定が図られると共にIDPキャンプの閉鎖が急速に進められた。このような状況を背景（ウガンダ北部支援の必要性については図6－2を参照）に、JICAは、2009年8月から2011年1月にかけて、キャンプ生活を強制されたIDPの帰還先村での定住を図りつつ、コミュニティの再生を通じた国内の南北格差是正を目的とした「アムル県国内避難民帰還促進のためのコミュニティ開発計画策定支援プロジェクト」を実施した。また、北部支援の一環として、アムル県並びに周辺県のインフラの現状を把握しつつ、道路網整備維持管理計画策定の支援をしながら、アムル県並びに行政官の計画能力を向上させることを目的とした「アムル県総合開発計画策定支援プロジェクト」を同時並行でJICAは実施した。

19）本事例の記述については、次の資料などを参考とした。
・国際開発ジャーナル編集部（2013）『UGANDA通信　北部復興支援の現場から』丸善出版
・滝川永一ほか「コンゴ民主共和国及びウガンダ共和国におけるコミュニティ開発に関する事例紹介」、2013年国際開発学会春季大会発表資料

二つの事業で総額12億円の予算が必要であった。

(1) プロジェクト概要

　対象地域のアムル県及びヌウォヤ県[20]は、ウガンダ共和国北部に位置し、アチョリ族の伝統的な居住地域であるアチョリ地域に含まれる。アムル県は、南スーダンと隣接する地域である。ウガンダ政府は、2007年に策定された北部復興計画（PRDP）に基づき、①地方行政機関等政府機関の強化、②コミュニティの再生・強化、③経済の再活性化、④平和と和解の促進の四つの目標を掲げ、北部地域の復興および開発を国家の最重要課題として取り組むこととしている。しかし、同国の2/3の面積を占める広大な地域に対し、政府予算では十分な資金を確保できず、多くの課題が手つかずの状況となっていた。これらに対し、元IDPの帰還先村での定住を図ると共に、地方行政機能を失ったコミュニティの再生を通じて、国内の南北格差を是正することが求められていた。

　本事業では、①コミュニティ・プロファイルによる社会・自然状況の整理、②セクター別開発シナリオを設定し行政官の能力向上を含んだコミュニティ開発計画の策定、③紛争予防配慮を実施した。

(2) 平和構築支援の視点での評価

　コンゴ民主共和国の事例と同様、前節の取り組み方針・枠組みに従って、この事例を分析すると、次のとおり。

　平和構築支援の基本的なアプローチとしては、前述の事例同様のPNAは実施されており、開発コンサルタント[21]に契約以後のPNAを業務として任せている。

　四つの重点分野の視点では、まず、社会資本の復興支援については、コミュニティ道路・橋梁の整備[22]を行うことにより、人の移動と物流が活発化し

---

20) 事前調査を実施した2009年1月および4月においてはアムル県であったが、プロジェクト実施中の2010年に分割された。アムル県は2006年にグル県から分割された。
21) NTCインターナショナル社。

た。その結果、トランジット・サイトに残留していた住民達が帰還先村に戻り、定住することに貢献した。橋梁の整備は児童が川を渡って学校に通えるようにした。生計向上もはかられており、経済活動の復興支援でも貢献している。次に、国家の統治機能の回復支援については、コミュニティ・プロファイリングやコミュニティ開発計画策定の諸活動を開発コンサルタントと一緒に行うことにより、県の行政機関の能力向上に貢献している。

　分野横断的な視点は、この事業において複層的、多面的に配慮をしている。和解・共存の促進については、紛争により長期にわたり自分の土地を離れていたこともあり、帰還先村での土地争いが開発上の大きな課題となっていた。特に伝統的な土地制度について理解不足の若者世代が課題を複雑にしていた。そのため、コミュニティ基盤の整備だけではなく、地域の年配者との接点を増やすことにより伝統的な土地制度の伝承が可能となるよう、組織活動や共同作業を促進する実証事業を計画に多く盛り込んでいる。紛争の影響を受けた人々・社会的弱者への配慮については、IDPキャンプで人道支援に慣れきった社会的弱者（EVI）[23]をどのようにコミュニティで受け入れるのか、その受け皿の形成、住民同士の互助意識をどのように向上させるか、元児童兵を孤立させないような対策をどのように図るか、などの視点で計画策定などが行われた。その過程において、コミュニティ内のEVIの参加を促すとともに、それら意見を計画策定、PPの実施などに取り込んでいる。

　事業実施上の留意点7項目はすべて適時適切に配慮され、事業の成果発現につながっている。基本的な情報が絶対的に不足する中で、実質的にすべての活動が2年6か月の短期間で実施され、コミュニティや前提条件の変化に応じた柔軟な対応がなされた。紛争後の人道支援から復興支援段階に移行中であり、農村地域を対象としたコミュニティ開発であることから、緊急事業として農道の改修を優先的に進め、紛争の影響を受けている人々に目に見え

22）橋梁の整備については、アムル県総合開発計画策定支援プロジェクトの緊急復興事業として実施。
23）EVIは、Extremely Vulnerable Individualの略である。

る平和の配当を示しつつ、それ以外の生計向上など諸活動の効果発現を促進することが必要である。隣国からの難民受入地域であったコンゴ民主共和国バ・コンゴ州との大きな相違は、実際に戦闘があった紛争地域であったこと。ウガンダが全体として順調に経済発展する陰で、「忘れられた紛争」と呼ばれた北部紛争の影響は大きく、国内で北部と南部の地域格差が生じていた。事業対象地域のアムル県（後にヌウォヤ県は分離）が東京都の4倍近くの面積があり、広範でかつサイトも分散していたため、行政組織を通じて効率的かつ効果的にプロジェクトを実施する必要があった。そのため、行政組織や行政官の能力向上が優先事項であった。その一方で、不十分ながらも、南部で行政経験のある行政官を事業で活用できたことは幸運であった。

(3) プロジェクト形成

この点に関しては、『UGANDA通信 北部復興支援の現場から』に詳しく記載されているので、ここでは多くを記述することは避ける。

地域の平和と安定のためには、弱い部分をつくらないことが大切である。ウガンダ政府は南部スーダンの独立を控え、ウガンダ北部支援が重要な政策であることを承知の上で政策的に支援の強化を図る意思に欠けていた時代であった。そのため、在ウガンダ日本大使の支援を得つつ、中央政府の関心を高める努力を、2008年1月並びに4月の協力準備調査において注力した。

また、地方分権化が進展しているウガンダでは、県の行政官が開発行為などの実施権限を担っており、県の首席行政官（CAO）が承認しない限り、事業は実施できなかった。そのため、4月の現地調査においてはCAOとのアポが取れるか、事業内容についてCAOと協議できるかどうかが重要事項であった。アムル県CAOブルーノ氏とのアポは、夜の9時に決まった。暴風雨のため約束の場所にCAOが来たのは10時であった。能吏のCAOは筆者の説明を聞いて、すぐに事業の重要性と県行政への貢献を理解した。原則同意はすぐにもらえたが、CAOから要望があった。県庁舎近くの住民たちが県のために土地を提供したにも拘わらず何も便益がないと不平を言っているので、県庁舎の敷地に、地域住民も使えるタウン・ホールを造ってほしいとのことであった。イエスと即答した。その7時間後、次の日の朝6時に、

CAO と筆者との間で合意書が締結された。ブルーノ氏という CAO がいなければ北部復興支援事業は始まらなかった。

その後、CAO との合意書を持参して、首相府事務次官との協議に臨んだが、1時間近く説明を繰り返してもなかなか合意に至らなかった。あきらめの気分がでてきた頃、アポロ首相が入室してきて、状況が一変した。「君たち何をしている？」と首相が質問し、筆者は「首相閣下、JICA の者です。東京から来ています。次官と北部復興支援について協議しています」と回答したら、首相は「それは良い」との反応があり、次官はその場で国際約束（S/W）に署名した。1分間の出来事だった。決まるときは決まる。

3．教訓
上記2事業を通じ以下の教訓が明らかとなった[24]。

1）コミュニティ・プロファイリングの必要性
コミュニティ開発計画を策定するためには、対象とするコミュニティ内外の現状を詳細に把握する必要がある。そのためには、コミュニティが賦存する自然資源の状況や村の強み・弱み、住民が内包するニーズ、さらにコミュニティに隣接する地域においても同様の情報を収集するためのコミュニティ・プロファイリングを実施することが重要である。調査初期段階でコミュニティ・プロファイリングを実施することにより、コミュニティが目指す開発ビジョンの策定や開発目標の設定を容易にする。変容するコミュニティを的確にプロファイリングできていない場合、事業実施上、想定外の阻害要因に直面する可能性が増大する。

2）コミュニティ道路の重要性
コンゴ民主共和国およびウガンダ共和国のような開発途上国では、雨期に道路が寸断され、各コミュニティは孤立する。紛争影響後の人道支援におい

---

24) この教訓は、2011年7月10日に開催された国連平和構築委員会（PBC）教訓作業部会（WGLL）にて筆者が発表したもの。

て、各援助機関は支援を届けるためにコミュニティへと続く道路整備も行っている。復興および開発支援への移行期にある中、第一にコミュニティ道路の整備を実施することで、コミュニティ内外の人の動きや物流が活性化され、さらに、コミュニティの開発速度が加速され、開発の到達段階も高いものとなる。基幹道路に接続するコミュニティ道路は、当該コミュニティ並びに周辺地域の住民にとって、平和の配当を実感するインフラである。逆に、コミュニティ道路の整備なしでは、コミュニティ開発の効果の発現性は低くなる。また、その際コミュニティ道路の維持管理体制を構築することは必須である。

3）組織化による共同活動の必要性

紛争影響国のガバナンスは概して脆弱であり、行政による公共サービスの提供は困難な状態が多い。ガバナンスが安定・強化されるまでは、コミュニティ自身による公共サービスの肩代わりが必要であり、そのための手段として村落を組織化した新しいコミュニティの形成が必要である。また、コミュニティ開発における各活動のための組織化は、共同作業を通して、村内の若者と年長者の対立、男性と女性の対立、村落間の対立を解消させる。加えて、組織を整備することで、援助機関による支援の受け皿を形成し、各国援助機関の支援を促進させる。

4）コミュニティ・メンバーとしての配慮の必要性

紛争影響地域では、人道支援機関が難民やEVIに限定した特別な援助を実施した経緯から、地元住民間の反発やコンフリクトを引き起こす原因となる場合がある。したがって、現地調査を通じ彼らの置かれている状況を調査し、実態に基づき支援方策を検討する必要がある。中・長期的な視点からは、コミュニティが難民やEVIを取り込み、コミュニティ内で彼らを支えていく受け皿を形成するように支援することが求められる。そのためには社会基盤の整備だけでなく、住民同士の互助意識を高めていくようなプロジェクトを計画・実施することが重要である。

おわりに

　平和構築支援に成功方程式はない。前節の教訓はあくまで実践事例を通じた学びである。公表されている報告書、メディア報道を読む限り、平和構築支援の事業は、他の開発援助事業と同様、政策対話、プロジェクト形成、要請書の取り付け、日本政府・JICA内での審査、確認を経て、事業が開始され、運営され、相手国政府カウンターパート機関に引き渡され、報告書にまとめられる。分野や活動内容も基本的には通常事業と同じである。

　JICA職員（外部人材を含む）は、平和構築事業を担う場合、課題別指針ほかを執務参考にしつつ、それぞれの経験を踏まえ基本的にはすべてカスタムメードの対応が求められる。事業のどの段階に携わるかによって、前提条件、外部条件によって、部署によって、JICA職員としてこだわるポイントは異なる。職員同士がチームとして相互に確認し合い、リアリティチェックを怠らない。開発援助機関の職員としてこだわる共通点があるとすれば、「紛争を助長しない、積極的に取り除く支援」はもちろんであるが、「紛争の原因となる貧困問題や格差に対処する」という認識である。

　平和構築支援はコンテンツというより、コンテキストが重要な事業である。程度の問題ではあるが、通常事業と異なる点がいくつかある[25]。

1）開発援助は意図せずして、結果的に、紛争を助長する可能性
　よかれと考えて行った支援が、村同士の紛争を拡大することもあり得るので、支援分野、アプローチも含め慎重に検討する必要がある。

2）通常以上にきめ細かな関係機関との調整や協議が必要
　支援が村同士、住民同士の不公平感を助長することがあると、対立を助長しかねない。そのため、関係者分析を通じて、当事者間の利害関係を徹底的に学ぶ必要がある。

25）小向絵理「第3章　平和構築論」前掲書、295-297ページを参考に引用、記述した。

3）外部条件や前提条件が崩れる可能性

　政治、経済、治安情勢が一般的に不安定な地域で事業を実施しているので、各種条件の変化により、目的達成や成果の発現に影響が及ぶ場合がある。情勢をモニタリングしつつ想定される事象への対処法を検討しておく必要がある。対処すべき事象が発生した場合、投入の調整を含め迅速で、柔軟な事業運営管理が求められる。

4）その一方で、現地の関係者だけでは解決し得ない課題の解決ができる可能性

　和解や共存の促進については、現地の当事者だけでは実現できない可能性もあるが、JICAのような外部者が介入することにより、対立していたグループ同士を同じ研修または活動に参加せしめることができる。その結果、対立グループの和解促進につながることもある。そのような成果が発現することは、事業に関与する者にとってこれほど大きな喜びはない。

　これらの現実があるからこそ、JICA職員、専門家、開発コンサルタントはツールとして平和構築アセスメントを積極的に活用する。

　一方、平和構築支援は、自分たちがコントロールできない多くの変動要因、つまり、リスク要因がある。事業を立ち上げるまでの難易度は高く、事業実施内容の変更、事業の失敗などの可能性は極めて高い。そのため、実績で評価される職員は難易度が比較的低い通常事業を担当したがるものだ。紛争影響国・地域で行う事業は、事業をすること自体に政策的な価値があり、その副次効果として平和と安定が少しでも改善されれば、成果発現と考えるべき。通常事業を通常の尺度で評価するように、平和構築支援を担当するJICA職員を含む関係者のパフォーマンスを評価すべきではない。

　自分たちができること、相手国、地域、コミュニティ、住民に及ぼせるインパクトは限られていること、仮にインパクトが発現できても時間がかかるケースがあることを平和構築支援に従事する人は肝に銘じる必要がある。

　この分野の専門家である小向絵理が述べているように、「……紛争の影響を受けた脆弱な政府やコミュニティにおいては、平和や安定、希望につながるきっかけを探し、時にはそこにいるコミュニティや政府関係者とそれらを一緒に新たに作り出し、逆に紛争や暴力につながる要素を慎重に回避し、時

にはコミュニティや政府関係者と一緒に取り除くことを通じて、少しずつでも紛争や暴力より、平和や安定、開発の可能性が高まるように積み上げていくことは、我々がこのような地域で開発援助を実施する意味がある」[26]と。これらの調査、相互作用、共同作業などを地道に積み上げていくことこそ、開発援助を通じた平和構築の神髄なのであろう。平和構築支援は決して派手で注目を浴びる事業ではない。

　開発ジャーナリズムを専門とする中坪央暁は、国際開発ジャーナル誌に「UGANDA通信」を連載した。その中で、平和構築支援事業を内側から観察した感想として、「……何より個々人の熱意と思いが必然・偶然に結びついて、プロジェクトが萌芽したことが見て取れる。（中略）案件形成の意思決定プロセスというのは、良い悪いではなく、意外と属人的なものだなと思う」[27]と述べている。的を射た観察だ。平和構築支援に成功方程式がないからこそ、そのように映るのかもしれない。JICAは組織であり、多くの人で構成されている。迅速・柔軟な組織対応が強く求められるだけに、事業形成、実施管理をリードする職員の思い、リーダーシップが重要である。

---

26) 小向絵理「第3章　平和構築論」前掲書、312ページより引用した。
27) 前掲書、43ページより引用した。

第7章

教育からみた人間の安全保障と平和構築
ネパールにおけるインクルーシブ／特別支援教育が問いかけるもの

杉村美紀
上智大学教授

ネパール・カトマンズ市の小学校でのインクルーシブ教育
（2014年8月　筆者撮影）

第1節　「人間の安全保障」と「平和構築」に対する教育の役割

　本書において「人間の安全保障」とは、第１章で述べられている通り、「さまざまで多様な脅威から、どのように人々の安全と尊厳を守るか」と定義される。このことは、従来の人間の安全保障についての定義やアプローチと重なるものである。たとえば国際協力機構（JICA）研究所が行ってきた「人間の安全保障」プログラムでは、「人間の安全保障とは、深刻で多様な脅威に対し、下からのエンパワーメントと、上からの保護によって人々を守り、三つの自由（恐怖からの自由、欠乏からの自由、尊厳ある生き方をする自由）を保証すること」とされている。こうした「人間の安全保障」に対して、教育の担うべき役割を考える上で重要なのは、具体的に誰が主体となるかによって、さまざまな事例があるということである。

　本章でとりあげる教育は、国家との関係で考える場合、「人々の安全を守る一義的な義務は国民国家にある」という考え方に立って、国民教育というかたちで展開されてきた。国民教育では、国家統合と経済発展のための人材育成を実現するため、多様な文化的背景を持つ人々の間に共通の言語や宗教を軸として共通の価値観とそれに伴う国民意識を育てることが目指されてきた。そこでは、人々が教育を受ける権利を享受できるようにという無償制と、逆に国家が定めた教育内容について好むと好まざるにかかわらず、必ずその教育を受けなくてはならない義務制が導入され、国民育成の教育を徹底させる施策がとられてきた。いわば「上からの保護」の教育である。

　しかしながら、グローバル化や国際化が進み、かつヒトの国際移動も活発化している今日にあっては、こうした国民形成を柱とした国の支援という施策だけでは十分とはいえない状況が生じている。移動する人々は、必ずしも移動先の国の国民ではない場合が多く、かつ移動する人々それぞれが置かれている状況とニーズもさまざまである。このため、国家以外に、国際機関やNGO、加盟国、ドナー、地方自治体や市民社会などが、移動する人々の「三つの自由」を実現しそれを保障するために活動している「下からのエンパワーメント」の事例が多くみられるようになった。

このように、教育には「上からの保護」と「下からのエンパワーメント」という2つの機能があるが、いずれも教育が人々の学びを支え、社会に貢献する人材を育成するという役割を担っていることでは共通している。このことは、ユネスコ憲章の前文でうたわれている教育の役割とも共通する。すなわち「戦争は人の心の中で生れるものであるから、人の心の中に平和のとりでを築かなければならない。(中略) 文化の広い普及と正義・自由・平和のための人類の教育とは、人間の尊厳に欠くことのできないものであり、且つすべての国民が相互の援助及び相互の関心の精神をもって果さなければならない神聖な義務である。(後略)」とされ、教育は人間の安全保障と平和構築を実現するための相互信頼を醸成する役割を担っているのである。本章で扱うインクルーシブ／特別支援教育は、まさにそうした教育がもつ役割とその実現の複雑さが問われる領域である。その特徴は、相互に人格と個性を尊重し支え合い、人々の多様なあり方を相互に認め合う共生社会の実現に向け、誰もがともに学び合うことのできる教育システムを構築することにより、自立と社会参加を促す点にある。

第2節　国際社会における教育普及の方向性
──万人のための教育(EFA)から持続可能な開発目標(SDGs)へ

　国際社会において教育の普及が唱えられてきた背景にも、ユネスコ憲章で述べられている教育の役割への期待がある。1990年にタイのジョムティエンで開かれた「万人のための教育世界会議」は、ユネスコ、ユニセフ、世界銀行、国連開発計画が主催して開催された会議であり、初等教育の普遍化、教育の場における男女の就学差の是正等を目標として掲げた「万人のための教育 (Education for All: EFA) 宣言」および「基礎的な学習ニーズを満たすための行動の枠組み」が決議された。その後2000年に、「万人のための教育」の達成状況の評価が行われたが、多くの国々において顕著な進展があった一方、2000年の時点において、「未だ1億1300万人以上の子供達が初等教育を享受することができず、8億8000万人の成人が非識字者であり、教育システム全体において男女差が浸透しており、また、学習の質や獲得すべき人間的

価値や技能の供給が個人および社会の必要性より大きく立ち遅れている」という結論が示された。そして、セネガルのダカールにおいて、ユネスコ、ユニセフ、国連開発計画、国連人口基金および世界銀行の主催により「世界教育フォーラム」が開催され、「ダカール行動枠組み（Dakar Framework for Action）」が採択された。そこでは、2015年までにすべての子どもたちが無償で質の高い義務教育にアクセスできるようにすることや、成人識字率を50％まで改善すること、すべての成人の基礎教育や継続教育への公正なアクセス、男女格差の解消など六つの目標が掲げられた。

　そしてこの「ダカール行動枠組み」の目標年であった2015年に、2030年までの達成目標としてまとめられたのが「世界教育フォーラム 2015」の成果文書である「インチョン宣言」である。本フォーラムは、ユネスコ主導のもと、ユニセフ、世界銀行、国連人口基金、国連開発計画、国連ウィメン、および国連難民高等弁務官事務所、国連労働機関が共同招集者となって韓国の仁川（インチョン）で開かれ、130か国以上の政府代表、NGOなど、全体で約250団体、1500人が参加した。

　「インチョン宣言」の特徴は、そのタイトル「すべての人に包摂的かつ公平な質の高い教育と生涯学習を」（Education 2030 Incheon Declaration: Towards inclusive and equitable quality education and lifelong learning for all）にあるとおり、包摂性（inclusion）と公正性（equity）という概念に集約される。両概念は、変容する教育アジェンダの基礎であり、そのために宣言では、教育におけるあらゆる排除（exclusion）や社会的疎外、アクセス、参画、学習成果における格差や不平等に対処することを約束し、社会の中で不利な立場におかれている人々や障がいのある人々を含め、「だれ一人として取り残さないため（to ensure that no one is left behind）」の教育施策や実践を行うとしている。障がいのある人々の他にも、ジェンダーによる差別や紛争後社会の難民、あるいは移民の人々など、さまざまな人々がここには含まれる。「インチョン宣言」の内容は、2015年に国連でまとめられた「持続可能な開発目標」（Sustainable Development Goals: SDGs）に直結している。SDGsでは17の目標が設定されており、「目標4：教育」には「インチョン宣言」で示された課題が反映されている。

第3節　インクルーシブ教育と人間の安全保障

　第1節で述べたように、人間の安全保障における教育の役割には「上からの保護」と「下からのエンパワーメント」があり、かつ、だれが主体になるかによってさまざまな事例がある。「インクルーシブ教育」は、そうした教育の役割に基づき、「インチョン宣言」とSDGsで提言された包摂性と公正性を担保する教育政策を実践するために提唱されたものである。インクルーシブ教育の一つのとらえ方としては、1990年のジョムティエンにおける「万人のための教育」会議で示された「すべての人に教育を（EFA）」という目標や、それを受けてのダカール行動枠組み、ならびにMDGsで示された目標に照らして、教育機会を付与することを意味するというものがある。たとえば、障がいのある人々が健常者学級においてともに学ぶことができるようにすることは、機会均等を保障することとなり、かつ障がいのある人々を包摂することになるという考え方がそれである。こうした学習機会の保障は、EFAが目標としてきた「すべての人に教育の機会を保障する」ということを実現するにあたり、途上国を中心とする多くの国で懸案とされてきた「ラスト5％問題」解決のための糸口ともされる。すなわち、「誰も取り残さない」ための教育を量的に考える場合、障がい者や少数民族、女性、移民や難民といった人々の就学が実現しない限り、100％の皆就学は実現できない。この点を補う意味で、インクルーシブ教育では、すべての人々に教育機会を保障することが求められるようになった。

　こうしたインクルーシブ教育という考え方は、従来であれば学ぶ機会を得ることができなかった人々の就学について、社会の関心を高め、就学を妨げていた要件の改善を促し、学びの機会の保障を実現するという効果をもつ。学びの機会の保障を包摂性ということと結びつけるのに特に大きな影響力をもったのは、ユネスコとスペイン政府が1994年に共催した「特別なニーズ教育に関する世界会議：アクセスと質」において採択された「特別なニーズ教育における原則、政策、実践に関するサマランカ宣言」（1994、以下、「サマランカ宣言」）と、同宣言を実施するための「特別なニーズに関する行動の

ための枠組み」である。この宣言は、「万人のための教育」の目的をさらに前進させ、学校がすべての子どもたち、とりわけ特別な教育的ニーズをもつ子どもたちに役立つことを認めてもらうためのものであり、インクルージョンの原則、および「万人のための学校」においてすべての人を含み、個人主義を尊重し、学習を支援し、個別のニーズに対応する施設に向けた活動の必要性が確認された。

　サマランカ宣言の中で特に注目されるのは、「特別な支援を必要とする者」として、障がい者だけではなく、少数民族やジェンダー格差、僻地に住む子ども、児童労働など幅広い対象を掲げ、社会のなかで不遇な立場にある人々に教育機会を提供することの大切さを指摘した点である。同様に「特別なニーズ教育に関する行動のための枠組み」では、「学校というところは、子どもたちの身体的・知的・社会的・情緒的・言語的もしくは他の状態と関係なく、『すべての子どもたち』を対象とすべきである」とされ、障がい児や特別な天分を持った子ども、ストリート・チルドレンや労働している子どもたち、人里離れた僻地の子どもたちや遊牧民の子どもたちなど、言語的・民族的・文化的マイノリティーの子どもたち、もしくは辺境で生活している子どもたちも対象に含まれることになった。

　しかしながら、ここで留意したいのは、学びの機会の平等が保障されればそれでよいのかという問題である。インクルーシブ教育の対象は、"children with disabilities"あるいは"children with disadvantages"と表現されるが、問題は、「恵まれていない」という状況をどのような範疇で定義し、"disabilities"や"disadvantages"が含む内容をどのように明確に限定できるかという点である。そこでは、ある物事を行う上で、それができるかできないか、あるいは有利か不利かということが焦点になるが、その際に単に「教育機会の平等」が保障されればよいわけではない。インクルーシブ教育を行うことは、すべての人々を分け隔てなく「共に教育する」という点で意義をもつものであっても、それを行った結果が、"children with disabilities"や"children with disadvantages"にとってかえって不都合な、あるいは意義を見出すことが出来ない結果になってしまった場合には、そこでのインクルーシブ教育は彼らにとって「公正」な教育とはいえない。言い換えれば、

インクルーシブ教育は、単に包摂するということだけを主旨とするのではなく、こうした「機会の平等」と「結果の平等」を区別する公正性という根源的な問いをあらためて考える重要な問題を提起していると考えられる。「インチョン宣言」とSDGsの教育に関する目標のなかに、包摂性と公正性という2つの観点がともに盛り込まれたのも、教育のあり方を重視したからこそとみることができる。

第4節　ネパールのインクルーシブ／特別支援教育

　前節までの議論をふまえ、以下ではインクルーシブ教育における包摂性と公正性の問題を、ネパールのインクルーシブ／特別支援教育の事例研究に基づいて考察する。ここでネパールを事例とするのは、ネパールでは聾唖者、盲目、肢体不自由、知的障がいといった障がいをもつ者だけではなく、ジェンダー、民族、地域格差があり、加えてカーストという宗教的文化的要因に基づく差異があり、そのことが実態として人々の間の格差を生んでいるという現状があるためである[1]。これらの観点は、いずれもサマランカ宣言でも問題とされたものに他ならず、かつ前述のとおりEFAの目標を達成するためにも「統合」の対象とされているものである。以下では、はじめにネパールの社会的背景とインクルーシブ教育をめぐる教育行政の概要について述べる。そのうえで、ネパールにおけるインクルーシブ教育／特別支援教育の実践を概観し、さらに公正性の問題をネパールの事例に基づいて論じる。

---

1) Pramila Neupane, *Barriers to Education and School Attainment across Gender, Caste and Ethnicity: A case of Secondary Schools in Rural Nepal*, Doctoral thesis submitted to Graduate School of Asia Pacific Studies (GSAPS), Waseda University, Tokyo, JAPAN, February 2012.

1. ネパールの社会的背景とインクルーシブ教育／特別支援教育をめぐる教育政策

(1) ネパールの社会的背景

　ネパールはインドと中国チベット自治区の間に位置し、14.7万平方キロメートルの国土に人口約2649万人（2011年、人口調査）の人々が暮らす連邦民主共和制の国である。言語はネパール語で憲法により国語と定められており、「ネパールは、ひとつの、多民族的、多言語的、民主的、独立的、不可分的、主権的、ヒンドゥー的、立憲君主的王国である」とされるが、言語面でも多様性が大きく、およそ100余りの言語があり、宗教の面でも、ヒンドゥー教徒（81.3％）、仏教徒（9.0％）、イスラム教徒（4.4％）他となっている。

　ネパールの社会的特徴は、こうした多民族社会であることと同時に、ヒンズー教のカースト制度を持っているという点にある。人口集団は、大きくカースト・グループとエスニック・グループに分けられる。憲法のもとではすべての人々の平等が認められているが、実際には社会進出等の面でバフン、チェトリ、ネワールという3つの集団が、人口構成比では約4割弱にすぎないにもかかわらず、公務員の9割前後を占めるなど、高位カーストや有力グループの独占状態が続いているといわれ、他のエスニック・グループや被抑圧カーストは、社会的にも進出が遅れている。特にカーストの中にも含まれず、カースト外として最下層に置かれている人々はダリット（dalit）とよばれ、いわゆる「不可触民」として扱われてきたグループで、人口の約13％（不明分を含めると16～20％）を占めているといわれる[2]。

　それに加え、現状のネパールは、内戦こそ終結したものの、民主化・平和構築実現に向けては複雑な課題を抱えている。日本の外務省によるネパールの民主化・平和構築プロセスの説明によれば、ネパールは、1990年に王制体制派とそれに対立する人民運動が激化し、パンチャヤート体制（国王親政制

2）畠博之「ネパールのカースト／エスニック・グループとその教育問題——ダリットの教育課題とその運動」社団法人ネパール協会主催第26回ネパール研究学会発表原稿、2012年10月26～27日。http://www.page.sannet.ne.jp/t-hata/roki/caste/jns00.htm（2017年1月8日最終閲覧）

度）が崩壊した。その後、王制の廃止と世俗国家の実現を目指すマオイスト（共産党毛沢東主義派）の活動が高まり1996年には武装闘争が始まった。その後、2001年に起きた王宮乱射事件により国王が交代するが、その後もマオイストによる人民解放軍（PLA）と国軍との対立によって、ネパール国土は政府が支配する地域とマオイストが支配する地域に分断された。2005年2月の緊急事態令後は国王の先制政治に対して全国規模で抗議行動が展開され、ついに国王が、2002年に解散した下院の復活を2006年4月に宣言し、翌5月にコングレス党による新政権が誕生、国王は政治・軍事などに関する権限を剥奪され、国家元首の地位を失った。この後、反政府勢力だったマオイストと新政権との間で2006年11月に包括的和平合意が成立し、10年間に及んだ内戦は終結した。こうしてネパールは民主化・平和構築のプロセスに向かって歩みはじめているが、国軍とマオイスト傘下の人民解放軍（PLA）の統合問題や新憲法制定といった課題に引き続き直面している。こうした現状を考えると、ネパールはまさに、社会文化的にも政治的にも国内にさまざまな分断がみられ、平和構築のプロセスにおいていかにその多様性を包摂するかということが喫緊の課題になっていることがわかる。

（2）ネパールのインクルーシブおよび特別支援教育政策

　ネパールでは1977年に小学校（1〜3年）の授業料が無償化され、初等教育普及をめざす教育政策への転換が進むようになった。その後、「基本的ニーズの充足」（Basic Human Needs: BHN）を考慮した農村開発教育プロジェクトや初等教育プロジェクトが展開され、こうしたプロジェクトは、1990年の「万人のための教育」世界会議とそれに伴う基礎教育の普及計画に引き継がれた。国家教育委員会（National Education Commission: NEC）は、1992年に報告書を提出し、教育へのアクセスの改善や就学前教育の導入などに重点を置き、それらは第8次5か年計画（1992〜97年）や、基礎初等教育計画（Basic Primary Education Project: BPEP, 1992〜98年）に盛り込まれた。また初等教育開発計画（Primary Education Development Project: PEDP）が世界銀行やアジア開発銀行等の国際機関・各国ODAの援助のもとに進められた。さらに、教育の量的拡大に対して、①教育の質の改善、②

教育機会の均等・拡充、③教育行政の組織強化を目的とし、小学校校舎の建設、教員訓練、識字教室などの質を重視した取り組みが行われてきた。EFA 国家行動計画（2001〜15年）ならびに学校改革計画（School Sector Reform Programme: SSRP, 2009〜15年）では「インクルージョン」に焦点をあてた学校改革が企図されており、女性、ダリット（前出）、エスニック・マイノリティ、障がい者等の人々が学校教育のガバナンスや運営に参加することをいかに促すかということが課題とされている。

　ネパールのインクルーシブ教育／特別支援教育と教育行政の特徴は、インクルーシブ教育（inclusive education）とともに特別支援教育（special needs education）ということが必ず並記され、両者を区別する形で政策や実践が行われているという点である。インクルーシブ教育が、通常学級へのすべての学習者の統合を企図するのに対し、特別支援教育は従来の「特殊教育（special education）」を引き継ぐかたちで健常者の学校や学級とは別に設けられた教育実践を対象とするものである。行政組織としては、学校教育の施策と実践を担う「教育省」と、学校外教育においてジェンダーや高齢者のことも含めて担当する「女性・子ども・福祉省」がインクルーシブ教育／特別支援教育を担当している。このうち、「教育部」は健常者のクラスへの統合を促すインクルーシブ部門と、聾唖者、盲者、知的障がい、肢体不自由者の教育を管轄する特別支援教育部に分かれている。

　ネパールでは、1971年の「教育法」に「特殊教育（special education）」という項目が登場し、その後、1980年代には、「子どもの権利条約」（1989年）、「国連障がい者の10年（1983〜92年）」など国際社会の動きに影響を受けた。1990年代に入ると、EFA に基づく基礎教育・無償教育の普及が重視され、教育機会均等の普及を目的に"disability persons"についての基礎的調査と定義が試みられ、あわせて特殊教育の国民教育制度への統合が必要不可欠であると考えられるようになった。この結果、1998年には特殊教育政策が発表されている。

　2000年代に入ると、初等教育段階における国家特殊教育プログラム（NSEP, 2001〜04年）が策定され、すでにあった基礎初等教育プログラム（BPEP）とともに教育普及の柱と位置付けられた。2002年には教育令

(Education Regulation）が定められ、他の教育の領域とともにインクルーシブ教育に関する施策にも言及されている。こうした法律で規定された方向性はその後のEFA Core Documents（2004-2009）、中等教育支援計画（Secondary Education Support Program: SESP）の中にも継承されている。2006年に決められた暫定憲法（The Interim Constitution of Nepal）では、言語、文化を保持できる権利ならびに無償初等・中等教育の権利が確認されているが、これはインクルーシブ教育のあり方にも影響を及ぼしている。同2006年にまとめられた「国家政策とアクションプラン」はこうした一連のインクルーシブ教育の観点を総括したものといえる。

2009年には、2015年までに達成すべき目標をまとめた教育改革全体にかかわる学校改革計画（School Sector Reform Program: SSRP, 2009～15年）がまとめられた。そこでは、インクルーシブ教育における施策として、行政によるモニタリング（教育省と地域事務所）、教材の準備、教員養成、ノン・フォーマル教育、奨学金制度の設置、高等教育支援、一般社会へのインクルーシブ概念の啓蒙活動と環境整備、国内外のネットワークの整備、活用が挙げられている。

しかしながら、まだ課題も多く残されている。「国家政策とアクションプラン」によれば、①国家調整委員会、②人材育成と雇用、③法整備、④教育へのアクセス、⑤情報と調査、⑥公共交通、⑦コミュニケーション、⑧人々の意識高揚と支持、⑨教育、⑩スポーツや文化、⑪医療、⑫リハビリテーション・エンパワーメント、⑬介助、⑭自助組織、⑮女性と格差、⑯格差の防止、⑰国際支援が課題としてあげられている。政策担当者は、インクルーシブ教育／特別支援教育の課題として教員養成と教員給与の問題、（特に盲学校の生徒に対する）教材の不足、教科外活動の未整備、複数の障害を抱えた子どもたちへの対応、地域社会の関心の低さ、包括的な政策ガイドラインの欠如、さらに政策に必要な統計の未整備といった具体的課題を指摘している。こうした問題意識は、2009年から2015年までの学校改革計画（SSRP, 2009～15年、前出）を中心とする施策にも反映されており、インクルーシブに関する教授法および教員養成のあり方、草の根レベルのインクルーシブ・リソース・センター、教育行政の地方分権化－地方政府の役割重視、ナショ

ナル・カリキュラムの地域化、地域社会への参加といった項目が挙げられ、学校をいかに社会に対して開かれたものとすべきか、またそのなかで、インクルーシブ教育の特徴をいかに打ち出すかという方向性が示されている。

こうしたなかで、ネパール政府が掲げている重要課題には、①寄宿制度の導入、②点字教材の提供、③ICT教育の拡充（特に視聴覚障がい者に対して）、④聴覚障がい者に対する手話の発展、⑤知的障がい者用の特別カリキュラムの開発と普及、⑥障がいのある子どもたちへの障がい者認定とそれに伴う手帳および奨学金の付与、複数の障がいを持つ子どもたちへのケア（特に自閉症、ダウン症、脳性麻痺の子どもたち）、多言語教育の導入、トイレなどの施設・設備の整備があげられる。さらにこうした生徒への対応として、教員養成、教員給与の改善、地域社会の関心の低さの改善も指摘されている。

2．ネパールのインクルーシブ教育／特別支援教育の実践[3]
(1)「上からの保護」:「統合教育」とリソースクラス

インクルーシブ教育の特徴は、健常児と障がい者が共に学ぶ教育形態にある。統合教育の最初の事例である国立トリブバン大学の付属実験中等学校（1956年設立）は、早い時期から障がい者を受け入れた教育の実践を行っており、幼稚園から後期中等教育にいたる普通教育の教育先進モデル校となっている。通学ができない遠方出身者のための寮も備え、幼稚園から第12学年まであわせて1200名の在学生のうち、障がいを持つ生徒は60名（そのうち盲目の生徒は20名）である。

同校では、障がい児は、通常は健常児と障がいを持つ生徒が共に同じ教室で学びながら、必要に応じて同じ学校内にあるリソースクラスを訪れ、そこで障がいに応じた対応を受ける。目の不自由な盲目の生徒は、リソースクラスで点字に翻訳された教材を確認したり、あるいは教員から出された課題を

---

[3] 本調査は、平成24年度～26年度文部科学省政府開発援助ユネスコ活動費補助金事業「アジア・太平洋地域における公正とインクルージョンのための教育政策調査」（研究代表者：黒田一雄早稲田大学大学院アジア太平洋研究科教授）による研究に基づく。

点字に翻訳してもらうことでその課題に取り組む。逆に盲目の生徒が点字で作成した宿題を、リソースクラスで一般の文字に翻訳してもらい、教員に提出するということが行われている

ネパールの場合に大変興味深いのは、そうしたリソースクラスの教員の中にも盲目の教員が勤務しており、生徒だけではなく教職員の組織にもインクルーシブという考え方が取り入れられているという点である。さらに同校は、国立カトマンズ大学の付属学校として、同校教育学部の付属実習教育機関として教員養成の一翼を担っており、インクルーシブ／特別支援教育についても、同大学教育学部に開設されている特別支援学科の教員養成支援の実習も担当している。

（2）「下からのエンパワーメント」：コミュニティ・リハビリテーション・センター

コミュニティ・リハビリテーション・センター（Community Based Rehabilitation Organization、以下 CBR とする）は、地域の拠点として障がいのある人々を受け入れ、社会に適応できる社会化を進め、可能な限り健常者と同様に日々の生活を送ることができるように支援する、いわば「下からのエンパワーメント」を支えるための施設である。CBR には大きく分けて①医療（疾病の予防、ケア）、②教育（統合教育の推進）、③経済支援（収入源の確保）、④社会適応（社会適応のためのスキル獲得）、⑤コミュニティ支援（人々の意識改革およびリハビリテーション）の五つの機能がある。カトマンズ市近郊パダン（Patan）地区にあるパタン CBR の場合を例にとると、同施設では特に統合教育の推進に力を入れており、障がいのある子どもたちをいかに健常者と同じ通常の学校に通学させることができるようにするかという支援を行っている。同施設はもともと、1995年にセーブ・ザ・チルドレン（Save the Children）の支援でスタートし、2010年にセーブ・ザ・チルドレンが撤退した後は、以後、国からの補助金と寄付金等で運営を行ってきた。子どもの教育に重点を置いた非営利組織としての CBR であり、特に下層カーストを中心に56人（2013年現在）の生徒がおり、うち80％が知的障がい者である。スタッフは18名で、うち7名が教師で指導にあたっている。教育指導の具体的な内容は、①家庭訪問、②薬の配布、③デイケア、④職業

訓練、⑤プレイ・グループ、⑥教育支援、⑦奨学金の配布、⑧障がい者手帳の普及を行っており、あわせて近隣コミュニティを中心とした人々の意識改革と理解の促進に努めている。

　CBR活動の課題には、活動を担う教職員の養成と教材開発、財政運営が伴う。特に運営資金が十分ではないCBRにとって、補助金はたいへん貴重な財源であるが、なかなか十分な補助金は付与されていない。これに加え、包摂性という点で最も難しいのは、障がいのある生徒をいかに社会あるいは学校に適応させるかということである。前述のとおり、このパタンCBRの場合は統合教育を主要目的にしているが、知的障がいの生徒がかつて一度、通常学級に編入したが、結局、適応することができずに再び同CBRに戻ってきた事例がある。同施設の職員によれば、統合教育の理念については理解できるものの、実際に健常児の通常学級で学ぼうとするとさまざまな障害があること、特に、同施設のように知的障がい者が多い施設においては、社会生活にいかに適応するかといった社会化の点で問題があり、統合そのものが難しいと感じているということであった。

　とりわけ、このパタンCBRが抱えるような知的障がい者の場合、肢体不自由者や盲目、聾唖者など他の障がい者とは異なり、「目に見えない（見えにくい）障がい（invisible disadvantage）」であるために、他者からの知的障がい者に対する理解や認識が得にくく、誤解や差別を受けることも多い。当事者たちがいかに社会に入っていくことができるかが重要な問題になっているが、健常者とともに社会生活を送ることは容易ではなく、仮に通常学級に統合しようとしても、さまざまな障がいに伴う困難さがあり、知的障がい者に対する特別な対応が求められているという。

3．インクルーシブ教育による「統合」をめぐる是非──教育における公正性の課題

（1）聾唖学校の実践とインクルーシブ教育への懸念

　インクルーシブ教育が提唱される一方で、統合教育やインクルーシブ教育の方向性が学校側や学習者の意識とずれていることを指摘する例もある。たとえば聾唖学校の現場では、インクルーシブ教育の導入は、日ごろ手話でコ

ミュニケーションをとっている生徒たちの生活に大きな影響を及ぼし、かえって効果がないという意見がきかれる。筆者が訪れたカトマンズ市内の特別支援学校の聾唖学校教員は、手話での会話は、ネパール社会にあるカースト制度を気にすることなく、相互に学校生活を送ることができるという利点を強調する。またインクルーシブ教育の普及に必要不可欠な専門的知識をもった教員が不足していることを考えると、インクルーシブよりも、むしろ障がいの度合いに考慮した特別支援教育の方が望ましいとする意見もある。

　こうした考え方は、ネパールでのインクルーシブ／特別支援教育が「障がい者（children with disabilities）」を対象としているだけではなく、「目にみえる障がい（visible disabilities）」と「目に見えない障がい（invisible disabilities）」を含み、実に多様な人々を対象にしていることにもよる。ネパールの場合には、インクルーシブ教育の対象者として、障がい者のほか、女子教育、先住民の子弟、孤児、紛争犠牲者、貧困児童、性的被害者、ストリート・チルドレン、犯罪者の子弟、カースト外に置かれているダリット（前出）の子ども、労働に従事する児童・生徒がある。いずれも、社会においてさまざまな理由から不遇な立場に置かれている者という点で共通しており、こうした多様な人々を総称して"children with disadvantages"と表現する。そして、個々人の「学ぶ力」への信頼を前提として、多文化、多言語、多民族、多宗教の社会においては、障がいの他にも、カースト、性差、エスニシティ、貧困、地域差によらない教育の実現を求めている。こうしたインクルーシブ／特別支援教育の対象は、「サマランカ宣言」（1994年、前出）においてインクルーシブ教育の対象を「特別な支援を必要とする者」と考え、障がい児だけではなく、少数民族やジェンダー格差、僻地に住む子ども、児童労働など幅広く捉えていたことと共通する。

（2）社会への統合と「結果の平等」を目指した取り組み

　学校教育において、インクルーシブ教育か、あるいは特別支援教育の形態をとるかという点については、ネパールのカトマンズ市内で展開されている「ベーカリー・カフェ」の実践が重要な示唆を与えてくれる。このレストランは、一部のスタッフを除き、全員が聾唖者によって経営されている店であ

り、結果的に学校教育以外に社会への統合機能を果たしているからである。ベーカリー・カフェの従業員は、その多くが、前述の聾唖学校の出身者であり、学校の意見では、このカフェが聾唖学校卒業後の進路先として重要な役割を果たしている。こうした取り組みには、単に学校教育だけでインクルージョンを考えようとするのではなく、卒業後の進路先の問題までを含めて障がいを持つ人々の社会参加を考えようとする姿勢が伺われる。すなわち、単に教育機会を「均等に」障がい者に付与し、学校教育への統合を行えばよいというのではなく、障がい者が社会のなかで、自身の生活の糧を自分の力で切り開いていく方途を模索することの重要性を示唆する。それはインクルーシブ教育が本来目指す目標でもある。サマランカ宣言ではEFAを前進させ、学校教育がすべての子どもたち、とりわけ特別な教育的ニーズをもつ子どもたちに役立つことが強調されたが、聾唖学校の実践とその進路先としてのベーカリー・カフェは、教育が最終的に社会参加に役立つことを示しており、「結果の平等」を目指した取り組みであるといえる。さらにネパールでは、障がいのある人々の公共セクターでの積極的雇用を推進するため、クォータ制度を導入し、障がいのある人の採用枠を定めている。これは学校、病院、政府機関等で実施されているもので、公共機関においては、採用定員の5％をdisabilitiesを持つ人々の特別採用枠として設定し、採用試験も別に行い、一定数の障がいを持つ人々の雇用を確保している。

第5節　人間の安全保障を支える教育の包摂性と公正性

　本章では、人間の安全保障と平和構築を実現するための教育の役割を、ネパールのインクルーシブ／特別支援教育の事例に基づいて考察した。サマランカ宣言で提唱されたインクルージョンという概念は、EFAの考え方を含める形で、障がい者のみならず、少数民族やジェンダー格差、僻地に住む子ども、児童労働など幅広い対象を掲げ、社会のなかで不遇な立場にある「特別な支援を必要とする」人々に教育機会を提供することの重要性を強調している。「教育機会の平等」につながるこの考え方は、一方でEFAの目標達

成とともに教育の普及を促すこととなった。ネパールの場合も、教育機会の普及を通じ、disabilities と表現される障がい者にとどまらず、ジェンダー、民族、地域の違い、さらにカーストという宗教的文化的要因などの dis-advantages の差異を越え、格差の是正を目指そうとしている。

　しかしながら、同時にそこには、「機会の平等」に対して「結果の平等」という点でさまざまな格差が生じており、インクルーシブ教育を導入することに対する懸念につながっている側面がある。ケネス・ハウは「インクルージョンが対象によって異なる意味を持つ場合、どのような観点からその結果を評価し、それぞれの立場にとって有意味かどうかを判断するか」と指摘しているが[4]、聾唖学校で指摘された、あえて健常者とは別に特別支援教育を行うことの意義は、ある立場の者にとっては、インクルージョンに有意味性が認められないということを示唆している。

　さらにネパールの事例で興味深いのは、特別支援教育によって障がい者を、健常者の社会や学校と別格に扱うだけで終わってしまうのではなく、その一方で、その特別支援教育で身に付けた知識や技能を生かして、社会参加という点で聾唖者が主体的に働くことのできる社会へのインクルージョンを実現していることであろう。そこには、あえて教育機会という点では健常者と区別しながらも、最終的には社会の中で活動できる人材として健常者と共に育てていこうとする姿勢がみられる。

　このように考えると、インクルーシブ教育を考える際に、教育機会を平等にすることだけで事足りるのではなく、結果の平等までをふまえた公正性という観点をどう評価するかということが重要な問題になると考える。それは対象となる「特別な支援を必要とする人々」が disadvantages という点でどのような格差をもっており、それを解決するにはどのような方法や内容の教育がよいのか、あるいは場合によっては、聾唖学校のように、あえて差異は差異として認めたうえで、特別支援教育という別形態の教育を行い、社会参加の途を開拓することで、結果として社会にインクルージョンされることを

4）ケネス・ハウ（大桃敏行、中村雅子、後藤武俊訳）『教育の平等と正義』東信堂、2004年。

重視することでもある。言い換えれば、インクルーシブ教育か特別支援教育かという二者択一ではなく、両者が共に重要と考えられているのである。ネパールでは、そもそもカーストによる格差があり、その格差をなくそうとすることは、カーストという文化的制度そのものを否定することにもなりかねない。ネパールの人々にとっては、それは「格差」ではなく、文化や生活習慣そのものであり、それを否定されることのほうが、インクルージョンよりはるかに大きな問題であるという場合もある。それは近代西欧国家や社会の基準による公正性と、そうではない価値体系の公正性の相克であり、dis-advantages の内容をどう解釈するかということともかかわる。そうした文化的価値の重要性は、単に「機会の平等」を確保するというだけでは包摂性の概念を担保することはできないという点で、「結果の平等」を実現する難しさを示唆するものである。「インチョン宣言」とSDGsにより、すべての人を対象とした教育の包摂性と公正性に関心が向けられる今、ネパールのインクルーシブ／特別支援教育は、「上からの保護」と「下からのエンパワーメント」という人間の安全保障を実現するうえでの教育の役割において、学び手の視点を中心にした教育のあり方を今一度問いかけている。

第 **8** 章

文化・スポーツ活動と心の平和構築

福島安紀子
青山学院大学教授

ウェスト゠イースタン・ディヴァン管弦楽団とウィーン合唱団
（2013年5月20日）。

はじめに

　人間の安全保障は、1990年代初頭に政策論議に導入されて以来、幅広い脅威を対象とするのか、それとも暴力による脅威に限定するのかを巡る解釈論争が展開されてきた。しかし、この20年余りに及んだ論争も2012年9月の国連総会決議 A/RES/66/200においてその概念に関する共通理解（common understanding）が採択されたことによって一応の収拾をみた。同決議では、人間の安全保障を「恐怖からの自由」に限定せず、いわば「欠乏からの自由」と「尊厳を持って生きる自由」をも包含した解釈が示された。

　さらにここで注目したいのは同決議において「人間の安全保障は、平和、開発および人権の相互連関性を認識し、市民的、政治的、経済的、社会的および文化的権利を等しく考慮に入れるものであること」と記述され、政治的、経済的、社会的権利と並列して「文化的権利」が謳われたことである。従来から国際安全保障にかかわるさまざまな提言や報告書には、政治、経済、安全保障の各分野とあわせて「文化的分野」も言及されてきたが、これらの報告書本文においては、文化を中心に活動する UNESCO や UNICEF などの国連専門機関を除くと具体的な文化への取り組みの言及は少ない。そこで本章では、人間の安全保障の実現というコンテクストにおける平和構築プロセスの文化的な側面に焦点をあてて考察したい。

　戦闘の爪痕が残る凄惨な（元）紛争地に立つと文化などという余裕はないという意見も強く、まずは物質的な人道援助と復興を優先すべしというロジックには強力な説得力がある。しかしながら、一方で、和平合意以降国境によって敵対関係にあった当事者が別々に居住することができる国家間紛争の場合とは異なり、内戦型紛争の場合には対立関係にあった人々が近隣のコミュニティもしくは同じコミュニティの中でモザイクのように共存、共生しなければならないことも多い。かつて対立した人々がコミュニティで共存するには表層的な平和構築のみならず、敵と味方に分かれて戦った人々の間に和平合意後も残る対立、憎悪、恐怖心などを軽減、緩和すべく、コミュニケーションを促し、相互理解、寛容性の涵養、先鋭化したアイデンティティの昇

華などを通じて究極的な和解への道を模索することや、紛争中の絶望感を脱して未来への希望をもつなどの心の平和構築を進めることが必要である。このためには、政治的な調停や経済復興などと合わせて文化的なアプローチによる平和構築も必要である。

　本章では、まず紛争と文化・スポーツ活動の因果関係を考察し、平和構築[1]、さらには平和の定着への歩みを進める中で文化・スポーツ活動を介した平和構築の有用性を検討する。その上で、紛争の火種を孕む、あるいは紛争後の地域のコミュニティで展開されている文化・スポーツ活動による平和構築活動の中でオーケストラとサッカーの各事例を検証する。これらの事例から文化活動が紛争地において究極的な和解への道にどのように寄与しているのかに焦点を当てる。最後にこれらの事例検証を踏まえつつ文化・スポーツ活動のコミュニティのレジリエンス構築における役割と課題を考察する。

第1節　文化・スポーツ活動[2]が紛争を起こすのか

　平和構築活動には文化・スポーツ面からのアプローチも必要だと論ずると、逆に、文化的な差異が近年の紛争の原因になっているという反論を受けることが少なくない。その際に引用されるのが、冷戦後には文明の差異が戦争を引き起こすというサミュエル・ハンティントンによる「文明の衝突」論である。また、具体的な現象としては、旧ユーゴスラビア解体におけるコソボ紛争やボスニア紛争、あるいはアフリカのルワンダで発生したフツとツチの間の信仰や民族の違いによる民族浄化を目指した大量虐殺が挙げられる。むしろ文化が紛争を引き起こしているのではないかという主張である。

　さらに、音楽やスポーツ、絵画、演劇などの文化・スポーツ活動自体が、

---

1) 本書においては、平和構築は紛争後の活動と規定されているが、紛争後の活動には、紛争の再発防止の側面もあり、本章においては紛争予防の要素も含めて考察する。
2) 国際社会においては文化活動の中にスポーツを含める考え方が主流であるが、一部にスポーツを文化活動とは区別する考え方もあることから本章では誤解を避けるべく明示的に「文化・スポーツ活動」という表現を用いることとする。

紛争を引き起すこともあるという意見がある。例えば、南米での「サッカー戦争」がよく引き合いに出される。サッカーのように勝敗を争うスポーツでは、ファンがサポートするチームや選手を熱心に応援するあまり、熱が入りすぎて喧嘩になることがある。それも暴力沙汰になったケースも少なくない。フーリガンがスタジアムの中で相手チームの少数のファンを見つけると殴りかかるというような事件まで相次いだことから、現在では試合の行われるスタジアムの警備が強化されている。また、選手の出身国によって差別的な発言があり、国際サッカー連盟（FIFA）が「フットボール・フォー・リスペクト」キャンペーンを実施してスタジアムにおける人種差別撤廃を訴えている。このような事件の究極の姿としてサッカーの勝敗が国家間の戦争になったという指摘で、これがいわゆる「サッカー戦争」と呼ばれている。これは1969年に翌年のワールドカップメキシコ大会の出場をかけて予選を戦っていたエルサルバドルとホンジュラスの間で起きた戦争を指す。本戦出場をかけた予選の初戦に敗れたエルサルバドルで18歳の少女がショックのあまりピストル自殺を図り、2戦目を控えて行われた葬儀にはサッカー代表選手も政府関係者も参列した。この少女を悲劇のヒロインとしてエルサルバドルは2戦目には勝利した。最終戦に先立ち、エルサルバドル政府は試合の結果如何ではホンジュラスとの国交断絶も辞さないと発表した。結果的には最終戦に敗北を喫したホンジュラスが国交断絶を宣言、エルサルバドルが空爆し、戦争に突入し、多くの死傷者を出した。この戦争ではサッカーの勝敗が両国のナショナリズムを高揚させ、戦争へと誘ったといわれている。しかし、戦争の原因を仔細に見るとサッカーの試合結果そのものが戦争を惹起したわけではない。その背景には、経済的、政治的な対立があったのである。

　エルサルバドルとホンジュラスの間の国境線はもともとはっきりしておらず、土地の面積に比べて人口が多いエルサルバドルからホンジュラスへ農業移民が多く流入し、国境線の内側と考えられる農地を耕していた。ところが1960年代に入り、農業移民に寛容であったホンジュラスの農業政策が変わり、エルサルバドルからの移民たちが土地を追われたため、各地で暴力を伴う争いが発生していた。そのためエルサルバドルとホンジュラスの間では政治的な緊張が高まっていた。その最中にワールドカップ出場をかけた予選が

行われ、その勝敗が引き金となって戦争が勃発したのであった。したがって、サッカーの試合そのものが戦争を惹起したわけではない。むしろ開戦に向かって利用されたと見るべきであろう。

しかしながら、スポーツ活動そのものが紛争を引き起こしていないにしろ、紛争の要因の一つとして利用されている以上、平和構築活動を実践する上で文化的な側面へのアプローチも必要である。

ちなみにスポーツの祭典であるオリンピックは「平和の祭典」とされ、紛争国間ではオリピック開会期間中の停戦も行われてきている。このオリンピック停戦[3]の歴史は古く、紀元前8世紀に制定された。これは古代ギリシャでオリンピック開会の7日前から閉会7日後まで停戦することが合意されたものである。この停戦はオリンピックに出場する選手や観客が、古代オリンピアに安全に到着し、帰路につけるようにと配慮したもので、以降オリンピックのたびにつねに合意され、ほぼ守られてきている。近年では、1993年に国連総会の議題として取り上げられ、オリンピック会期中はオリンピック停戦を実施することが決議された（国連総会決議 A/RES/48/1）。2016年に開催されたリオデジャネイロでのオリンピックの際にも、開催国のブラジルがイニシャティブをとり、シリア、米国、ロシア、日本を含むほとんどの加盟国の共同提案となり、開催期間中およびその前後は武力紛争を控え、停戦するよう加盟国に求める決議が採択された。シリア内戦が深刻化している時期の停戦は大きな意味があったとされている。また、リオデジャネイロ・オリンピックの選手村にはオリンピック停戦と平和を願う壁が設置され、バッハIOC会長をはじめ、選手や関係者が署名した。リオデジャネイロ・オリンピックでは初めて難民選手団も構成された。オリンピックに選手として参加するにはいずれかの国もしくは地域に属していなければならないが、紛争などの事由から他の国に逃れ、まだ国籍が取得できていない選手はオリンピックに参加することはできない。リオデジャネイロ・オリンピックはこれらの選手について特別措置としてIOCが難民として参加することを認めたのである。

3）オリンピック停戦の詳細は、http://www.olympictruce.org/ 参照

さて、論を進める前に本章で論じる文化とは何かをここで明らかにしておきたい。文化を狭義に捉えてアート、演劇、音楽などの文化活動の集合に限定する解釈があるが、本章では文化をより幅広く解釈する。これまでの広義の文化に関する研究を辿るとさまざまな形で定義されている。クロード・レヴィ＝ストロースは、「文化には道具、制度、習慣、価値、言語などきわめて多くの事物が含まれる」[4]として、価値観までも含めた解釈を示した。さらにクライド・クラックホーンは、「文化とは言語、礼儀作法から芸術など全ての社会活動を含む」とし、163もの文化的要素を目録化し、歴史的、規範的、心理的定義などに分類した[5]。さらにジョン・トムリンソンは、文化を「知識、信念、芸術、法律、風習などの社会の知識としての人間が習得したあらゆる能力や習慣を含む複合体であり、文化は一つの集合体の生き方を記述するために一つの体系的な概念を提供してくれる」[6]と論じている。

　また、UNESCOの「文化の多様性に関する宣言」（2001年）では、「文化とは、特定の社会または社会集団に特有の、精神的、物質的、知的、感情的特徴を併せたものであり、芸術・文学だけではなく、生活様式、共生の方法、価値観、伝統及び信仰も含む……文化はアイデンティティ、社会的結束、知識に基づく経済の発展という問題に関する今日の議論において、核心となっている」と記述されている。

　本章では、これらの研究や宣言を参考に、文化とは、芸術、演劇、アート、音楽、スポーツから文学までのさまざまな個々の活動と合わせて価値観や信仰、アイデンティティまで含めるもので、いわば生活様式（way of life）全体を指すと解釈したい。

　さらに文化とは一つの静的な物体ではなく、それぞれの時代や脈絡において動的（ダイナミック）に変化するものと考え、その変容のプロセスを重視したい。平和構築を通じて脆弱な状態から強靭なコミュニティを築くには、

---

4) Clark Wissler, "Psychological and Historical Interpretation for Culture," *Science*, Vol. 43, 1916, p.68.
5) Clark Wissler, "Opportunities for Coordination in Anthropological and Psychological Research," *American Anthropologist*, Vol.22, 1920, pp.1-12.
6) ジョン・トムリンソン（片岡信訳）『文化帝国主義』青土社、1997年、19ページ。

そこに暮らす人々のアイデンティティを含む文化が、一つではなく多層構造をなし、かつダイナミックに変容するという解釈に立って考察する。このような文化の解釈に基づき、次節では平和構築への文化・スポーツ活動の果たす役割を考える。

第2節　文化・スポーツ活動と平和構築

　紛争を経験した地域では、特に内戦型の紛争の場合、紛争で敵対した当事者が近隣もしくは同じコミュニティに暮らさなければならないことが少なくない。しかも、和平協定が合意されてもコミュニティの紛争中の対立軸が即解消するわけではない。特にいったん紛争が勃発すると当時者間で暴力行為が発生し、親や子供を殺された、自宅から追われ国内避難民や難民になって逃げのびなければならなかったり、家や財産を失ったなどという経験が重ねられることになり、和平協定という紙だけではそのような対立による相手方に対する恐怖感、憎悪などが霧散するはずもない。むしろ紛争勃発前には意識されていなかった対立軸が紛争のプロセスを経て、先鋭化することが多い。旧ユーゴスラビア地域でも紛争前は異なる民族も共存でき、民族を超えた結婚も多かったものが、紛争時の対立を経験した後はお互いに民族別のレッテルを貼りつけ、和平合意から20年余を経ても民族別分断教育が行われている。紛争後に共存しなければならない人々の間のアイデンティティ対立も紛争前の共存の状態に戻すことはきわめて難しい。紛争がゆえに発生してしまった対立を元へ戻すことは容易ではない。せめて紛争によって鋭く対立してしまったアイデンティティの昇華に務めるべく、当事者の相互理解、相手を受容する余地を広げる、そして単なる共存という、ただ同じコミュニティに存在するが口もきかなければ協力もしないという段階から、コミュニティを良くし、暮らしを良くするためという共通の目的を持って共生する、さらに協働するという段階に発展していかねば、本当の意味の平和構築、さらには平和の定着に繋がらない。ちなみに国連機関の調査によると和平合意が成立してから10年以内に紛争が再発する割合は約40％ということであり[7]、こ

れはかなり高い再発率で、紛争後も社会の脆弱性が残りやすく、平和がなかなか定着しないことを示唆している。

　このようなことから脆弱なコミュニティに紛争に対するレジリエンスを涵養するには、政治的なガバナンスの強化、経済活動の促進、社会インフラの整備などが不可欠であることはいうまでもない。それと合わせて文化的なアプローチも必要であろう。もっとも指揮者ダニエル・バレンボイムが語るように、「オーケストラが平和を配達する」ことはできないし、文化的なアプローチのみで平和構築を果たすことができないことはいうまでもない。政治、経済、安全保障、文化の各アプローチが立体的に組み合わされた平和構築が実践されてこそ初めて平和の定着への効果が上がるのであり、まさに人間の安全保障による分野横断型の包括的な取り組みが必要な所以でもある。

　次節より文化的なアプローチがどのような具体的な成果を上げられるのかを音楽、スポーツの中でもオーケストラとサッカーの事例から辿ってみたい。

第3節　民族の対立軸を越えるオーケストラの信頼の音色

「音楽に国境はない」といわれる。それゆえにさまざまな形で紛争地や和平合意後の脆弱なコミュニティで、紛争時に対立した住民の究極的な和解への歩みの一助として音楽が大きな効果を挙げている例がある。その中でも本節ではオーケストラを取り上げたい。

　オーケストラ指揮者ダニエル・バレンボイムはイスラエルとパレスチナの和平を願って、ウェスト゠イースタン・ディヴァン管弦楽団を設立し、毎年夏に合宿し、世界各地で公演している。バレンボイムはアルゼンチン生まれのイスラエル人であるが、パレスチナ系アメリカ人文学者の故エドワード・サイードと協力してこの管弦楽団を実現した。同管弦楽団設立のきっかけ

---

7) "2010 World Investment and Political Risk," Multilateral Investment Guarantee Agency, World Bank Group, p.30.

は、バレンボイムが1999年のゲーテ生誕250年の祝典の一環として組織委員会からドイツのワイマールで音楽にまつわる行事をしてほしいと頼まれたことであった。ウェスト＝イースタン・ディヴァン管弦楽団の名称もゲーテの『西東詩集』にちなんで名付けられた。バレンボイムは、イスラエルとパレスチナの和平を願い、ワイマールに約70名のアラブ諸国の若手音楽家を招聘してコンサートを企画した。そしてこの式典終了後も同管弦楽団の活動は継続され、長くスペインのセビリアで毎年夏に3週間合宿が行われ、団員たちは演奏の練習をするほかにサッカーや水泳、バスケットボールに興じ、夜は討論の場も持っている。秋には世界各地で演奏会を開いてきた。

　バレンボイムは普段接触することのないアラブ諸国とイスラエルの音楽家が寝食を共にして時間を共有することを通じ、音楽への情熱を触媒にして互いを知り合ってほしいと語っている。そして、この楽団に参加する若手音楽家に対しては、「中東紛争の軍事的解決はあり得ないこと、お互いの違いや視点を理解しなければならないことを学んでほしい」と語っている。サイードはこの楽団を「共存への架け橋」と呼んだ。このような楽団での練習や公演を通じて若手音楽家が技術的に上達することが第1の目的である。紛争地の若手音楽家は楽器にも恵まれず、また指導者にも恵まれないことが少なくない。世界的に有名な指揮者の下で練習することはその音楽演奏技能の向上に大いに役立ち、将来オーケストラで楽団員として演奏活動をしたり、ソリストとして活躍したりする可能性が広がる。まさに音楽家としてのエンパワーメントである。第2の目的としては同楽団では、普段接触のない音楽家たちが同じ音楽を志すものとして、練習や話し合い、食事を共にすることでお互いに知り合うことにも力点が置かれている[8]。第3には中東和平への願いがある。しかしバレンボイムは、中東和平という言葉を用いるのには慎重である。むしろ管弦楽団の役割について「音楽家は政治になんの貢献もできないが、好奇心の欠如という病に向き合うことはできる。好奇心を持つということは他者の言葉を聞く耳をもつということ」と説明している。さらにこの管弦楽団の活動を通じて「音楽を通じて出会い、認め合うことができるのだ

---

8) 福島安紀子『紛争と文化外交』慶應義塾大学出版会、2012年、105-116ページ。

と私自身教えられました」と述べている。さらに音楽、良い演奏への情熱が対立する民族の違いを越える触媒となる[9]。

そしてこの活動をさらに持続的なものにするべく、恒久的な練習と公演の施設としてドイツのベルリンに「バレンボイム・サイード・アカデミー」が設立され、2016年から第1期生を受け入れている。このアカデミーでは奨学生として選ばれた中東諸国の若手音楽家が3年間学ぶことになっている。ドイツ政府は中東和平へのドイツの貢献の一つとして、このアカデミーの施設整備費用3400万ユーロのうち、2000万ユーロを拠出した。さらに運営も支援する意向である。このアカデミーはバレンボイムが音楽監督をつとめるベルリン国立歌劇場の隣に位置し、昔の劇場の収蔵庫を改造してリハーサル室、事務所や600人収容のホールなどが設けられている[10]。

また、日本人指揮者柳澤寿男が2007年にバルカン地域の民族共栄を願って設立したバルカン室内管弦楽団も同様の目的のために活動している。旧ユーゴスラビア連邦が解体し、バルカン紛争やコソボ紛争に揺れた南東欧地域は、和平合意後も民族対立が根強く残る。コソボにあってはセルビア系住民とアルバニア系住民の対立と反目は和平合意から20年余を経ても残る。紛争前には多民族混成のオーケストラであったものが、紛争後は単一民族の構成に変わっている。コソボの首都プリシュティナには紛争前にはプリシュティナ放送交響楽団というオーケストラがあり、多民族混成でセルビア人、マケドニア人、アルバニア人、ボスニア人が参加していたが、コソボ紛争が激化するにつれて、退団する音楽家が増え、消滅したという。そして紛争後に結成された現在のコソボ・フィルハーモニーはアルバニア人のみで構成されている。その地で同オーケストラの首席指揮者を務めるのが柳澤寿男である。民族対立が和平後20年余を経ても残ることを目の当たりにして、音楽に国境はないはずだとの信念から、柳澤は2007年に民族混成の室内管弦楽団を創立した。この楽団では現在セルビア人、アルバニア人、マケドニア人、ボスニ

9）インタビュー「ダニエル・バレンボイムに聞く音楽の可能性」、朝日新聞、2013年1月8日朝刊。
10）筆者の2016年11月29日の取材とケルバー財団関係者からの情報に基づく。

ア人、クロアチア人、ルーマニア人などの音楽家が共演している。同楽団は本拠地を設けず、柳澤が音楽監督兼指揮者をつとめ、コンサートの毎に集まって練習し、公演をしている。そして発足以来、プリシュティナを皮切りにサラエボ、ウィーン、ベオグラード、ニューヨーク、東京、ジュネーブなど各地で演奏し、2016年10月には日本の国連加盟60年記念の行事においてジュネーブの国連欧州本部で平和を求めるコンサートを開催した。柳澤は取材に答えて「(多民族の楽団)で音を作り出すのには信頼関係が必要。この信頼の音色を聴いてほしい」と述べている[11]。また、バルカン室内管弦楽団のコンサートの中では、2009年のミトロヴィッツァでのコンサートが、初めてセルビア人音楽家が同楽団に参加したもので多民族混成オーケストラの試金石となった。ミトロヴィッツァはコソボ紛争の激戦地であり、かつ街に流れる川にかかる橋——通称「分断の橋」——を挟んでセルビア系住民とアルバニア系住民が分かれて居住し、住民にとって渡れぬ橋になっている。その橋の両岸でバルカン室内管弦楽団のコンサートが開催された[12]。

また、2010年のサラエボでのコンサートには筆者も現場で耳を傾けたが、ショスタコーヴィチの「室内交響曲」の音色が耳に残っている。迫害や抑圧、爆撃や部屋のドアのノックの音など紛争中に家を追われ、空爆の中を逃げたことを思い出させる音が含まれる。柳澤はこの曲を演奏することで「今までは紛争の記憶を封印することでその悲しみを乗り越えてきたが、(この楽曲を演奏することで)紛争に向き合い、自分自身を乗り越え」てほしかったと語っている[13]。これは音楽を通じての紛争の記憶への一つの対峙のプロセスであった。同管弦楽団の奏でるハーモニーは、バルカンの音楽家にしか出せない音だと柳澤は語る。「セルビア人の音は深く弾力性があり、……アルバニア人の音はセルビア人よりも繊細で透明感がある」[14]と言う。これらの音が練習を重ねてハーモニーになったときに確かに他のオーケストラとは異なる独特の音色として耳にそして心に染みる。

---

11)「多民族協奏 平和の音色」日本経済新聞、2016年10月17日。
12) 柳澤寿男『戦場のタクト』実業之日本社、2012年、150-178ページ。
13) 同書184ページ。
14) 同書168、169ページ。

これらのオーケストラの事例では、異なる民族の音楽家たちは紛争の生々しい記憶に苛まされ、最初に練習に集合したときには挨拶もろくにしないケースが多い。ウェスト＝イースタン・ディヴァン管弦楽団では、仲間外れにされたり、糾弾された若いイスラエル人音楽家が、「こんな（紛争の）話をするために楽団に参加しているのではない」と泣き出して部屋にこもってしまった例もある。そもそも対立した民族の音楽家と同じ場所にいたくもなければ一緒に演奏したくもないのが音楽家たちの本音であろう。それでも世界的に有名な指揮者のもとで勉強するチャンスや楽器を演奏する技術を磨くチャンスは逸したくないという強い気持ちから、若手音楽家達は民族混成オーケストラに参加する。そのために楽団員の間で緊張が高まることもある。しかしながら、練習を重ねるうちにオーケストラとしてハーモニーのある演奏をするためには音を合わせなければならない。そのためには話し合わなければならない。また、オーケストラではパートごとに二人で一つの楽譜を共有することが多く、これはお互いに話をしなければうまくいかない。そこから少しずつ対立軸を越えたコミュニケーションは始まる。
　そして休憩時間にも一緒にお茶を飲み、菓子に手を伸ばす中で徐々に紛争当時の記憶の話にもなる。そこから対立していた人々の間の相互理解の端緒が開かれる。自分が想像もしていなかった経験を相手の民族もしていたことに衝撃を受けたという感想を漏らす音楽家も少なくない。このようなコミュニケーションが相互理解、相手に対する寛容な気持ちの醸成、相手を許すことはできなくとも紛争により先鋭化したアイデンティティの対立を緩和し、さらには昇華させ、新しいアイデンティティを生み出して、共生、協働、共創することを可能にする。そして、そこに相互信頼が少しずつ育まれていく。
　しかしながらこのプロセスが容易ではないことは、バレンボイムが念願のラマッラでのコンサートで「ウェスト＝イースタン・ディヴァン管弦楽団は平和を配達できない」と聴衆に呼びかけ、柳澤が、決して民族和解のためのオーケストラと呼ばず、「民族共栄のためのオーケストラ」と呼んでいるところに現れているといえよう。
　一方で音楽に国境はないと言っても政治と無関係というわけにはいかな

い。2011年の英国の音楽祭BBCプロムスで、ズービン・メータ指揮のイスラエル・フィルハーモニー管弦楽団がロンドンでウェーベルンの曲を演奏しはじめたときにイスラエルのパレスチナ占領政策に反対する団体が「パレスチナ」と書いた布を広げて叫び声をあげ、ベートーベンの歓喜の歌を替え歌で歌って演奏を妨害したという事件も起きている。

　とはいえ、オーケストラという小宇宙の中で、音楽家たちは、コンサートに向けて練習する中で仲間意識が芽生え、お互いを信頼することにつながるという感想ももたらされており、これが柳澤をして「信頼の音色」と言わしめているのだろう。当初は民族別に相互にレッテルを貼っていた音楽家たちは、練習を重ねる中で仲間をオーケストラのパートで認識するようになるという。これはある種のアイデンティティの変化とも受け止めることができる。むろん民族別のアイデンティティが消えるわけではないが、新たに音楽家としてのアイデンティティでは共有できる部分が生まれる。また、演奏する側ばかりではなく、紛争地にあってなかなか演奏をきく機会のない住民にとっては、紛争とは異なる空間に身を委ねる時間と空間を得ることにより、それまでは日々紛争に追われていた生活の中から、紛争を相対化する機会をもつことにも繋がり、絶望から希望への転換のきっかけにもなる。これは筆者が参加したサラエボのコンサートの後に周りの観客の話から感じたことである。「コンサートを生で聴くのは久しぶりだったねえ」「こういう時間をこれからは持てるのね」「これが平和ということなのね」と。

第4節　サッカーが対立軸を越えた共通言語に

　スポーツは、オリンピックや世界選手権をはじめとしてさまざまな試合が世界規模で開催され、注目度が高い。それだけにファンも多い。その中でも平和構築の局面で最も盛んに用いられているのがサッカーである。サッカーは他のスポーツと比べて、ボールがあれば、それも正式のサッカーボールでなくとも、あり合わせの木切れに布を巻きつけて作った手製のボールでもありさえすれば、すぐプレーできるからである。かつ世界の子どもたちに共通

に人気の高いスポーツでもある。日本のサッカーアニメ「キャプテン翼」のファンも多い。サッカーを上手くなりたいと思う子供たちは多い。この一例が東ティモールのキッズサッカーであり、その東西対立解消のエピソードは「裸足の夢」と題した映画に制作されている[15]。

　旧ユーゴ紛争に揺れたボスニア・ヘルツェゴビナでも、対立したボスニア人とクロアチア人の混成チームによる子どもたちのサッカークラブの試みが行われてきている。この地域は従来からサッカーが人気スポーツであり、サッカーを上手くなりたいと思う子どもたちが多い。しかしながら、紛争終結から20年余を経ても前述のように民族対立の影は残り、教育も民族分断教育のままである。そのような土地でも子どもたちは大好きなサッカーを練習したい一心で混成チームに参加し、その子どもたちの様子に親たちも心を動かされてプロジェクトを支援するということが積み重ねられてきている。例えば、日本人で秋野豊賞を受賞した森田太郎が賞金を活用して2000年から手がけ、現在は現地の人々が運営しているサラエボ・フットボール・プロジェクトがある[16]。

　また、最近では日本代表チームでキャプテンを務め、現在ガンバ大阪ユース監督の宮本恒靖元選手のボスニア・ヘルツェゴビナにおけるキッズ・サッカー・アカデミーのプロジェクトがある。宮本は、2002年日韓大会、2006年ドイツ大会においてキャンプテンを務め、2011年のシーズンを最後にプロサッカー選手を引退した。そしてFIFAの大学院であるFIFAマスターに進学した。FIFAマスターは国際サッカー連盟（FIFA）が運営するスポーツ学の大学院で、歴史学、経営学、法学を学び、卒業論文がわりにプロジェクトを企画するというカリキュラムである。宮本はクラスメートとともにボスニア・ヘルツェゴビナのモスタルでの子供達の民族混成サッカー育成事業を考案した。モスタルは1992年から95年のボスニア紛争の激戦地であり、約20万人が死亡したとされる。卒業後、宮本はこのプロジェクトを実践すべく努

---

15) 福島安紀子前掲書、89-92ページ。
16) 森田太郎氏のサラエボ・フットボール・プロジェクトの詳細については、福島安紀子前掲書68-79ページ参照。

力し、実現にこぎつけた。モスタルは和平合意以降もボスニア人とクロアチア系住民が町の中を流れる橋を挟んで分かれて居住している都市である。風光明媚な観光地でもあり、紛争で爆破された橋は、ユネスコが住民参加型で修復したことでも知られている。このような紛争時の対立軸が残る地区で民族融和を目指して民族混成の子供を対象としたサッカーアカデミーを開こうという試みである。このプロジェクトには元日本代表監督のイビチャ・オシム氏も参加して支援している。このキッズ・サッカー・アカデミーは「マリ・モスト（小さな橋）」と名付けられており、7〜12歳の男女が対象でこれまでに50〜60人が登録している。同アカデミーは多民族構成であるばかりかイスラム教徒も含まれる土地柄で女の子も対象としている点が注目される。2016年10月に開講され、週2回練習、週末に地元チームとの試合が組まれている。

　このアカデミーは宮本自身がクラウドファンディングで資金調達をしたほか、日本外務省は草の根文化無償資金協力を実施しスポーツ活動を通じた地域融和のためにモスタル市スポーツセンター改修計画を支援している。ここがアカデミーの活動の場となる。宮本は「一緒にボールを蹴れば民族の違いは関係ない。スポーツを通して相手をリスペクトすることやフェアネスを伝えたい」と語る[17]。

　このような試みは、最初は現地の住民の反対にあう。多民族で練習をすることへの恐怖感は子供たちにもある。それを子供が乗り越えたとしても、親がかつて敵対した民族の子供達と一緒にトレーニングをすることをなかなか許さない。そのような中では忍耐強く地元のサッカー関係者を説得し、理解してもらって一緒にプロジェクトに参加してもらう努力が不可欠である。森田も宮本もそのような努力を惜しまなかったことが多民族混成のサッカープロジェクトの実現につながっている。森田の事例では最初は反対していた親も子供達が嬉しそうにプレーしているのを見て、徐々にプロジェクトに協力するようになっていったことが現地のオーナーシップを醸成し、持続可能な

---

[17]「スペシャルトークセッション　サッカーが未来を照らす——FCバルセロナの挑戦」朝日新聞、2016年10月4日朝刊。

プロジェクトにした[18]。

そしてサッカーの練習や試合を重ねる中でオーケストラの場合と同様に対立した民族の子供達の経験を耳にし、自分たちだけが被害者だったという思いが溶けていく。自分の親を殺した、兄弟を殺した憎い相手と思っていた民族もまた肉親を失っていることを知ることで、しだいに憎悪の感情が薄れていく。そしてサッカーを共にプレーする中で、チームメートを民族別のレッテルで認識することから、サッカーのポジションで認識するように変化していく。この事例ではサッカーが紛争で分断された社会の共通語になっていく。

第5節　文化活動が育む脆弱なコミュニティのレジリエンス

　第3、4節で考察した事例から文化・スポーツ活動が平和構築、さらにはレジリエンスのあるコミュニティ構築に一定の役割を果たしうることが透けて見えてくる。具体的にどのような役割を果たせるのだろうか。

1．共通の時空間の提供

　まず、各種の文化・スポーツ活動には、サッカーであれ、オーケストラであれ、それを愛し、好きでたまらない人、プレーヤーとしての上達を目指す人、さらにファンとして、聴衆としてそれを見ること、耳を傾けることでプレーヤーとの連帯感を感じる人々がいる。脆弱なコミュニティにおいては政治的な話し合いにより和解への道を歩もうとしても、話し合いの場に対立する人々はなかなか出てこない、参加することが仲間から裏切り行為に見られることがある、また参加したとしても自らの主張を声高に語ることに終始しがちで、相手側の意見に耳を傾けない、つまり双方向の対話が成立しないことが少なくない。しかしながら、文化・スポーツ活動の時空間は、立場の違いを越える。これが文化的参加による躍動感の共有につながり、ジョン・ポ

18）福島安紀子前掲書、70-77ページ。

ール・レデラックのいうところの「モラル・イマジネーション」を生み出す[19]。そして紛争地の人々の目線を過去から将来に転じるきっかけにもなる。

2．対立軸を越える触媒・共通言語

さまざまな文化・スポーツ活動を通じて、オーケストラの楽団員にしろ、サッカーの選手にしろ、コミュニケーションを図らなければ、パーフォーマンスはできない。前述のようにかつて対立していたからと声を掛け合わない、話をしないと言っていては、サッカーのゲームに勝利することはおろか、まともな試合もできない。オーケストラにあっては、ハーモニーのある音楽を奏でることもできないし、そもそも演奏にならない。

かつての敵対関係を越えて目標を共有できた場合には、コミュニケーションが嫌でも成立し、その中で雑談などの場を借りて「自分だけが犠牲者で、相手はひたすら憎いと思ってきたが、敵側の人々もまたさまざまな苦しみと痛みを体験していた」ということを知ることができる。そのような意思疎通のプロセスを経て、ひたすら憎しみを深めていた相手に対する見方、レッテルの貼り方も徐々に変容する。それに相手の才能や技量を尊敬するようになることでアイデンティティも多層化し、変容する。そのときの触媒となるのが同じ文化・スポーツ活動への熱情であろう。すなわち対立軸にある人々の間で文化・スポーツ活動が「共通言語」になることにより、真の意味のコミュニケーションが可能となり、究極的な和解への一歩を踏み出す一助となる。

3．文化・スポーツ活動を通じた自己表現とヒーリング、そしてエンパワーメント

紛争中や紛争後脆弱なコミュニティではなかなか思っていることを口にすることができず、紛争中の複雑な思いや記憶を心の奥深くに抱えたまま、平和構築への道を歩まなければならない人が少なくない。このような紛争中か

---

19) John Paul Lederach, *The Moral Imagination: The Art and Soul of Building Peace*, Oxford University Press, 2004, p.5.

らの思いが放置されるとトラウマとなり、その後PTSD化するとその治癒は難しく、コミュニティが未来に向かって進むことが容易ではなくなる。

そのような社会では和平合意が成立した後も心の傷を和らげるプロセスが不可欠である。むろん心理カウンセラーを派遣して、カウンセリングをすることでトラウマの解消を図ることもできるが、なかなか心を開かない住民が多い。そのようなときに例えば、漁網の修繕という技術を教えながら、手を動かしながら、その作業中に一緒に歌を歌ったり紛争中の話などを聞き出したりすることで心の傷の治療にも役立つ。また、フィクションの世界を援用することにより、自らの思いを表現することで心のわだかまりを発散することにもつながっている。音楽の演奏に想いを表現することができる、これがオーケストラの音色を一味違ったものにしている。

また、文化・スポーツ活動の持つエンパワーメントの役割も認識しておきたい。すなわち紛争地では教育を受けることができる児童の数が限られており、識字率が低く、住民に保健衛生、地雷回避などを徹底するにも書面で伝達することには限界がある。したがって、ラジオ番組や路上演劇などを活用して、これらの情報を提供する努力が必要である。さらには、文化活動に従事しようにも楽器がない、音楽の先生がいない、サッカーを練習する場所も機会もない、コーチもいないという状況に追い込まれている人々も少なくない。このような土地で、練習の機会を提供する、必要な器具を提供することにより、若い人々が将来に向かって希望をもち、それぞれの技量を身につけること、ひいてはコミュニティのエンパワーメント（能力強化）に役割を果たすのである。

以上をまとめると文化・スポーツ活動による「心の平和構築」と表現することができ、これがコミュニティのレジリエンス構築を可能にするインフラになるともいえよう。

第6節　文化・スポーツ活動を介した平和構築の課題

　文化・スポーツ活動は、第5節で述べたような役割を果たすことができる

第8章　文化・スポーツ活動と心の平和構築　175

2016年9月13日にワシントンDCのCarnegie Endowment for International Peaceにおいて開催された「人間の安全保障に関する円卓会議」の様子。中央筆者、右は同財団シニアフェローのジェームス・L・ショフ氏。

一方で課題も残る。

まず、文化の政治的利用と受け止められるようなことは避けなければならない。文化・スポーツ活動であれば紛争中や対立軸の残るコミュニティでも要員が当該地域に入れることが少なからずある。しかしながら、政治的な目的を主軸として活動しようとしてはうまくいかない。何といってもまず文化・スポーツ活動そのものが十分に実施されなければ、前述のような平和構築効果を期待することはできないことは肝に命じなければならない。平和構築の目的はあくまでも二義的な目的でなければならない。

一方で文化・スポーツ活動であったとしても政治的な情勢に左右されることがある。オーケストラでも楽団員の国籍によっては入国査証が発給されなかったり、あるいはサッカーでも当局が平和を目的とした海外での子供のサッカー活動を禁止するというようなこともある。また文化・スポーツ活動であっても住民が集まることに危惧の念を持つ当局もある。したがって、せっかく企画しても実施ができない、実施中に禁止され頓挫するという事例も枚挙にいとまがない。

さらには政治的情勢の悪化によって、要員の生命に危険が及ぶ場合もある。これを防ぐためにはプロジェクトの参加要員の中に現地の言語や文化を

理解するメンバーを入れ、現地の時々刻々と変化する情報を入手し、危険ありと判断すればすぐに脱出するなり、イベントを中止するという判断も求められる。脆弱な地域では肝心の情報がまだまだ伝統的な方法によって伝えられることも少なくはなく、そのネットワークに入ることが実際のプロジェクトの実施のためにも不可欠であるとともに、要員の生命の危険を回避するためにも不可欠である。現地社会との関係づくりが重要なのはプロジェクトの企画段階で、現地のニーズにあった支援をするためにも必要である。

そのためには現地のNGOや市民団体と提携することも重要である。これは前述の生命の危険の回避や、イベントの周知に役立つのみならず、プロジェクトへの現地のオーナーシップの醸成にも必要である。これができれば国際社会からの要員が引き上げた後もプロジェクトが継続され、真の意味でコミュニティに根付き、効果の持続も期待できる。本章で事例としてあげたサッカーの場合も、現地モスタルのサッカー協会の協力を得るための努力が行われており、キッズ・サッカー・アカデミーの運営にこれらの協会関係者が関わり、次第に自主的に運営できるようになればアカデミーもモスタルに根付くであろう。

特に文化面からの支援は、食料の配布やインフラの整備、医療支援のように目に見える成果がすぐに上がるわけではない。むしろ、長期間続けて初めて心の平和構築につながっていく。したがって持続性、サステナビリティが重要なのである。

おわりに

脆弱な地域の平和構築、平和の定着、コミュニティのレジリエンスの構築に当たって、文化・スポーツ活動が果たせる役割について述べたが、これは人間の安全保障アプローチを取らなければ真の役割を果たせないことを重ねて強調しておきたい。一つには、それぞれの活動が目的にしているのは、人々の相互理解と和解による紛争再発防止、人々の先鋭化したアイデンティティの昇華などによってコミュニティが落ち着いた人間関係を回復するこ

と、あるいは新たな関係を構築することだという理解が大前提となる。その上で、その他の平和構築活動と有機的かつ立体的に組み合わせてこそ文化パワーが共感力を通じてその効果を発揮できると考える。

　本書の序文で緒方貞子は、平和構築の課題として「関係者間の和解」を挙げ、「そうした課題に対して持続的な解決を図るためには、支援国が価値観を押し付けるのではなく、現地の人々の思いや考えや意向を尊重しなければなりません」[20]と指摘しているが、文化面からの平和構築の取り組みにおいてはこれが要である。それぞれの地域の慣習や伝統的なシステムを十分に尊重しなければならない。いわばその地域の do's and don'ts を踏まえなければ、良かれと思って企画したプロジェクトも失敗する。現地コミュニティにふさわしい文化・スポーツ活動を展開することなしには心の平和構築は実現しない。

20）緒方貞子、本書序文（ⅱページ）。

第Ⅲ部
日本は
どうするのか

　これまで第Ⅰ部では主に、国家による統治機構の再構築を通じて人間の安全保障を達成しようとする「上からの保護」について論じ、第Ⅱ部では、「ボトムアップによるエンパワーメント」によって、どう強靭な社会を作っていけるかを論じてきた。この第Ⅲ部では、こうした世界状況の中で、日本は「人間の安全保障」と「平和構築」のために何をすべきか、具体的に議論を展開する。

　第9章では、「『人間の安全保障』概念を外交にどう活かすか」と題し、長が、人間の安全保障という政策概念が、日本外交の中心的な理念になり得ることを、歴史的側面、憲法の側面、そして日本の海外援助の側面から説き起こしていく。一方、実際にはこの政策概念が、国際社会の中で浸透しきれていないことや、日本の国内政策に反映されていない事実を提示し、まだこの概念が日本外交の基軸になっていない現状について鋭く問題提起する。これを受け第10章では、日本が国連外交を展開する上で最も重要な組織である、国連安全保障理事会の改革について論じる。「国連安保理改革と日本」と題し、大島が、自ら国連日本政府常駐代表として2005年に臨んだ安保理改革に向けた日本の動きと、これに対する安保理常任理事国や、日本の常任理事国入りに反対する諸国との間に繰り広げられた息詰まる攻防を描く。その上で、2015年にアナン元国連事務総長がトップを務めるElders（長老会）が提言した改革案を示し、将来の改革に向けたビジョンを提示する。第11章では、滝澤が、「日本による紛争国家からの難民受け入れ」と題し、世界で6500万人を超える難民や国内避難民の現状と、その人々を保護する条約や制度につ

いて解説し、課題を明らかにする。その上で、「難民鎖国ニッポン」と批判され極端に受け入れ数の少ない日本の難民認定の要因を、人間の安全保障におけるプロテクションとエンパワーメントの概念を使って分析し、今後の日本が具体的にどんな難民政策を採るべきかを提言する。第12章では「東アジアにおける人間の安全保障」と題し、峯が、「なぜ人間の安全保障という概念が、忘れ去られそうになってもまた語られるのか」について説きおこしながら、JICA研究所で実施している東アジアにおける人間の安全保障に関する研究プロジェクトの成果を示す。日本のイニシアティブのもと続けられている、東アジア各国の研究者との共同研究を通じて、東アジアにおいて「人間の安全保障」というキーワードをもとに「認識共同体」が作られつつあることを紹介、この地域におけるグローバル・ガバナンスの形成に向けた希望も語っていく。

第9章

「人間の安全保障」概念を外交にどう活かすか

長 有紀枝
立教大学教授・難民を助ける会理事長

シリア難民のナビアさん親子（提供：難民を助ける会［AAR Japan］）

はじめに

　第二次世界大戦終結から70年、改めて日本の国の形や安全保障の在り方が問われている。日米安保や新しい安全保障体制など、現実主義的なアプローチとして、自衛隊の任務の拡張や軍事力の増強が議論の中心に置かれているが、現実主義的なアプローチから要請されることは一つの手段、軍事力や日米安保体制に過度に依存せず、リスクを分散し、多様な安全の保障策を確立することではないだろうか。そうした方策の一つと考えられるのが、日本が国際社会において、「世界の平和と安定に貢献する」唯一無二の国家として独自の地位を占めることである。そのためには、財政的貢献のみならず、そうした政策を首尾一貫して実現するための政府・国民の指針となる、「精神的支柱」とも呼ぶべきものが不可欠であり、それは、外務省のみに関係する政策文書や、外交の場での首相のスピーチ、外交文書のスローガンではなく、内政を含めて実行をともなうものでなければならない。すべての省庁、日本国民全体が意識するべきものである。

　かりに、日本に、そうした概念として機能しうるものがあるとすれば、それは、「人間の安全保障」概念をおいてほかにないだろう。国家ではなく、人間をつねに中心に置いた政策を考えることや人間を中心に据えた政策を取ることと、現実主義的であることは何ら矛盾も対立もしない。

　日本において「人間の安全保障」概念は、そもそも外交の柱の一つとして登場した概念である。そうした出自をもつ「人間の安全保障」を、本章では、日本外交にどう活かすかという命題を立て論じようとしている。自己矛盾した問いの立て方といえるが、こうした問いが、さほど奇異に感じられないほど、現在、「人間の安全保障」概念と日本外交は遠く離れたところにある。

　「人間の安全保障」が日本の外交文書に登場した特定の時期を除き、「人間の安全保障」は外務省の関係部局の政策目標になったことはあっても、外交方針の一部となったことは、特定の文脈の特定の時期を除いてなかったといえるのではないだろうか。外交の中に位置づけられることと、外交に活かさ

れることとは別である。また外交とはそれ独自で存在するわけではなく、内政や国内問題の延長として存在するとするのなら、「人間の安全保障」は日本の内政や国内問題に取り入れられたことは一度たりともなく、その意味で、日本を代表するような政策概念にはなりえなかった。

　本章は、「人間の安全保障」と外交政策あるいは日本の精神的支柱という、一見遠く離れた2者を寄り添わせようという試みである。それは、「人間の安全保障」概念が非の打ち所がない理想的な概念であるから、というより、日本外交には他に代わる概念がなく、さまざまな意味で、「人間の安全保障」概念が比較優位にあるからである。「人間の安全保障」概念そのものが持つ強みに加えて、日本国憲法とのかかわり、そしてこれまでの歴史的経緯や政治的正統性がある。

第1節　「人間の安全保障」概念の優位性

1．「人間の安全保障」本来の強み

　2016年12月19日、東京・渋谷の国連大学で開催された国連加盟60周年記念行事に出席した安倍晋三首相は、冒頭の祝辞で、「日本の国連加盟を推し進めたのは、国際社会の一員として、世界の平和と繁栄に貢献する国になりたいという、国民の思いであり、以来日本は、国連活動の主要の柱である平和・難民・開発などの分野で、全力で取り組み、難民支援において、緊急の人道支援から復興開発支援まで積極的な役割を果たしてきた。日本は現在、加盟国中最多の11回目の安保理非常任理事国を務めており、これは日本の貢献への高い評価とともに、強い期待の表れである。日本は国際協調主義に基づく積極的平和主義を高く掲げ、PKOや人間の安全保障などの分野でさらに貢献していく」決意を表明した[1]。

　6分あまりのスピーチで首相は4回も「人間の安全保障」に言及し、「国

1）首相官邸ホームページ、平成28年12月19日「国連加盟60年記念行事」
　http://www.kantei.go.jp/jp/97_abe/actions/201612/19kokuren.html

連は、日本が人間の安全保障を推し進める場でもある」とした上で、「人間の安全保障の考え方の下、一人ひとりがその豊かな可能性を実現できる社会こそが、平和の礎です。一人ひとりの人間に重きを置いて教育・保健医療の普及、そして女性を支援してきたのは、その実践です」と端的に、「人間の安全保障」の本質を描写した。

「人間の安全保障」の考え方を、「本能的常識」と表現したのは、緒方貞子である。2016年秋に新聞紙上に全9回にわたり掲載された回顧インタビューで緒方は次のように語っている。

「国連難民高等弁務官に就任した際も、難民への対応は、難民条約はじめ多くの規定に束縛されていました。イラクのクルド人は、国境を越えていないから国内避難民で難民ではない。それでは解決できない状況になったときにどうするのか。私は人間を助けるということが何より大事であると考えました。本能的な常識（傍点筆者）といえますが、どんなに条約を守っても、そこにいる人々の半数が殺されたのでは何にもならない」[2]

この「本能的常識」に共通するものが、「人間の安全保障」を日本に導入した小渕恵三の発言や政策にもある。1997年9月18日、オスロで開催中の対人地雷禁止条約の起草会議において条約案が採択されると、その翌日閣議後の記者会見で小渕外務大臣（当時）は、「カンボジアの地雷除去に協力する一方で、条約は認めないというのは、筋が通らない（傍点筆者）。世界の大きなすう勢を踏まえてやるべきことはやらなければならない」と発言、それまでの条約には署名しないという政府方針に異議を唱えて、同年12月にオタワで予定されていた条約署名式までに対応を検討する姿勢を明らかにしている[3]。

対人地雷の全面禁止について日本政府がその立場を明らかにしたのは、1996年リヨンサミット直前である。橋本龍太郎首相（当時）が「我が国の対人地雷全面支持の決定について」を発表、対人地雷の全面禁止に向けた国際

2）朝日新聞2016年10月3日付夕刊「人生の贈りもの わたしの半生 元国連難民高等弁務官・元JICA理事長 緒方貞子」

3）長有紀枝『地雷問題ハンドブック』自由国民社、1997年、149ページ。

的努力を支持するとともに、自己破壊装置を有する対人地雷への改修等、全面禁止合意までの自主的措置を講ずる旨を発表した。リヨンサミットにおいても地雷の規制とともに、除去活動や被害者の支援などへの取り組みの強化を表明、翌97年の早い時期に地雷除去と被害者支援のための国際会議を東京で開催することを提唱した。続く12月には早期に全面禁止条約実現を勧告する国連決議の共同提案国88か国の一つとなっている。

こうした度重なる全面禁止支持の発表にも関わらず、日本は全面禁止条約の策定交渉プロセス「オタワプロセス」には消極的対応に終始した。対人地雷問題解決のために全面禁止という目的は支持するが、日本の防衛政策上、対人地雷は不可欠であり、留保も例外も認めず、賛同国だけで禁止条約をという過程は支持できない。真の解決を目指すなら、中国、ロシアなど地雷大国を巻き込んだジュネーブ軍縮会議（CD）で、より普遍的な条約つくりを目指すべきとの立場からである。しかし、一度脱退した筈のオタワプロセスに、オスロ会議直前に参加を表明するも、会期中はアメリカとともに、例外・留保条件の不可や発効の猶予などを主張し、アメリカ追随策との批判もあった[4]。

そうした流れを一変させた小渕発言である。

小渕政権と「人間の安全保障」政策については後述するが、小渕政権は、国家ではなく、一人ひとりの人間を根本におく「人間の安全保障」概念を、ODA政策を越え、外交政策そのものに反映させた政権であり、安全保障の領域で、米国が加入しない全面禁止条約に加入した対人地雷政策は、その方針がもっとも如実に表れた例といえるだろう。

2．実務上の概念としての強み

緒方貞子は、その回顧録において、「人間の安全保障は概念として曖昧であり、研究や実際の政策において果たして使用に堪える概念か」という批判に抗して、「人間の安全保障」という概念は「理念レベルの話ではなくて、実態的な要請から出てきた極めて実践的な概念」であると主張した[5]。人を

---

4) 長前掲書、144-149ページ。

暴力や紛争から保護しなくてはならないという必要性と、介入や深い関与を受け入れないという国際社会の制約の間の、ぎりぎりのところで出されたものだからだ。

緒方の言葉を繰り返すまでもなく、「人間の安全保障」は、きわめて実践的な概念であり、援助の実践的な指針として捉えることのできる概念である。「人間の安全保障」の強みが発揮されるのは、まさにこうした実践活動の文脈であるといって過言ではない。実務における「人間の安全保障」の付加価値を5点指摘する。

周縁化された人々を意識化させる「人間の安全保障」

「人間の安全保障」の人間とは、先進国、途上国を問わずすべての国、あるいは地域に住む人であるとされる。この言説自体が大きな批判にさらされてきたが、現実問題として、全ての人間の安全を保障することは不可能であろう。しかしながら、国際協力や災害支援の場において、すべての人間の安全を保障しようとする試みは、遠隔地や著しい危険地など支援が届きにくい地域に住む人々、あるいは支援へのアクセスが限られる高齢者や障害者、女性といった社会的弱者に焦点を当て、特段の配慮を払うことを要請する。その結果、これらの人々を意識化したプロジェクトの立案や事業形成が必然となる。

また先進国においても、社会の中で周縁化された少数者、社会の特定の課題のしわ寄せを受ける人々の安全保障も、同様に考慮に入れる政策を取ることを政策決定者に要請する政策概念となりうる。さらにはこうした人々の存在を、選挙民であり消費者でもある国民に意識化させる概念でもある。

分断された事柄をつなぐ「人間の安全保障」の包括性と分野横断性

『人間の安全保障委員会報告書』では、人道・政治・軍事・人権・開発のそれぞれの戦略の均衡点を見極めることが必要であり、「人間の安全保障」の理論的枠組みこそが、こうした包括的取り組みに土台を提供できると主張

5）野林健、納家政嗣編『聞き書　緒方貞子回顧録』岩波書店、2015年、240ページ。

している[6]。包括的取り組みとは、換言すれば、分断されたさまざまな次元の存在をつなぐリンケージとしても機能するということである。

イシュー間、組織・機関間のリンケージ

「人間の安全保障」は、今日、食糧、保健衛生、教育、医療等といった専門性を追求するがゆえに、組織のマンデートやイシュー毎に細かく分断、細分化され、それゆえ、人間のニーズや人間そのものを総体としてみる視点が欠落しがちな国際協力の現場で、そうした援助機関の専門化、細分化からくる課題を意識化、顕在化させ、それらを統合し、本来的な方法で人間の保護を可能にするものである。

また、緊急・人道支援と復興・開発支援の移行過程で生じる溝・ギャップを埋め、時間軸やタイムフレームのリンケージも可能にするものである。プロジェクトそのものが、現地のニーズや、現場の情勢ではなく、資金の出どころと資金の性質（緊急人道資金、開発・復興資金など）とに左右される現況の課題を一層浮き彫りにできるのも「人間の安全保障」である。

援助の発想を逆転させる

国連人道問題調整事務所（OCHA）の人間の安全保障ユニット課長を務め、国連人間の安全保障基金の運営や事務総長報告の編纂などにかかわった田瀬和夫は、「人間の安全保障」とは、国際社会の「供給側の論理」に基づく援助の発想を逆転させ、「必要とする側」を土台として考え定義しなおす方法論だと説明している。「援助をする側の論理を出発点とするのではなく、危険にさらされている人々が安全、安心を感じられるためには、まず何が必要かを考え、そうした現場のニーズと要求を土台にして既存の組織や専門性の仕分けにとらわれず、必要な支援の方法や形式を考える。そして、人々には自らの安全を守る能力が潜在的に備わっているということを前提に考え、人々の自助努力を助ける概念である」[7]という主張だ。援助の現場では往々に

6）人間の安全保障委員会『安全保障の今日的課題——人間の安全保障委員会報告書』朝日新聞社、2003年、58ページ。

して、援助する側の論理が優先される。東日本大震災の被災地で被災者より国の論理が、あるいは支援団体の都合が優先されがちである、という傾向を、本来のあるべき姿に戻そうとするのも「人間の安全保障」概念の特徴である。

援助の主体の見直し
　より長期的な視点で行われる復興・開発支援に比して短期的なプロジェクトが中心となる緊急人道支援活動においては、緊急性という観点から、国際職員が支援活動の主体となることが正当化され、現地の市民社会や受益者は復興や再生の主体ではなく、保護する客体、あるいは通訳やドライバーという支援活動の手足としてのみ位置付けられるきらいがある。「人間の安全保障」の能力強化（エンパワーメント）、オーナーシップ、ボトムアップといった視点は、こうした傾向に歯止めをかけ、現地市民社会との連携やその育成・能力開発を、緊急人道支援であっても、援助の主眼の一つに置くことを要請するものでもある。

第2節　外交の柱としての「人間の安全保障」概念の正統性

　「人間の安全保障」概念を日本の精神的支柱とすることを考えたとき、「人間の安全保障」概念は日本において、歴史的にも政治的にも他に類を見ない正統性を有していることに気づく。

1．日本国憲法と「人間の安全保障」
　「人間の安全保障」においては、「恐怖からの自由」と「欠乏からの自由」という二つの自由が重要な構成要素となっている。これは、アメリカ大統領のフランクリン・ルーズヴェルト（Franklin Roosevelt：1882-1945年）が、

7）田瀬和夫、国連フォーラムの勉強会（第28回「人間の安全保障の概念およびその発展について、2006年12月1日」）http://unforum.org/lectures/28.html

1941年の年頭教書演説で「人類の普遍的な四つの自由」として発表した、言論と表現の自由、宗教の自由、欠乏からの自由、恐怖からの自由の、最後の二つとまったく同一のものである。改めて指摘するまでもなく、この概念は、歴史的にも文言上も日本国憲法の前文とたいへん密接に関連している。「平和的生存権」として知られる、日本国憲法前文の第二段「われらは、全世界の国民が、ひとしく恐怖と欠乏から免かれ、平和のうちに生存する権利を有することを確認する」である。日本国憲法の草案が連合国軍最高司令官総司令部（GHQ）のニューディール政策の流れをくむニューディール主義者たちによって起草された事実と考え合わせれば、「人間の安全保障」の概念は、理論的にも歴史的にも、日本国憲法と同様の理想主義的系譜に連なる概念といえる[8]。

2．日本外交と「人間の安全保障」

第1章の東・峯論文で述べられているように、「人間の安全保障」を日本外交の中に位置づけたのは、小渕恵三である。「人間の安全保障」に通じる考え方が論じられた演説としては、1995年3月の社会開発サミットで、「人間優先の社会開発」に言及した村山富市首相（在職期間：1994年6月-1996年1月）の演説や、1997年の国連環境開発特別総会で、「将来に対する責任」とともに「人類の安全保障」の観点を強調した橋本龍太郎首相（1996年1月-1998年7月）の演説がある。しかし本格的に「人間の安全保障」を日本外交に位置付けたのは小渕恵三首相（1998年7月-2000年4月）である。

アジア経済危機に直面した1998年5月、小渕外相（当時）はシンガポールでの演説で、危機を乗り越えるために必要な要素の一つとして、危機のしわ寄せを受ける社会的弱者に対する「思いやり」を挙げ、「人間中心の対応」が重要であると訴えた。首相就任後は、98年12月に東京で開催された「アジアの明日を創る知的対話」という有識者の国際会議（東南アジア研究所［シンガポール］と、財団法人日本国際交流センターが共催）の開会に当たり、

8）長有紀枝『入門 人間の安全保障——恐怖と欠乏からの自由を求めて』2012年、中央公論新社、85-86ページ。

初めて「人間の安全保障」をテーマにスピーチを行った。続く森喜朗首相時代（2000年4月-2001年4月）も、2000年の九州・沖縄サミットや国連ミレニアム・サミットにおいて、「人間の安全保障」に言及、日本の外交の重要な指針の一つとなっていく。

2000年の国連ミレニアム総会でアナン国連事務総長（当時）が、「恐怖からの自由、欠乏からの自由」とのキーワードを使って報告を行い、人々を襲う地球規模のさまざまな課題にいかに対処すべきかを論じると、この事務総長報告を受け、同総会で演説した森喜朗首相は、日本が「人間の安全保障」を外交の柱に据えることを宣言し、世界的な有識者の参加を得て「人間の安全保障」のための国際委員会を発足させ、この考え方をさらに深めていくことを呼びかける。2001年1月にアナン国連事務総長（当時）が来日した際、森首相（当時）の提案を受け12名の有識者から構成された人間の安全保障委員会の創設が発表され、共同議長に緒方貞子国連難民高等弁務官（当時）とアマルティア・セン・ケンブリッジ大学トリニティ・カレッジ学長（当時）が就任する。この委員会は「人間の安全保障」の概念構築と国際社会が取り組むべき方策について提言することを目的とし、5回の会合と世界各地での対話集会や分野別研究等を経て、2003年2月には小泉純一郎首相（2001年4月-2006年9月）に最終報告書の内容を報告し、5月にはアナン国連事務総長（当時）に報告書を提出した。

次に、日本政府が外交の指針とした「人間の安全保障」の内容を確認する。2000年9月付の文書で外務省は「人間の安全保障」の基本的考え方として、以下の2点を挙げた。

（1）我が国の国際貢献に当たり、「21世紀を人間中心の世紀とすべし」との理念の下、人間個々人に注目し、国家の安全と繁栄を確保しながら、人間個人の本来の可能性を実現することを目標とする。

（2）現在、人類は貧困、環境問題、薬物、国際組織犯罪、感染症、紛争、難民流出、対人地雷といったさまざまな脅威に直面。こうした問題は国境を越えた広がりを持つ面もあることから、その解決に当たっては、各国の個別の対応に加え、国際社会が一体となって取り組むことが必要。

日本政府のこうした姿勢をより明確な形で示しているのが、高須幸雄外務

省国際社会協力部長(当時)が2000年5月、九州・沖縄サミット直前の国際会議「グローバル化世界における人間の安全保障」で行ったスピーチである。現在は削除されているが、外務省ホームページの人間の安全保障の項に、一定期間掲載されていたものである。

「人間の安全保障には、二つの基本的な側面、即ち、恐怖からの自由と欠乏からの自由があります。ある国々は主に第一の側面に焦点を当てています。こうした国々にとって、人間の安全保障は紛争下において個人の生命と尊厳を守るための行動の思想的基盤となっています。このような考え方から、例えば、対人地雷の除去、小火器の取引・使用の規制、国際犯罪裁判所・法廷の設立、少年兵問題への対応といった取組が行われることになります。冷戦後紛争の性質が変化している今日、こうした問題への取組はきわめて重要であります。しかしながら、我が国は人間の安全保障をより幅広いものとして捉えています。すなわち、我が国は、欠乏からの自由は恐怖からの自由と同様に重要であると考えています。個々人の人間としての生存、尊厳を確保することが人間の安全保障の目的であるとすれば、紛争下の人間の生命の保護だけでは十分ではありません。1994年のUNDP人間開発報告書は人間の安全保障について議論を深めた画期的なものでしたが、同報告書は、人間の安全保障を大きく7つに区分しています。(略)我が国の人間の安全保障についての考え方は、UNDPにより提唱された包括的な考え方にたいへん似ています。我が国は、戦後経済社会開発を通じ国民の繁栄と福祉の促進を図ってきましたが、このような経験を通して我が国は、このような人間の安全保障についての幅広い捉え方を主張していく上での十分な裏付けを得たのです」

「欠乏からの自由」に力点を置く日本の「人間の安全保障」は、開発援助型アプローチ、あるいは、主権国家の合意の下に人々の安全を考えようとする、国家主権尊重型のアプローチともいうことができる。憲法9条に基づき、軍事力を限定的にのみ保持することを国是としてきた日本が、戦後歩んできた歴史的経緯を考えるなら、このように安全保障の経済的・社会的側面

に注目することはごくごく自然な流れであった。

　さらに日本の「人間の安全保障」の特徴として、人間の安全保障基金や既述の人間の安全保障委員会設立など具体的な事業の着手を挙げることができる。

　人間の安全保障基金は、「人間の安全保障」に関する諸問題に対する具体的なプロジェクトを推進するため、日本政府の提案により1999年3月に国連に設立された信託基金である。1998年12月 ASEAN＋3 首脳会議のために訪れたハノイで、小渕首相（当時）が行った「アジアの明るい未来の創造に向けて」と題した包括的なアジア政策演説の中で述べられた提案に基づくものである。

　人間の安全保障基金に対して日本政府は、2015年度までに、88の国や地域の224件のプロジェクトに対し、累計約443億円を拠出した。その特徴は、「人間の安全保障」の包括性を端的に示した、マルチ・セクター（multi-sector approach）、マルチ・エージェンシー（multi-agency approach）を重視したアプローチである。

第3節　ODA 政策と「人間の安全保障」

　「人間の安全保障」概念が ODA 大綱や開発協力大綱に登場するのは、平成15（2003年）に改定された現 ODA 大綱においてである。「Ⅰ　理念の目的」に続く基本方針の（2）において以下のとおり「人間の安全保障」の視点が掲げられた。

　　紛争・災害や感染症など、人間に対する直接的な脅威に対処するためには、グローバルな視点や地域・国レベルの視点とともに、個々の人間に着目した「人間の安全保障」の視点で考えることが重要である。このため、我が国は、人づくりを通じた地域社会の能力強化に向けた ODA を実施する。また、紛争時より復興・開発に至るあらゆる段階において、尊厳ある人生を可能ならしめるよう、個人の保護と能力強化のための協力を行う。

続く2005年2月のODA中期政策においては、「人間の安全保障」の考え方として、「人間の安全保障」の視点を踏まえつつ、「貧困削減」「持続的成長」「地球規模の問題への取組」「平和の構築」という4つの重点課題に取り組むとされた。

平成27（2015）年2月に閣議決定された開発援助協力大綱では、「人間の安全保障」は、3つの基本方針、「ア 非軍事的協力による平和と繁栄への貢献」、「イ 人間の安全保障の推進」、「ウ 自助努力支援と日本の経験と知見を踏まえた対話・協働による自立的発展に向けた協力」の2番目に登場し、以下のとおり開発協力の指導理念とされた。

　個人の保護と能力強化により、恐怖と欠乏からの自由、そして、一人ひとりが幸福と尊厳を持って生存する権利を追求する人間の安全保障の考え方は、我が国の開発協力の根本にある指導理念である。この観点から、我が国の開発協力においては、人間一人ひとり、特に脆弱な立場に置かれやすい子ども、女性、障害者、高齢者、難民・国内避難民、少数民族・先住民族等に焦点を当て、その保護と能力強化を通じて、人間の安全保障の実現に向けた協力を行うとともに、相手国においてもこうした我が国の理念が理解され、浸透するように努め、国際社会における主流化を一層促進する。また、同じく人間中心のアプローチの観点から、女性の権利を含む基本的人権の促進に積極的に貢献する。

「人間の安全保障」は外交青書においても度々言及されている。2012年外交青書の第3章「分野別に見た外交」の第2節「日本の国際協力」の「2　地球規模課題への取組（1）ミレニアム開発目標」の「ア　人間の安全保障」において、「人間の安全保障」は外交の柱でもあることが再び明記された。

　MDGs達成に向けた取組においても、ポストMDGsの議論においても、日本は人間の安全保障をその指導理念として重視している。人間の安全保障とは、さまざまな課題に直面する人間一人ひとりに着目し、自ら課題を解決できるよう人々の能力強化を図り、それぞれの持つ豊かな可能性を実

現できる社会づくりを進める考え方であり、人々が真に必要とする支援を行い、開発を成長につなげていくため有効な概念である。人間の安全保障を外交の柱と位置付けて以来10年以上にわたって、日本は同概念の国際的な普及に努めてきた。4月には日本の働きかけによって、人間の安全保障に関する国連総会非公式テーマ別討論が開催された。6月のMDGsフォローアップ会合においては、日本が主導し、人間の安全保障がMDGs達成に向けて有効な概念であるという認識が共有され、その認識は議長声明にも反映された。さらに、日本は日本のイニシアティブにより国連に設置された人間の安全保障基金や、草の根・人間の安全保障無償資金協力などの二国間支援を通じ、人間の安全保障の実現に引き続き取り組んでいく。

しかしながら、第二次世界大戦終結から70年目に当たる2015年をカバーした2016年版の安倍政権の外交青書において、「人間の安全保障」は外交そのものではなく、グローバル課題の指針に留まる。

第1章「2015年の国際情勢の認識と日本外交の展開」の中心はいうまでもなく「積極的平和主義」であり、「日本外交の三本柱」として登場するのは、①日米同盟の強化、②近隣諸国との関係推進、③日本経済の成長を後押しする経済外交の推進の3点である。続く「グローバルな課題への取組」において初めて、「人間の安全保障」が登場する。「グローバルな課題への取組」として挙げられた、①人間を中心に据えた社会の実現への貢献、②繁栄への貢献、③平和への貢献として3つの貢献が明示されるが、「人間の安全保障」が登場するのはその冒頭である。

「日本は、国際社会においても、脆弱（ぜいじゃく）な立場に置かれた人々を大切にし、個々の人間が潜在力を最大限生かせる社会を実現すべく、『人間の安全保障』の考えの下、国際貢献を進めてきた」とされ、〈女性が輝く社会〉〈児童、障害者、高齢者〉〈国際保健〉〈持続可能な開発のための2030アジェンダ〉の4項目が提示された。

とくに〈国際保健〉の項では、「個人を保護し、その能力を開花させる『人間の安全保障』において、保健は重要な位置を占める。日本が『人間の安全保障』の考えに立ち、保健を含む地球規模の課題の解決により主要な役

割を果たすことは、正に『積極的平和主義』の実践である。強靭（きょうじん）で持続可能な保健システムの構築は経済・社会の発展の基礎であり、国際社会の安定にもつながることから、日本は政府開発援助（ODA）も活用しつつ、世界のすべての人が基礎的保健医療サービスを受けられること（ユニバーサル・ヘルス・カバレッジ）を推進しており、また、感染症による公衆衛生危機に対する国際的な対応能力強化に向けて貢献している」と明記された。

　他の2つの貢献策の細目はそれぞれ以下のとおりであり、特に「人間の安全保障」の言及はない。

②繁栄への貢献～〈新たな開発協力大綱〉〈気候変動〉〈防災〉〈科学技術の外交への活用〉

③平和への貢献～〈軍縮・不拡散への積極的取組〉〈国際平和協力の推進〉〈テロ・暴力的過激主義対策・難民支援〉〈法の支配の強化への積極的取組〉

　冒頭で紹介した、国連加盟60周年の記念式典での安倍総理の「人間の安全保障」に関する発言「人間の安全保障の考え方の下、一人ひとりがその豊かな可能性を実現できる社会こそが、平和の礎です。一人ひとりの人間に重きを置いて教育・保健医療の普及、そして女性を支援してきたのは、その実践です」とも完全に一致する内容である。

第4節　国際社会における「人間の安全保障」の地位

　2012年の拙著『入門 人間の安全保障』の第3章「『人間の安全保障』概念の形成と発展」において、筆者は2010年4月の人間の安全保障に関する国連事務総長報告（A/64/701）や同年7月の人間の安全保障に関する国連総会決議（A/RES/64/291）、2012年4月の国連事務総長報告（A/66/763）や同年9月の人間の安全保障に関する国連総会決議（A/RES/66/290）などを挙げ、「人間の安全保障」が登場後20年を経て国際社会において主流化され、「人間の安全保障」概念の共通理解の合意を得たと結論付けた[9]。日本を中心

とする推進国の一貫した取り組みがあったことと、「人間の安全保障」の概念が、開発途上国における生存条件の問題や国家間紛争による欠乏、恐怖にとどまらず、最近では、国際テロや犯罪、地球温暖化、巨大自然災害など、国家としての枠組みを超えた脅威をも対象にするようになったこと、米国のイラク撤退、欧州のユーロ危機といった絶対的な政治力が衰退しつつある中で、「人間の安全保障」概念が見直されていること、米国を襲ったハリケーン・カトリーナ（2005年8月）、オーストラリアで発生した大規模な山火事ブラック・サタデー（2009年2月）、そして、日本の東日本大震災（2011年3月）などを経て、先進国においても、大規模災害時の被災者の「人間の安全保障」の確保が重要課題になったことを背景として挙げた[10]。国家の枠組みを超えて個人に光を当てる考え方は「人間中心主義」という形で国連の施策に生かされ、世界各地の大学で教えられてもいる[11]。しかしながら、こうした国連文書や決議を離れ、また国連人間の安全保障基金を離れ、「人間の安全保障」はどのような地位にあるのか。先にみたような「人間の安全保障」の強みが生かされているのだろうか。

2015年11月5日付の朝日新聞朝刊紙上に、『「人間の安全保障」広がらぬ輪』と題した記事が掲載された[12]。ここで前出の田瀬は日本の試みは「半分成功、半分失敗だった」とし、その理由として概念の明確な定義ができず「あいまい」と批判された点、他国の協力を十分に取り付ける前に日本単独で事業に400億円超という巨費を出してしまい、仲間を呼び込めなかった点を挙げた。

田瀬は「人間の安全保障」と防災をめぐる筆者との対談においても、「人間の安全保障」が国連で完全に主流化してこなかった原因として、（1）人間の安全保障基金がOCHAにありながら、緊急人道支援には使えず、結果

9）長（2012）102-109ページ。
10）長（2012）108-109ページ。
11）朝日新聞「『敗戦国』発、理念と壁　戦後70年・第7部・国連と日本：上」2015年11月5日付け朝刊（朝日新聞WEB新書「国連と日本人　過大な期待と幻滅・反感はなぜ生まれたか」2015年11月4日、5日）。
12）朝日新聞、同上。

として、組織的・マンデート的なギャップが生じた点、(2) 2005年にOne UN改革[13]が始まった頃、「人間の安全保障」は、まだようやく総会決議で認められた段階で明確な定義や意味が合意されておらず、その後10年にわたり国連開発グループ (UNDG)[14] の文書にまったく反映されなかったこと、(3) 日本の財政的貢献が大きすぎて、「日本がやっているもの」という感覚になってしまったこと、などを挙げている[15]。

田瀬はまた、パキスタンで国連広報センター長をしていた際に、国連カントリーチームで「人間の安全保障」が議論されたことは、人間の安全保障基金の話を除いて一度もなかったと指摘している。筆者にも同様の経験がある。筆者は2012年から2015年まで、大規模な災害や紛争への緊急対応と、ドナーからの援助が行き渡らない資金不足の人道状況（いわゆる「忘れられた危機」）への対応を可能にすることを目的にOCHA内に設置された国連中央緊急対応基金 (CERF: The Central Emergency Relief Fund) の諮問委員を務めたが、年2回行われた審議の中で、「人間の安全保障」について言及されたことは一度たりともなかった。「人間の安全保障」という概念がまさに有効と思われる場面・文脈においてもであった。

なぜ「人間の安全保障」という言葉を使わないのか、似たような場面がくりかえされるたび、疑問を抱き、他のメンバーに聞いてみると、「人間の安全保障は政治的な概念」、「流行り言葉で実践的な内容が明らかでないから」というような答えが返ってきた。

日本国内において、「人間の安全保障」を取り巻く状況はさらに厳しい。外務省においてさえ、一部の人たちのみが推進しているという感が拭えな

---

13) 国連の諸機関が支援を展開する国々において、諸機関がひとつになり、より調整された支援を提供するための改革。
14) 1997年にコフィー・アナン国連事務総長（当時）の国連改革の提案により発足した、150以上の国で活動する国連の基金、プログラム、専門機関を調整するグループ。UNDP総裁が議長を務める。2008年からは、国連の代表会議の三大会議「Chief Executives Board for Coordination」の一つとなった。
15) 国連フォーラム「国際仕事人に聞く第18回　長有紀枝×田瀬和夫『援助は一番大事なことはできない』～防災と人間の安全保障」(2015年2月28日掲載)。http://www.unforum.org/interviews/18.html

い。開発協力という文脈を越え、日本が、内政にも外交にも首尾一貫して、「人間の安全保障」の実践を貫き、一つのモデルケースを示していれば、国際社会での「人間の安全保障」に対する認知も、また日本に対する見方も、異なるものになったのではないか。しかし、日本の中で政策として認知されておらず「人間の安全保障」の実践の場であったはずの東日本大震災の文脈でも、政府が「人間の安全保障」概念を使用することはなかった。

第5節 「人間の安全保障」を外交方針に活かすには

「人間の安全保障」は日本外交の指針・日本の精神的支柱たりうるだろうか。
　歴代の政権により濃淡はあるものの、その登場以来、少なくとも、日本の外交文書にはそう謳われている。しかしながら、「人間の安全保障」が、国際協力やODAではなく、その上位概念である日本外交そのものの柱として扱われたことは、実は小渕政権、森政権を除いてなかったのではないだろうか。
　田瀬は先の新聞インタビューに答えて、「人間の安全保障は、ほぼ初めて、日本が思想的な部分で国連に貢献しようとした初の試みで、実際に多くの人を救った。でも、立派な概念をどう国連の議題の真ん中に持っていくのかという戦略を描けなかった」[16]としている。

1．「人間の安全保障」を内政に活かす

筆者は、「人間の安全保障」が真の意味で、国際社会で、あるいは国連で主流化されず、また、田瀬の言葉を借りるなら、主流化する戦略を描けなかったとしたら、それは、「人間の安全保障」概念が、外務省という一省庁の枠の中にとどまり、日本国内で、痛みを伴いつつも、あらゆる政策に一貫して適用しようという姿勢が欠如していたからではないかと考えている。例え

16）朝日新聞朝刊、2015年11月5日付。

ばジェンダーや男女共同参画は、霞が関の省庁はいうに及ばず、地方自治体においても、多くの担当部署があり、政策・施策に生かす試みがなされている。他方、「人間の安全保障」はODAの一部、あるいは途上国対策として理解され、外務省の外に広がったことはない。国内で活かす視点がない、ということであれば、日本ブランドとして国際社会で主流化する可能性は皆無であったに違いない。

　イギリスの政治学者メアリー・カルドー（Mary Kaldor）は、『人間の安全保障』と題したその著書において、国内避難民は自然災害によるにせよ戦争によるにせよ、現代の危機の典型的な特徴であり、「人間の安全保障」を測る上で、もっとも適した指標となると述べている[17]。この書が記された2007年時点においてこの文脈が、紛争地あるいは自然災害に見舞われた途上国を念頭に置いていたことは明白だが、この指摘はその後、先進国を襲った大規模な自然災害において、とりわけ東日本大震災と東京電力の福島第一原子力発電所の事故を経験した日本において、重大な示唆を与えている。

　実際、福島の避難民は、その規模（自治体ごと、役場ごと）、複雑さ（二次避難、三次避難、四次避難など）、時間の長さ（半永久的）のいずれにおいても、難民・避難民問題として表れる世界の人道危機の中でも重大かつ深刻な事例である。日本が世界に発信する理念として、「人間の安全保障」を打ち出すのであれば、まずは日本国内で浸透させる努力や施策が必要ではないだろうか。

　また内政にあっても、社会の周縁の人をつくらない、あるいは少なくともそう努力する。すべての人の安全を保障することは不可能であっても、それを目指すことはできる。典型が福島の原発事故である。事故前、原発の保守点検の際の一定の被ばくについて、東京電力の労組は事故以前から危険なので下請けに出していたという指摘がなされている。この場合、東電の職員は守られるが、その危険な仕事を誰かもっと立場の弱い人たちがやらなければならなくなる。つまり社会の周辺で皺寄せを被らなければならない人たちが

---

17) Mary Kaldor, *Human Security: Reflections on Globalization and Intervention*, Polity Press 2007, p.183.

出てくる。歴史に「もし」はないが、もしも保守点検に関わる人たちの安全が100％守られるようなシステムになっていれば、事故もその後の悲劇も起きなかったかもしれない。

このように考えるなら、この人は犠牲になってもいいというような人をつくらない、排除する外側の人をつくらないという努力が、（たとえそれが現実的には不可能なことであったとしても）「人間の安全保障」的な社会、ひいては「人間の安全保障」の主流化、日本の国際社会での地位の向上につながるのではないか。

内政のみではない。先の2016年の外交青書の第１章「2015年の国際情勢と日本外交の展開」の「１　情勢認識」の「（４）対応を迫られるグローバル・イシュー」において、そのトップに掲げられたのは難民問題であり、以下の記載がある。

【難民問題】
現在、世界では紛争や迫害により居住地を追われた難民や国内避難民の数は約6000万人にも上るといわれ、その数はここ数年大きく増え続けている。中東・アフリカの政情が不安定な地域が難民・国内避難民の主要な発生地域となっており、特に2015年夏以降の欧州への難民流入は、国際社会の喫緊の課題となっている。

保健医療のみならず、こうした難民問題にどう「人間の安全保障」を生かすのか。難民受け入れをどのように考え、どのように首尾一貫させていくのか。首尾一貫させることはいきなり数千人、数万人単位の難民受け入れを表明することではない。「人間の安全保障」の指針に照らし、進むべき政策・あるべき社会の姿を描き、そこに向けて、できるところから努力していくこと、たとえそれが、年に数十人単位の受け入れであっても、首尾一貫した目標に向けての第一歩であるなら、大きな社会的インパクトを持つのではないだろうか。

「人間の安全保障」をODAやJICAの指針を越えて、日本の外交の指針として位置づけ、活用することは理想主義の産物ではなく、日本が国際社会

の一員としての責務を果たし、国際社会で名誉ある地位を占めるのみならず、軍事力によらない安全保障の手段として、現実主義に基づいたきわめて戦略的な判断である。

2．「予防」の重視

　「人間の安全保障」を事後の対応のみならず、改めて災害予防の視点から位置づけ直す取り組みとすることは、東日本大震災を経験した日本から発信できる強みである。同時に、日本のODAや国際平和協力、PKOの派遣についても、「人間の安全保障」の「予防」の側面を重視した戦略をたてることが可能ではないだろうか。唯一の問題は、予防が成功しても誰も証明できない点であるが、この問題を考えることは今後の課題としたい。

　「人間の安全保障」を日本の支柱とするのに、一つ指針にできる言葉がある。文化人類学者で、日本初のスワヒリ語辞典を編纂した言語学者でもある故・西江雅之が筆者の学生時代に口にした言葉である。「文化に優劣はつけられないが、良い文化、目指すべき文化はある。よい文化とはその中に生きている個人個人の犠牲がもっとも少ない文化である」[18]。

　まさに「人間の安全保障」が目指す文化ではないだろうか。

章扉写真について：
シリア難民のナビアさん（30歳）は、3人目の子供を身ごもり妊娠7か月のとき、砲撃を受けて右足に大けがを負った。夫は、同じ砲撃で亡くなった。トルコに逃れたナビアさんは、歩くことができなくなった体で出産。不自由な体で異国で3人の子育てをしなくてはならないストレスから、うつ状態となった。日本の政府の助成を受け、日本のNGO・難民を助ける会がナビアさんに歩行補助具を提供し、リハビリを支援。歩けるようになり、家事や子育ても自分でできるようになった現在は、以前のうつ状態から脱し、「ポジティブになれるようになった」という。

---

18) 長有紀枝「難民を助ける会理事長ブログ 第18回・西江雅之先生の思い出」2016年6月14日。http://www.aarjapan.gr.jp/activity/blog/2016/0614_2072.html

第10章

国連安保理改革と日本

人間の安全保障と平和構築の役割を担うには

大島賢三
元国連日本政府代表部常駐代表、
元 JICA 副理事長

第7代国連事務総長（1997年1月－2006年12月）を務めたコフィ・アナン氏（右）と国連大使時代の筆者（左）

はじめに

　前章で長教授が力説されている「人間の安全保障という政策概念を積極的に日本外交に活かしていく」ためにも、国連の制度改革は必須であろう。

　本年（2016年）は国際連合の誕生から71周年、日本の国連加盟から60周年の節目に当たる。国連の70年余を大所高所から全体としてどのように評価するか、立場により見方によってさまざまであろう。第2代国連事務総長ダグ・ハマショールドの有名な言葉、「国連は人類を天国に連れて行くためでなく地獄から救うために創られた機関である」と、国連の前身である国際連盟が「第二次世界大戦を防ぎ得なかったこと」を想起すれば、国連はこれまで一応の成功であると総括して良いのであろう。国連事務総長および国連機関・組織がノーベル平和賞を今日まで18回にわたり受賞していることも、国連に対する積極的評価の現れであろう。

　しかし、大戦争に至らなかったとしても、国際社会は、戦後40年余り続いた冷戦期にも、また、その後21世紀を迎えた世界にあっても、アジア、中東、アフリカを中心に地域紛争、内戦などが数多く発生し、平和の破壊、大量殺戮、人道危機といったさまざまな危機や悲劇を経験してきた。こうした難題に直面して、はたして有益な役割を果たし得ているかとなると、国連の無力さ、その限界を嘆く声がよく聞かれるのが現実だ。

　しかし、無力だ、弱体だと言って国連組織を解散に持ち込むわけにもいかない。また、創設から70年もたつと組織疲労は免れないし、諸国間のパワーバランスにも大きな変化が生じている。だとすれば、現実的な選択はただ一つ、唯一にして正統性ある普遍的存在としてのこの世界組織が、国際社会の期待に少しでもよく応え得るように、衆知を集め世界の現状をよりよく反映する組織へと改革努力を続けていくほかない。思い切った国連改革が必要とされる所以である。

　その観点から、創設60周年を記念する2005年の国連首脳サミット会議は一つの重要な節目となった。ここで国連の大幅改革の必要性が再認識されて「成果文書」と呼ばれる改革のパッケージが採択された。事務局改革、総会

など主要機関の決議に基づく各種のマンデート（任務付与）の見直し、「人権理事会」、「平和構築委員会」など新組織の設立、「人間の安全保障」や「保護する責任」といった新概念の登場など、包括的な改革・改善に向けた方針が打ち出された[1]。この成果文書の作成をめぐる加盟国間の交渉は難航を極めたが、平和の維持、紛争解決、開発、人道、環境といった国連システム全体にとっての主要課題により整合的に取り組むための青写真と、いくつかの具体策が打ち出された意義は高く評価されてよい。

また、それから10年後、創設70周年の首脳サミット（2015年）では、世界規模の開発指針である「ミレニアム開発目標：MDGs」の後続プランとして「持続的開発指標：SDGs」が採択された意義も大きい[2]。

問題はこうした改革の青写真や計画・目標を着実に実行に移していくことである。各国や各グループ間の利害関係、思惑などが錯綜するので前途は決して容易ではないが、21世紀社会に相応しい組織に脱皮していけるか否かが、国連事務局を含め国連組織全体、ひいては加盟国全体にも問われている。

国連組織の中でも最重要任務を担うのが「国際の平和と安全の維持」という重い責任を付託された安全保障理事会である。その安保理の改革必要性は遍く認識され、論議は盛んに行われてきたが、目に見える具体的な進展は見られていない。筆者は、2004年末から2007年まで2年半にわたり、ニューヨークの国連日本政府代表部常駐代表（国連大使）として、この安保理改革に直接かかわる機会を得た。そこで本章では、この問題に焦点を当て、経緯、論点を整理し、日本の立場、今後の見通し等の問題に立ち入ってみたい。

1）総会決議 A/RES/60/1（2005年9月採択、全部で178パラグラフに及ぶ）。
2）総会決議 A/RES/70/1（2015年9月採択、2016年～30年の間に達成すべき17の基本目標と169のターゲットを設定）。

第1節　安全保障理事会の評価、改革に向けての始動

1．冷戦時代と冷戦後の安保理

　大きな紛争、内戦、深刻な人道危機などが発生するたびに安保理がその役割を果たすことに期待がかかる。しかし、拒否権を持つ常任理事国（ことに米、中、露）の間で利害対立が露わになれば、合意が阻まれて機能を発揮できない。拒否権という絶大な権限が各常任理事国に認められている以上、これは安保理に宿命のようなものである。

　冷戦時代には、米ソ対立の正面舞台となり、拒否権の応酬が日常茶飯事となって深刻な機能不全に陥ったことは周知の通りだ。冷戦終結後はどうか。東西対立の構造が消え、米国の「一極支配」の下で、一時は安保理が機能をとり戻すかに見えた。まず、冷戦終結の矢先に突発したイラクによるクウェート侵攻（1990年）の場面では、イラクのあからさまな侵略行為の排除のため、米国主導の下に多国籍軍が組織され、その武力行使をめぐり、国連安保理は多国籍軍の活動の正当性を認める決議を次々に通し、国際的な"お墨付き"を与えた（湾岸戦争、1991年）。

　その10年後、米国同時多発テロ事件（9.11）に発するアフガン戦争（2001年）の場面でも、多国籍軍の形成、安保理決議によるお墨付き付与の形は踏襲された。

　こうして、冷戦後の約10年間は平和と安全、武力行使に関わる問題について、安保理は（国連憲章が規定する第7章下の軍事的制裁措置そのものではないにせよ）多国籍軍の活動承認という形で、一定の機能を果たし存在感をとり戻した。結果として、クウェートからイラク軍は放逐され、また、アフガニスタンでは、9.11テロ事件の主犯「アルカイダ集団」を匿ったとされるタリバン政権は崩壊に追いやられた。

　しかし、この形は長くは続かなかった。転換点となったのが、湾岸戦争の延長線上で米国ブッシュ政権が、（核兵器開発疑惑を根拠に）イラクへの軍事介入に踏み切ったことである（イラク戦争、2003年）。この場合も、米国は、湾岸戦争やアフガン戦争のときのように、安保理のお墨付きを得んと審

議に持ち込んだ。しかし、このケースではフランスやドイツ等の反対に遭って国際支持とりつけに失敗し、決議を断念して米英主導の一方的な武力行使に踏み切らざるを得なかった。

　この一方的行動がその後どういう事態を招いたか。武力介入によりイラクのサダム・フセイン政権が崩壊に追いやられた後のイラク情勢は混迷を深め、隣国シリアなど中東周辺国に混乱が波及し、ひいては極端なイスラム過激主義（イスラム国：IS）の台頭まで招いて、今日の中東地域の大混乱へと事態が悪化している。

　現下のシリア内戦ではロシアが政府側に加担し、米欧が反政府軍を背後で支える形で代理戦争の様相を見せてさえおり、紛争根源の政治解決にも、また、多数のシリア難民が発生し最悪の人道危機が生じている事態に対しても、国連、そして安保理はほとんど有効に機能しえない状態に陥っている。

　21世紀に入り、ソ連崩壊後はしばらく国力が落ち込んでいたロシアが徐々に"復権"を果たし、また、中国が目覚ましい台頭を見せる中で、中国・ロシアの連携が進んでいる。他方で米国の相対的地位低下が言われるようになって「一極支配」構造に揺らぎが生じている。こうして米国（および西欧）と中・露の間の亀裂が深まり、「新冷戦」とも呼ばれる構造に転化していくとなると、今後安保理における主要大国間の協調はますます難しくなり、機能不全の様相を強めることにならないか、危惧される。

2．安保理改革の試み（OEWG、ラザリ・プロセス）

　安保理の構成が、国連創設期の頃はともかくとして、今日の国際社会のパワーの実態を十分に反映していない、拒否権などはもはやアナクロニズム（時代錯誤）で廃止すべし、といった安保理のあり方や正統性を問う声は、長い間にわたり絶えることがない。加盟国が創立当初の51か国から193か国までに膨らんだ今日、拘束力ある決定を下し得る安保理メンバーが15か国という少数のままで代表性は健全といえるのか、P5（常任理事国）の特権的地位は創設時のままでその正統性があるといえるのか、代表性や正統性に疑問が付される中で、そのような機関が下す決定の権威や正統性は大丈夫か、といった問題意識が背景にある。

今日世界における主要国間のパワーバランスも国連成立時から大きく変わり、国際情勢は複雑化の度合いを深めている。一方で中国、インド、ブラジル、南アなどの新興国が大きく台頭して影響力を強め、他方で敗戦国日本やドイツなどは経済大国、平和国家として国際貢献の実績を積んで、これまた発言権の増大を求めている。安保理を21世紀の国際社会の現状に合わせ改革すべしという要求が多くの加盟国により広く共有されるに至ったのは当然である。国連分担金拠出国として第2位の地位を占めるに至った日本はすでに80年代から国連改革の必要性を訴え、「常任理事国としての役割を果たす用意がある」ことを宣明してきた。

こうした声を反映し、国連総会は安保理改革の問題を議論の俎上に載せるため「安保理改革作業部会（Open-ended Working Group: OEWG）」の設置を決定し（1993年）、ここで具体的議論が始まった[3]。

議論のポイントは、①代表性改善（メンバー国を何か国まで増やすか、その場合、常任理事国枠を新たに増やすか、非常任理事国カテゴリーの増員にとどめるかなど）、②安保理における作業方法の改善（透明性、議事運営上の改善など）、③現常任理事国に認められた特権（拒否権）の問題などであった。この作業部会における議論では、各種提案やアイディアが出されたものの、各国のさまざまな利害・思惑の対立が表面化し、議論は収斂せず具体的成果には至らなかった。

その後の動きとして注目されたのが、総会議長であったラザリ氏（マレーシア）がリードした加盟国間の立場調整の試みである（1997年、ラザリ・プロセス）。ラザリ議長の精力的な働きかけはあったが、十分な協力が得られず途中で失速し、不成功に終わった。

3．有識者諮問委員会（ハイレベル委員会）の提案

冷戦後の世界では、開発途上地域を中心に地域紛争、内戦、大量虐殺事件、また先進国においてもテロ事件などが多発するようになり、こうした「新たな脅威」の高まりにどう対応すべきか、国連の役割はいかにあるべき

---

3) GA Resolution 48/21（1993年12月）

か、といった諸課題の検討は時代の要請ともなっていた。

　また、イラク戦争（2003年）の際、安保理で行き詰まりを経験した膝元の米国で国連批判が高まりを見せ、他の加盟国の間でも批判が高まる中で、国連側としても国連改革を進め具体的成果に繋げていく必要性が強く認識されるに至った。

　そこで当時のアナン事務総長が打った手は、有識者諮問委員会（ハイレベル委員会）の立ち上げである[4]。アフリカ（ガーナ）出身のアナン氏は、国連職員ランクの下位から最上位にまで上り詰めた異色の経歴をもち、巨大で複雑な国連組織を裏から表まで知り尽くした人物である。そのアナン氏は、かねてより国連事務局内のマネジメント改革に熱心に取り組んでおり、安保理についても、「安保理改革なくして国連改革なし」と明確にその必要性を強調していた。

　ハイレベル委員会は元タイ首相を議長に有識者16名のメンバーからなり、日本からは緒方貞子氏（元国連難民高等弁務官、その後JICA理事長）が加わった。この委員会は冷戦後の世界にあって、国際社会が直面する各種の「新たな脅威」とは何か、脅威への対処のための国際的集団行動、そのための国連の機能と組織の改革等の諸問題について高い見地から議論し、勧告をまとめることを任務とした。

4．安保理改革案（モデルA、モデルB）、事務総長報告

　当初は、安保理改革問題そのものは諮問委員会の主任務とされてはいなかったが、国連の中枢機関として安保理が存在する以上、その改革問題に立ち入らないわけには行かず、重要な関連課題として取り上げられるに至り、多くの議論を経て委員会勧告に具体的提案が盛り込まれた。注目されたのは、安保理の代表性の改善策として、2案（モデルA、モデルB）が提示されたことである。

　モデルA案は、「新たな常任理事国を追加し（拒否権はなし）、非常任理

4）Secretary-General's High-Level Panel on Security Threats, Challenges and Changes.（2003年11月）

事国も追加して合計24か国のメンバーとする」、モデルB案は「新たに任期4年の準常任理事国を設け、非常任理事国数を増やして、合計24か国のメンバーとする」提案である。委員の間ではどちらかというとモデルB案が有力であったとされるが、委員会報告はこの両案の間に優劣をつけることなく両案併記で提示した（2004年12月）。

　この委員会報告をもとに、アナン事務総長は独自の事務総長報告をまとめて総会に提出した[5]。このアナン報告においても、モデルA、モデルBのいずれかを選好することなく、両案の併記が踏襲されて総会での加盟国の議論に委ねられた。

第2節　G4の挑戦——安保理改革キャンペーン

1．G4決議案の作成

　こうした一連の動きの中で始まったのが常任理事国入りを目指した主要4か国（日本、インド、ドイツ、ブラジル。Group of Four：G4）による2004-05年にかけての外交キャンペーンである。4か国の政府首脳は国連総会の場でG4グループの結成に合意し（2004年9月）、安保理改革に積極的に取り組むこと、G4の常任理事国入りという共通目標の達成に向けてキャンペーンを始めることを申し合わせた。

　その上で、G4は国連創設60周年記念となる国連総会（2005年9月）に向け、国連総会に提出する共同決議案の作成、各国・各グループへの働きかけ、多数派工作を集中的に展開した。これを機に国連の場において安保理改革をめぐる議論は一気に熱を帯び、盛り上がっていった。G4によりまとめられ、32か国の共同提案として総会に提出された決議案の骨子は次のような内容であった[6]。

5）Secretary-General's Report: "A more secure world: Our shared responsibility."（2004年）
6）「安保理改革に関する枠組み決議案」（2005年7月）

①安保理の議席数を25まで増やす（10議席の増員）
②増員の内訳は新常任議席を6とし（アジア地域2、アフリカ地域2、ラテンアメリカ・カリブ地1、西欧地域1）、新非常任議席を4とする（アジア、アフリカ、ラテンアメリカ・カリブ、東欧の各地域にそれぞれ1議席）。
③新常任の6議席については「拒否権」は認められないこととする（ただし、例えば15年後にレビュー会議を開催し、その枠組みの中で見直しの決定があるまでの間）。

2．G4案の結末

G4による集中的な働きかけにより、相当数の加盟国がこの決議案に理解と支持を表明するに至ったのは事実である。しかしながら、この決議案を総会で採択にもちこむには、全加盟国の絶対多数（2／3の多数、129か国以上）の支持が必要になる。しかし、下記に述べるいろいろな理由で、G4の多数派工作の努力にもかかわらず、決議採択への確たる見通しが立たない状況となり、G4決議案は表決に持ち込むことなく廃案に終わらざるを得なかった（2005年8月）。同時に、アフリカ諸国が提出していた決議案（AU決議案）、コンセンサスグループが提案していた決議案も採決に付されることなく、関連した3本の安保理改革案はいずれも廃案に終わった。

第3節　挫折の理由、高い壁の存在

G4決議案の行く手には、乗り越えなければならない幾つかの壁の存在があった。最終段階で表決の道が絶たれたのは、後述のアフリカグループとの調整が行き詰まったことが直接の原因であったが、それ以外にも幾つかの困難が待ち受けていた。

1．憲章改正手続きの壁

まず、安保理改革の実現には国連憲章の改正が必要であり、この改正手続

きが厚い壁となる。日本国憲法の改正手続きもかなり厳しいが（衆参各議員の3分の2以上の賛成で発議し、国民投票に付されて過半数の賛成票で採択）、国連憲章の改正手続きはそれに輪をかけた、"悪名高い"厳しさである。すなわち、安保理の改革決議案は、まず総会に諮られ3分の2の多数の支持を得て採択された後、加盟国の国内批准手続きに付されることになるが、ここで「常任理事国の賛成を含む構成国の3分の2の多数の批准」を得ることによって初めて成立する（憲章第108条）。

現在では129か国になるこの絶対多数の支持獲得も高いハードルであるが、それ以上に、常任理事国（米、英、仏、露、中の5か国、Permanent Five: P5）の1国に反対があれば（拒否権の行使）、いかに加盟国多数の支持があろうとそこで万事休すとなる。

この21世紀の時代に、このような反民主的なパワーがまかり通るのは「時代錯誤も甚だしい」という一語に尽きるが、これが第二次世界大戦の戦勝国組織としてスタートした国際連合の今日もなお変わらない現実の姿である。

2．常任理事国の態度

その拒否権を懐にしたP5は、G4による果敢なキャンペーンに対しいかなる態度を取ったであろうか。

多数の加盟国が安保理における代表性の問題を含め幾つかの点で改革を要求していることに対し、P5は表向きは一応の理解を示した。しかし、主要戦勝国として勝ち得た安保理での常任議席と、拒否権をはじめとする特権を失うこと（それが薄められること、その意味で改革そのもの）を望んではいないというのがその本音であろう。

米国は、同盟国日本の常任理事国入りに対し理解を示し支持を明確にしたものの、G4が推すキャンペーンに対しては消極姿勢であった。英国とフランスは、G4決議案への支持を表明し、フランスは一定の条件をつけたが最後はG4決議案への共同提案国に名を連ねることに同意した。一方中国は、安保理における途上国の代表性改善など一定の限度で安保理改革支持の立場を取ったが、日本の常任理事国入りに対しては裏面で盛んに反対工作を展開した。

3．ミドルパワー諸国の壁

いま一つのハードルは、「新常任理事国議席を創設することに断固反対」を旗印に集まったグループの存在である。国連内では「コーヒークラブ」とか「コンセンサスグループ」と呼ばれるこのグループは、その数は20か国程度とされ多くはないが、"うるさ型"の有力なミドルパワー諸国が含まれている（韓国、パキスタン、イタリア、カナダ、メキシコ、アルゼンチン、アルジェリア等）。それぞれ各国の思惑や自負から、G4が常任議席を得て自分たちのチャンスが将来封じられることを面白く思わない。

代表性改善のため理事国数を増やすことには賛成するが、非常任理事国枠の増員に限るべきで、新常任理事国の枠には断固反対の立場で結束し、反G4活動を積極的に展開した。G4が新常任議席を狙う限り、G4各国にとっては"スポイラー"的な存在で、"天敵"のようなものといってよいであろう。

4．アフリカグループの共通政策、G4との調整努力

いま一つ、決議案の採択のため必要な多数支持を得る上で鍵となるのは国数が多いアフリカグループ（54か国）の動向である。アフリカ全部とまではいかなくとも、せめてその3分の2の支持を引きつけることができれば改革決議案を総会で成立させる見通しが立ってくる。

そのアフリカグループは、かねて安保理改革に関してはグループ全体として共通ポジションを持っており、いずれ独自のアフリカ案として総会に決議案が出されるであろうことも予想されていた。このアフリカ共通ポジションは、前述のラザリ総会議長によるイニシアティブ（1997年）の頃にできていたもので（「ハラレ合意」として知られる）、アフリカに割りあてられるべき安保理の新議席として「常任議席と非常任議席の双方」を求めること等を明らかにしていた。

その後2000年代に入り、ハイレベル委員会の提言、総会での改革議論、G4のキャンペーン開始により安保理改革の熱が高まる中にあって、アフリカグループとしては改めて共通立場を確認する必要性が認識されたようである。このためグループ内で15か国からなる委員会が立ち上げられ、エズルウ

ィニ（スワジランド）で勧告案が作成され、これに基づき閣僚レベルで「エズルウィニ合意」として採択された（2005年3月）。

　こうした流れの中で、G4側とアフリカグループ側の間に、双方の立場を調整して一本化し、共同決議案としてまとめ上げるための協議が進められることになった。G4決議案とアフリカ案は共通点もあれば、難しい調整を求められる点もあり、一本化の努力は必ずしも容易でなかった。共通点は「新常任議席と非常任議席」の双方において増員を求めるとした点で、これは、「モデルA」を基礎とし、双方の歩みよりの素地となった。

　他方で、アフリカグループは「拒否権付きの新常任議席」という条件を付すことにこだわりを見せたため、これが立場調整上の一つの難題となった。アフリカ側の主張は「拒否権をこの際すべて廃止するのであればアフリカとしても納得できるが、そうでない以上、新旧の常任理事国の間で差別が生じるのは認めがたい」との原則論に立つものであった。この点について現実的対応を説くG4との相違が浮き彫りになったが、妥協点を目指しての模索が粘り強く続けられ、最終的には政治（外相）レベル協議に持ちあがり、何とかアフリカ側が柔軟姿勢に転じて、一つの調整案（ロンドン仮合意）に漕ぎつけるところまで来た（2005年7月）。

5．ロンドン仮合意の挫折

　しかし、ここから先がさらに厄介であった。アフリカ側のリード役を務めたナイジェリア等の努力でG4との「仮合意」にまで漕ぎつけたものの、その内容は先述の共通ポジション（エズルウィニ合意）から逸脱するものである。そこでアフリカグループとしては、改めて首脳会議を開き、「仮合意」の線に沿った妥協案への全体の同意を取り付ける必要があるということになり、急きょナイジェリア（オバサンジョ大統領）の呼びかけでアフリカ緊急サミットが招集されることになった。

　こうして舞台は、慌ただしく招集されたアフリカ連合（AU）の緊急サミット（アディスアベバ、2005年8月上旬）に移った。ここで何が起きたか。ロンドン仮合意に基づくアフリカ案とG4案の妥協路線にはある程度の支持は示されたものの、北アフリカ勢やサブサハラ諸国の一部の国から反対が出

て、リード役のナイジェリアは孤立し、同意取り付けに失敗するという期待外れの結果に終わってしまった。

　これにはいくつかの理由があったようである。一つには、緊急サミットの招集があまりに拙速に過ぎ、事前の説明や根回し等が不十分で、その間隙を反対派グループに付け込まれたこと、また、アフリカグループとして総論レベルでは共通理解があったとしても、いざ各論に入ると各国間で、また地域間で複雑な思惑・利害関係が働いたようである。例えば、アフリカに新常任議席が認められたとして、一応有力候補国としてナイジェリア、南アフリカ、エジプトが取りざたされるが、具体的にその席をめぐりどのように調整されるのか、また、拒否権問題の扱いなど、54か国を擁するアフリカグループの内情は簡単ではない。

第4節　G4提案の挫折後の動き

1．国連60周年記念の首脳サミット

　こうして、2004年秋ころから2005年夏まで、数か月にわたり精力的に繰り広げられたG4の安保理改革、常任理事国入りをめざしたキャンペーンは成果を生むことなく、いったんその幕を閉じることになった。

　その直後、2005年9月に始まった国連総会は創設60周年に当たり、これを記念する首脳サミット会合が開催された。ここで各国首脳により採択された前出の「首脳会議成果文書（Outcome Document）」は、政治、安全保障、開発、人権、法の支配など、世界そして国連が直面する主要問題をとりあげ、また、「人間の安全保障」「保護する責任」「平和構築委員会の設置」「人権理事会の設置」といった新機軸が打ち出された。さらに「旧敵国条項」の扱いについても「削除を決意する」との表現が盛り込まれた。安保理改革問題については、次のように総括された。

・安保理の代表性、効率性および透明性を向上させ、またその実効性、正当性および安保理の決定の実施を強化するため、早期の安保理改革を全般的な国連改革努力における不可欠の要素として支持する。

・このための決定を達成するために努力を継続することとし、総会に対して、前期の改革に関する進捗状況を本年末までにレビューするよう要請する。(パラグラフ153)

2．政府間交渉プロセスの開始

1993年の作業部会設置から10年以上経っても安保理改革が実を結ばず、また、2005年のG4キャンペーンが頓挫した後を受けて、改革へのモメンタムが失われることが懸念された。そこで、モメンタムを維持し、上記の首脳会議成果文書にあるように「努力の継続」をはかるべく新たな交渉の枠組みを設けることとなり、合意されたのが「加盟国政府間交渉プロセス（Inter-governmental Negotiations: ING)」と呼ばれる新たな仕組みである（2007年9月）。

すべての加盟国が参加するINGプロセスに従い、1年近く議論が続けられた結果、安保理改革の主要点として、改めて次の5項目に整理された。
・安保理メンバーのカテゴリー問題
・常任理事国の拒否権問題
・安保理における地域代表性の問題
・拡大される場合の安保理の規模、作業方法の問題
・安保理と総会の関係の問題

その後も毎年のように、このINGプロセスの枠組みで安保理改革議論が繰り返されている。しかし、その進展は遅々としており、議論の繰り返し、蒸し返しが多く、具体的な成果にはなかなかつながらないようである。G4決議案が廃案に終わった理由は上述の通りであるが、それから数年たった後も、基本的な対立点は解消に向かう気配はなく、安保理改革をめぐる各国間や各グループ間の立場の相違、意見の対立が解消されて何らかの合意に近づく気配は見られておらず、この問題に関する国連内の「政治的天気図」に大きな変化が見られないまま、今日に至っている。

第5節　The Elders 提案——妥協策の模索

　こうした中で、G4によるキャンペーンから10年後の2015年2月、ある有識者グループにより安保理改革案が提示され、関係者の関心を引いた。提案者は自らを"The Elders"（長老者）と呼ぶ国連に詳しい国際著名人グループである。これは南アフリカのアパルトヘイト廃止に貢献し、後に大統領を務めた故ネルソン・マンデラ氏が創始し（2007年）、現在では国連事務総長を退いたコフィ・アナン氏が委員長を務めている[7]。

　この長老者グループは、21世紀の世界が直面する平和、安全、紛争、暴力など諸問題への対処において国連安保理がより強力に、円滑に役割を果たすべきこと、国際連盟が無力化に陥り第二次世界大戦を防ぎ得なかった1930年代の経験を繰り返してはならないこと等に留意し、安保理の構成と作業方法を改め、より民主的で今日の世界をよりよく代表する組織へと脱皮する必要があると強調して、4点からなる提案をミュンヘン安全保障会議（ドイツ）の場で発表した。

1. The Elders の4ポイント提案

　4つのポイントは次の通りである。
（イ）安保理に新カテゴリーの理事国を設ける。この理事国には「長期任期、再選可能」が認められる。
（ロ）常任理事国（P5）は、説明責任をしっかり果たすよう制約する。特に、ジェノサイドや戦争犯罪など多数の人命が脅威にさらされる事態において、拒否権の行使（その脅し）を控える。拒否権行使の場合には、その行使が自国の利益に基づくものではなく国際の平和と安全にかかわるものであることを公開の場で、明確に説明する。

7）ノーベル平和賞等受賞者や元大統領など10人少々がメンバーに名を連ねている（元フィンランド大統領アーティサリ氏、元ノルウェー首相ブルントラント女史、元米国大統領カーター氏、PKO報告やアフガニスタン特使と務めたブラヒミ氏など）。

（ハ）国連事務総長の任期、選出手続きの改善を図る。安保理は「一人の候補者」に絞って総会に推薦するのではなく、「複数の候補者」を推薦することに改める。また、事務総長の任期は「7年、1期のみ、再選なし」に改める。

（ニ）安保理は市民社会の声をもっと聴く現存の仕組みを強化すべきである。

この The Elders のメンバーは、委員長のアナン氏をはじめ、長くかつ深く国連に関与し、あるいは国際経験・知見に優れた一級の国際人と呼びうる人材であり、問題の所在と国連内の現実を熟知したうえで、内容の重要性、実現可能性、バランスに目配せを効かせ、4ポイント提案を世に問うたものと思われる。

2．準常任理事国についての考え方

最大関心事である理事国の拡大問題について、「長期任期、改選可能」という新しい枠の理事国（準常任理事国）の創設が提案されているが、この提案自体はここで初めて顔を出したわけではなく、第1節（3）で述べた「ハイレベル委員会」において「モデルB」案としてその原型がすでにフロートされていた。また、G4決議案をめぐる大キャンペーンの過程においても、一部の関心国から「新常任理事国の要求を実現することは無理ではないか」、「合意に達するには、"準常任"の線で妥協を模索してはどうか」といったフレンドリー・アドヴァイスがあったのも事実である。当時、「中間案」とか「暫定的解決案」などと呼ばれていた。

実は、アナン氏自身も当時からその見方に傾いていたようで、事務総長退任時の記者会見でかなりはっきりとその考えを述べていた。

　「メンバー国にとっての選択は、10年、20年かかっても完ぺきな解決を追求するか、準常任理事国の線でいま妥協の道を探るかである。後者であれば合意形成は可能であろうと確信する」

「モデルB」とか「準常任理事国」創設の案は、分かりやすく安保理の議席を航空機の座席に譬えて言えば、現状は「ファーストクラス」が5席、「エコノミークラス」が10席あるわけであるが、ここに新しく「ビジネスク

ラス」の枠を設けようということになるのであろう。ビジネスクラスが数席できれば、貢献能力の高い国で多数の国の再選支持を確保できる実力国には、100パーセントの確証はないとしても、「事実上の常任性」への道が大きく開かれることになる。The Elders による提案は、G4やアフリカグループなどが新常任理事国（モデルA案）を求めてもその実現性は乏しいと情勢を判断したうえで、妥協案としてモデルB案に沿った解決を示唆したものといえる。

3．事務総長選出方法の改善

　国連事務総長の選出については、人格、知識、経験、実務能力の見地から、安保理が最もふさわしい候補者を総会に「勧告」し、総会が「任命」するというのが国連憲章の建前である。しかし、今日までの実際の慣行は、複数の候補者の中から安保理段階で候補者を1名に絞りこんで総会に「勧告」し、総会はその候補者を「拍手で承認する」（"ラバースタンプ"を押すだけ）というのが実情となっている。これでは候補者選考過程でP5の拒否権が働き、事実上安保理が「任命」するのに等しいことになり、また、安保理での選考過程が透明性を欠き不都合でもあるので、安保理は複数の候補者を総会に推薦して総会が投票により決定（任命）する方式に変更すべきだ、というのが The Elders の提案である。

　あわせて、事務総長が5年の任期を終えて再選に臨む際、必要以上にP5に取り入ったり、中立性を損なう行動に出る可能性を封じるべく、その任期を「1期7年、再選なし」に改めることを提案している。

　この提案にはそれなりの合理性があり、かなりの加盟国の支持が見込める可能性があるが、現在までのところ実現に向けて機が熟しているようには見えない。なお第71国連総会では事務総長選出の決定に当たって、初めての試みとして各候補者が総会の場で意見を開陳して加盟国と討論する公聴会方式が導入された。これは、従前に比べ半歩前進の改善と言えるが、現行方式の基本を変えるものではなく、今後の課題として残されている。

4．安保理改革にマジックフォーミュラはあるか

以上見てきたように、意味のある安保理改革実現へのハードルは高く、あたかも高次方程式を解き明かしていくようなものであるが、どのような方程式であれば「解」を見出せるのか、膠着状態に陥った観さえある現状から抜け出す道筋はまだ見えてこない。

G4提案やアフリカ案のように、新常任議席を設ける案（モデルA）はこれから先、必要な多数支持を得られる見通しが立つのかどうか、「長期任期、再選可能」の新しい議席枠を設ける代案（モデルB）であれば妥協策として幅広い合意への道が開けてくるのか、さらに別の名案が出てくるのか、先行きはまだ不透明のままである。

さらに、The Elders 提案のように、安保理改革の項目を議席拡大の問題から、拒否権行使の際の誓約、事務総長選出過程の改善、市民社会との対話改善といった問題に視野を広げるような、方向転換を図るアプローチにがよいのか、具体的成果につながるマジックフォーミュラはまだ見通せないようだ。いずれにせよ、2005年のG4キャンペーンの経験から教訓を引き出し、柔軟な態度で今後の対策に臨む必要があるのではなかろうか。

第6節　国際連盟時代のエピソード

国際連合の前身である国際連盟の時代にも、実は似たような理事会メンバーの拡大が問題になったことがある[8]。

1919年に発足した国際連盟の理事会の構成が10か国（英、仏、伊、日の4か国が常任理事国、非常任理事国が6か国）となった当時、第一次世界大戦の敗戦国ドイツの連盟加盟問題が浮上した。ロカルノ条約（1925年）で独仏はじめ欧州和解が成立したことを受けたものであり、欧州諸国はドイツが連盟理事会に常任理事国として参加することに賛成するようになった。これに

---

8) F. P. Walters, *A History of The League of Nations*, Oxford University Press, 1952. 著者は元国際連盟副事務総長

関連して、当時のミドルパワー諸国（ポーランド、スペイン、ブラジル、中国、ベルギーなど）も常任理事国入りに関心を示すにいたり、事態が複雑化し、数か月の紛糾に陥ったが、最後は妥協が成立して拡大策がまとまった。

収拾策となったのは、（イ）理事会を10か国から14か国に拡大しドイツのみを新常任理事国として加盟を承認する（これにより常任理事国は5か国）、（ロ）非常任理事国（任期3年）を9カ国に拡大するが、ただし9か国のうち3か国以内については、連盟総会の3分の2の多数の決定で「再選可能、回数制限なし」とする、という案であった。

この3か国以内に認められる特別議席は、いわば「準常任議席」であり、今日風に言えば「プランB」に該当するのであろう。この妥協策は大国と小国の間に位置するミドルパワーの有力国（特に、ポーランド、スペイン、ブラジル）を満足させるために考案されたという。

結局のところ、ポーランドはこの妥協案を受け入れた。しかし、スペインとブラジルはあくまで常任理事国入りにこだわり、「二等国化を受け入れるわけには行かない」と不満を嵩じさせて連盟脱退を通告する措置までに及んだ。結局ブラジルのみは通告通り連盟脱退に踏み切った。これは、満州事変の扱いをめぐる不満から日本が連盟脱退（1933年）する以前のほとんど唯一の脱退ケースとして歴史に残ることになった。

第7節　日本の取るべき道

日本はなぜ安保理常任理事国入りを目指すのか。おそらく最も重要なことは、日本が安保理に「常在する」ことを重視するからであろう。「Ｐ５クラブ」の一員として加わり、そっくりその特権・特典を共有し、国の名誉欲を満足させたいためではない。

戦後70年を過ぎ、日本は、国連憲章上は国連組織のアンチテーゼ（旧敵国条項の該当国）ながら、国連加盟後の60年、「優等生」として国連活動の多岐にわたり真摯に積極的貢献を重ね、実績を積み重ねてきた。Ｇ４キャンペーンの過程で日本の常任理事国入りへの願望に対し、多数の国が支持を表明し

てくれたのは、この実績を認め、より大きな日本の貢献に期待がかけられているためであろう。

　日本は、非常任理事国としては最多の11回、安保理に選出され（国連加盟後の期間のほぼ3分の1）、国力にふさわしい役割を果たしてきている。国連分担金・任意拠出金など財政的貢献、ODA（政府開発援助）などを通じる平和、開発、人道分野、防災など各分野での貢献に加え、紛争後の「平和構築」、「人間の安全保障」の推進といった日本がリードし持ち味を発揮できる分野においても積極的な協力を続けている。将来において安保理に「常在」することが可能になれば、日本は国連においてその地位を高め、マルチ外交強化の基盤を築くことができる。これにより国際社会への持続的貢献をより強固な基盤に載せることとなり、長期的な国益につながるのは明らかである。

　また、「唯一の被爆国」など日本独自の経験と立場から、P5に行きすぎや勝手があれば少しでも抑え、安保理の代表性・正統性を高め効率化に資するべく、国際社会の信頼と期待に応えることもできるのであろう。

　G4決議案の試みは、壁に当たって廃案に終わったものの、貴重な経験になったのは確かであり、教訓も得られたはずである。今後も安保理改革の動きが続く中で、この経験を総括し、そこからの教訓を今後に生かすべきである。

　日本に残された選択肢としては、（イ）「完全な常任性」にこだわり、G4のライン（モデルA）をベースに再挑戦して巻き返しを図るのか、（ロ）新しいアプローチ（例えば、モデルBに沿った案）を視野に「事実上の常任性」「準常任理事国」の線で妥協を図り、合意に漕ぎつけるかであろう。いずれにせよ難しい選択と判断がこの先に待っている。

　もし、（ロ）の線で幅広い合意が成立するのであれば、その憲章改正と併せて「旧敵国条項」の削除のための憲章改正をも実現する道も見えてくる。これも視野において行く手を探るのが日本の長期利益に沿うことになるのではなかろうか。

第11章

日本による紛争国家からの難民受け入れ

滝澤三郎
元UNHCR駐日代表、
東洋英和女学院大学客員教授

2015年9月、ギリシャのレスボス島にたどり着いたシリア難民
(UNHCR提供)

はじめに

2015年の秋、地中海トルコ沿岸に打ち上げられたシリア難民の少年の遺体写真はシリア難民への世界的な同情と反応を呼び起こした。ドイツのメルケル首相は「シリア難民はすべて受け入れる」と宣言し、それを機に100万人を超す移民・難民がEU諸国に流入した。しかしそれは欧州諸国全体で強い反移民・反難民感情を巻き起こし、相次ぐテロ事件も加わってEUの政治危機、英国のEU離脱、さらにはアメリカの大統領選にも影響した。これら一連の事態は難民問題のダイナミズムと連鎖的影響を示している。本稿は、難民問題を「人間の安全保障」と「国家の安全保障」の間に位置づけ、日本による紛争国家からの避難民（以下紛争難民）の受け入れのあり方を論ずる。

第1節　世界の紛争難民

そもそも問題は何か？　シリア内戦は6年も続き、人口2200万人のうち40万人が死亡し、800万人が国内避難民に、480万人が紛争難民となった。これを含めた2015年末の世界の難民や国内避難民などの数は6500万人である。このうち難民の数だけで2100万人だが、その大半は国内紛争を逃れた紛争難民だ。忘れられてはならないが、外国に逃げることも出来ない「国内避難民」も4000万人に上る。2015年の世界の人口は約72億人だから、120人に1人がこのカテゴリーに属する。もし「難民国」が出来るなら21番目に人口が多い国になる。

ポスト冷戦期には、旧ユーゴスラビア、アフリカや中東で国内紛争が多発し、その結果これらの国からの紛争難民も増えている。1951年の難民条約はこのような人々を想定していなかっただけでなく、実は具体的な解決策も示していない。国際社会は「人間の安全保障」と「国家の安全保障」を両立させる努力を行ってきたが、シリア内戦などをきっかけに中近東アフリカ諸国から百万人前後の移民・難民が短期間に流入するという事態の中で欧州諸国

は混乱し、移民・難民の「閉め出し」が強化されつつある。多数の難民の存在それ自体が「人間の安全保障」の観点からは問題だが、大量流入は受け入れ国の経済的・社会的・政治的負担となって「国家の安全保障」をも脅かす。つまり難民問題は人道と政治の両面から問題なのだ。2016年9月の国連難民・移民特別総会はこれを重要課題として取り上げたが、実効的な解決策は見出せなかった。

　このような難民問題のもともとの原因は何か？　現代の国際社会の基礎単位である主権的国民国家の数は増えつづけて、今日では193（国連加盟国の数）に達するが、多くの国ではガバナンス（統治）が脆弱だ。ソマリア、アフガニスタン、南スーダン、イラク、シリアなどでは民族・宗教紛争が収束せず「脆弱国家」、「破綻国家」となった。政府が国民を守る責任を果たさないか、または果たせない「ガバナンスの崩壊状態」から一千万人単位の国内避難民や難民が生じている。難民問題の根本原因は当事国の「ガバナンスの機能不全」と「統治の失敗」である。まさに本書の第Ⅰ部で分析されている「統治機構の崩壊」こそが、難民発生の最大要因なのである。

　現代の国内紛争において民間人と戦闘員の区別がされないことも紛争難民の大量発生の背景にある。ボスニア戦争では「民族浄化」を目的に一般市民が攻撃の対象になった。シリア紛争でも政府軍、反政府軍、「イスラム国」が相争う中で、多くの町が包囲され、病院も含めて無差別な砲爆撃が行われて子供を含む多数の死者・負傷者を出している。このような国から自分と家族の命を守るために外国に逃れた人々が紛争難民だ。

第2節　国際社会の対応――難民の国際的保護

　難民の発生はそれ自体が「人間の安全保障」を脅かすが、同時に大量難民の発生は受け入れ国に経済的・政治的・社会的緊張を生み、「国家の安全保障」をも脅かす。このため、国際社会は1951年難民条約と1967年の難民条約議定書によって、各国の「庇護責任」と国際的な「負担分担」によって難民を国際的に保護する体制を作り上げた。1951年の難民条約は、難民を「人

図11-1 「人間の安全保障」と難民保護：2つのレベル／段階

- 難民の国際的保護（International protection）は政府が提供
  - Asylum（領土的庇護）の提供
- 国内での社会統合（Domestic empowerment）は官民が供給

種、宗教、国籍、政治的意見あるいは特定の社会集団に属するなどの理由で、自国にいると迫害を受けるかあるいは迫害を受ける恐れがあるために他国に逃れた人々」と定義している。しかし「紛争状態」にあることは迫害の理由として明示的には掲げられていない。このため紛争難民への対応は国によって異なり、国際協調による対応を難しくしている。

さて、難民の国際的保護には2段階があるといえる。第1段階は難民の国内への受け入れだ。受け入れの中心は庇護を求める人々の難民性を審査し、難民と認定した場合に定住を認める「庇護制度」だ。受け入れられた難民を迫害の恐れのある国に強制的に送り返すことは認められない（ノン・ルフルマンの原則）。もうひとつの受け入れは、ある国に多数の難民が流入する場合、他の国が一部を引き受ける「第三国定住制度」だ。いずれの方法も難民を自国領土内で庇護して「恐怖からの自由」を提供するという点で、「人間の安全保障」における「プロテクション（保護）」の機能を果たす。

難民の国際的保護の第2段階は、受け入れ国内で難民が経済的に自立して定住し、社会的な統合が果たせるようにすることだ。難民として受け入れられても、その国で安全に暮らしていけないのでは意味がない。このため難民条約は、受け入れられた難民に対して原則として自国民または永住外国人と

同等の就労や教育、社会保障を与えることを加盟国に求めている。難民が自分の持てる潜在力を活かして自立し、「欠乏からの自由」をも獲得できるようにするという点で、この段階は人間の安全保障における「エンパワーメント（能力強化）」のプロセスだといえる。

このように難民の「人間の安全保障」は、領域内で庇護する国際的プロテクションと新たな国での自立を支援する国内的エンパワーメントから成りたつ。領域内での庇護は「一時的」な行為だが、国内的なエンパワーメントの達成は時間を必要とし社会的・経済的・政治的費用も伴う。難民の流入数が大きければ大きいほど費用も増える。そのため各国は難民受け入れに消極的になりやすい。

第3節　国際公共財としての難民保護

難民の国際的保護には難民の命と安全を守るという人道的価値（人間の安全保障上の価値）と、難民流入による混乱を防止する政治的価値（国家の安全保障上の価値）があり、どちらも地球上のすべての人々と国家にとって望ましい「国際公共財」である。そして国際公共財はどの国（何人）でも利用でき（非排除性）、多くの国（者）が利用しても減らない（非競合性）という性質を持つ。だれでも利用できる公園のようなものだ。どのような外国人でも庇護申請はできるし、ある難民（申請者）が庇護されたからといって他の難民（申請者）の庇護が拒否されることはない。ある国が難民を引き受けてくれれば他の国は何もしなくても済み、国内的問題も起きない。このため、難民保護制度には費用を払わないで財を利用する「ただ乗り」の可能性がつねに内在する。

「ただ乗り」は今日では世界のいたるところで見られる。まず個人（と集団）のレベルで検討してみると、「経済移民」による難民制度への「ただ乗り」が激化している。人口が急増するアフリカ諸国での「経済の失敗」は失業と極度の貧困を招き、先進国に活路を見出す数百万人の「経済移民」を発生させている。彼らの多くは、単により豊かな生活に憧れる人々というより

は、「生き残るために」外国に向かうという点で「生存移民」(survival migrants) と呼ぶことができるが、そのような人々を受け入れてくれる国はない。そこで彼らは難民と一緒に豊かな北側諸国に移動し、難民であると訴えて庇護申請をする。EU諸国を目指す中東からの紛争難民には、サブサハラ諸国や東欧諸国からの「生存移民」や経済移民が多数加わる。2015年のドイツでの庇護申請者は100万人近いが、その半分はアルバニア、コソボ等の東欧諸国出身者であった[1]。庇護申請は必ず受理され、難民性の審査が完了するまで「ノン・ルフルマン原則」によって強制的国外退去はされない。しかも難民認定審査が半年以上かかる場合には庇護申請者に稼働を認める国が多く、これが庇護申請へのインセンティブとなっている。

　このような移民の存在は難民認定制度の運用を難しくする。もともと難民と(生存)移民を発生原因によって区別することは難しい。貧困が紛争に至りその中で迫害が起こることもあるし、長引く国内紛争が経済の崩壊と失業、極度の貧困をもたらすこともある。紛争難民の原因である迫害・紛争と(生存)移民の原因である貧困は相互に絡み合い同時的に存在する。そのなかで保護すべき難民だけを選別するのは至難だ。1951年難民条約制定当時の難民の多くは、共産主義諸国から西側に逃げてくる比較的少数の「政治亡命者」であり、冷戦の文脈では彼等は歓迎された。今日私たちがメディアを通して見るのは数百万人の「紛争難民」と、「機会」を求めて国際移動する経済移民の「混在移動」である。先進国は「移民を難民として保護してしまう国家の安全保障上の危険」を「難民を移民として排斥してしまう人間の安全保障上の危険」よりも重視するようになった。

　中東の移民・難民が数千キロも離れたドイツに押し寄せる姿には驚くが、SNSやGPS付きのスマホなどのIT技術の急速な発達が、人々の国境を越えた移動を容易にしている。スマホで自らの位置と国境管理情報を得て最適ルートを探せるし、スマホを使った送金サービスも出現し、移動の際に多額

---

1) ドイツ移民難民庁 (Federal Office for Migration and Refugees), "Migration, Integration, Refugees: Political Developments in Germany in 2015." http://www.bamf.de/EN/Startseite/startseite-node.html より。

の現金を持ち運ぶ必要性が薄れている。難民は単なる「逃げる人」から「選択する（できる）人」になった。移民・難民の「移動能力」が高まる中で、難民はドイツなど欧州の一部の国に集中し、過重負担をかけている。移民や難民に「人気のある国」は、地理的に近いこと、相互扶助を可能にする同国人コミュニティがあること、旧植民地宗主国との歴史的な繋がりがあること、国のイメージ・評判（民主的、人権尊重、法の支配など）が良いことなどがある[2]。ビザ発給の容易さも目的国選択を左右する。

　国家レベルでも、難民を他国が受け入れるのを期待する「ただ乗り」が発生し、難民保護という国際公共財の「過小供給」が起きやすい[3]。欧州への移民・難民の大量流入は、彼らを「国家の安全保障」への脅威とする「安全保障問題化」（Securitization）言説を強めた。2015年11月のパリ同時テロ事件では、実行犯数人が難民を装ってシリアからフランスに入国したことが判明し、移民・難民のイメージを急激に悪化させた。また、「異質な人々」の大量流入は社会的摩擦を引き起こしやすいし、経済的にも大きな負担となる。OECD加盟先進国は、難民受け入れの初年度の費用として2015年には約120億ドル（1兆4400億円）、平均でODAの9.1％を費やしている。ドイツは30億ドル（3600億円）、スウェーデンは24億ドル（2880億円）であった[4]。難民と申請者1人あたりの費用は年間1万ドル（120万円前後）にもなる。

　このためEU諸国の難民に対する政治的姿勢は極めて消極的になった。2015年までシリア難民申請者の96％を条約難民として認めていたドイツもそれを止め、支援基準も下げるなどの措置をとっている。EU諸国も難民流入規制に踏み切り、域外との国境を警備する組織を創設した。メルケル首相の当初の「難民歓迎」の姿勢は「人間の安全保障」の観点からは賞賛に値するものだったが、国民の間にある「国家の安全保障」への懸念を過小評価し、

2）Harriet Spinks "Destination anywhere? Factors affecting asylum seekers choice of destination country," Research Paper no.1 2012–13, Parliament of Australia, 2013.

3）滝澤三郎「難民と国内避難民を巡るダイナミックス：国際公共財の観点から」、『移民政策研究』第八巻、2016年。

4）OECD統計。http://www.oecd.org/dac/stats/RefugeeCostsMethodologicalNote.pdf

結果的に「難民閉め出し」に繋がったという点で政治的には失敗だった。とまれ欧州では難民と移民排斥を訴える右翼政党が伸張し、外国人の安全より自国民の安全を第一にする傾向を強めた。アメリカでも移民・難民排斥を主要政策とするトランプ大統領が誕生し、国際的連帯に代えて「アメリカの利益第一」を公言している。第二次大戦後、難民受け入れにおいても資金協力においてもリーダーシップをとってきたアメリカの突然の方針転換は、難民保護という国際公共財が最も求められるときにその供給が減る可能性を強めた。国際社会はトルコ、レバノン、ヨルダンなど数百万人の難民を受け入れている途上国の保護に「ただ乗り」する状況が続きそうだ。

第4節　プロテクションからみた日本の紛争難民受け入れ

　日本の（紛争）難民受け入れに対する消極姿勢は先進国では際立っている。2014年度の庇護申請（難民認定申請）者は5000人であったが、認定者は11人、2015年には申請者7586人に対して認定者が27人であった。2016年は申請者は1万人を超す一方で、認定数はさほどは増えないようである。480万人を超すシリア難民のうち日本で庇護申請した者は約60人だが、条約難民として認定されたのは6名だけであり、残りは本国が紛争中であるとして人道的な在留許可を得たに過ぎなかった。日本への批判（Japan Bashing）は、他の国の難民受け入れに「ただ乗り」しているということに尽きる[5]。グテーレス国連事務総長は国連難民高等弁務官であった2015年に、「日本の難民認定制度は厳しく制限的だ」と強く批判している。彼の念頭にあるのは、貧しい中で難民を百万人単位で受け入れている途上国のことであろうが、日本の難民受け入れはなぜこれほどまでに少ないのか？

　第3節で述べたように、難民の受け入れはプロテクション（保護）とエン

5）M. Dean and M. Nagashima, "Sharing the Burden: The Role of Government and NGOs in Protecting and Providing for Asylum Seekers and Refugees in Japan," *Journal of Refugee Studies*, Vol.20, No.3, 2007, pp.481-508.

図11-2　日本での難民申請者数と認定数（人）

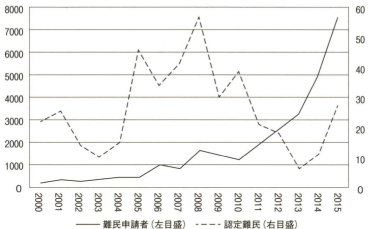

パワーメント（能力強化）の二つの段階に分けられる。日本の難民受け入れが極端に少ない理由をまずプロテクションの視点から検討してみよう。第一の理由は、日本が中東やアフリカの紛争国家から地理的に離れているため「庇護へのアクセス」が難しいことだ。来日手段は航空機以外にはなく、旅券とビザを取得しないと搭乗できないし、航空券代も高額で、ただでさえ困窮している難民にとっては難しい。日本に来る者への「地理的障壁」はきわめて高い。

受け入れ数が少ない第二の理由は、日本までたどり着いて庇護申請をしても、法務省によって難民と認定される可能性がとても低いことだ。1951年の難民条約は難民の定義だけ定め、難民認定手続きや認定基準を定めるのは条約加盟国であり、同じ国でも政策的に変わることがある。日本の法務省の「難民」の定義は狭く、かつ難民性を判断する基準の適用も厳しい。難民条約上の難民と認定されるには、「迫害」を恐れて外国に庇護を求めるということが求められるが、さまざまな資料によれば、法務省が「迫害」があると認定するための基準は概ね以下の通りだ。

① 迫害の理由が人種、宗教、国籍、政治的意見を有しまたは特定の社会的集団に属することのいずれかであること。

② 迫害の主体が政府機関又はこれに準ずる統治能力を有するものであること。
③ 迫害の対象として特定の個人又はその集団がターゲットとされていること。
④ 政府当局が国内での危害防止のために効果的な手段を意図的にとろうとしないか又はとるための統治能力が乏しいこと。
⑤ 迫害の程度が「通常人が受忍しえない」程厳しいものであること。
⑥ 迫害によって生命または身体の自由に対する重大な侵害があること。

「迫害」の認定のためにはこれら6つの基準がすべて満たされることが求められる。いうまでもなくシリア難民などがこれらの全てを満たすことはごく難しい。例えば③について、町全体が砲爆撃にさらされたアレッポから来た者が命への危険を理由に庇護申請しても、攻撃は無差別に行われて申請者が個人的に狙われているものではないという理由で、難民とは認められないだろう。④について、首都近辺では効果的な手段がとられているように見えても、地方においては公務員や警察などに住民の権利を守る意図も能力もないということはよくある。⑤や⑥についても、いつ砲爆撃で命を落とすか分からない紛争状況の中に置かれる恐怖感を日本人が理解するのは困難だろう。加えて日本の入管当局の「出身国情報」調査能力は「言葉の壁」もあって限られており、中東やアフリカの出身国に申請者が送還された場合に迫害を受ける可能性があるか否かの判断は難しく、結局は認定に抑制的な「先例」や「判例」をもとに判断が下されやすいとの指摘もある。

このように日本では紛争難民が条約難民と認定される可能性は極めて低いため、最初から難民申請をしない者が増えている。2016年でおよそ500人といわれる在日シリア人のうち、難民認定申請をした者は約60人にすぎず、残りは最初から「人道的在留許可」を求めている。ちなみに、紛争難民を条約上の難民として認めなくても、法務省は全員に「退避機会としての在留許可」を与えている。これは法務大臣の裁量による在留許可であり、条約難民として認められた場合のような権利（長期の在留許可、定住支援）は与えられないものの、当面の「恐怖からの自由」は与えられる。2015年はそのような形で在留許可を得た者は79人であり、難民認定された27人と合わせて総庇

護数は106人である。2100万人の世界の難民からすると「大海の一滴」で、日本の難民認定制度は年間で約4億円の費用がかかるにも関わらず、「受け入れによる保護」という観点からはほとんど意味を持たない。

　このような厳しい難民認定基準を維持することは、意図的ではないにしても日本に来る難民の数を減らし、結果的に他の国による保護への「ただ乗り」に至る。すべての国がそのような後ろ向きの対応をするなら、世界各国の責任・負担の分担に依存する難民の国際的保護体制は崩壊する。日本はこの点で国際社会の悪しき例となっている。

　受け入れ数が少ない第三の理由として、難民認定とは直接には関係しないが、日本の外国人受け入れ政策がある。安倍総理は、急速な人口減少と労働力不足にも拘らず「日本は移民政策を採らない」と繰り返し述べている。他方で実質的には単純労働力とされる「外国人技能実習生」は20万人を超え、政府は建築労働者や農業労働者、介護労働者の3年から5年の期限付きの受け入れには積極的である。ここから浮かんでくる日本の外国人受け入れ政策は、「外国人が日本に永住することは極力防止するが、日本に有用な外国人は例外的に期間を区切って受け入れる」ということである。この考え方からすると、建築労働者などは日本に役立つので例外的に受け入れるが、難民は日本に「負担」となる存在だからできるだけ受け入れない、ということになる。移民は受け入れない、特定分野の労働者は受け入れる、難民は受け入れないということの間に矛盾はなくなる。国際的責任（負担）分担よりも自国の利害を優先する「損得勘定」での外国人受け入れ政策であるが、このような政策は当然のことながら法務省の難民に対する消極的姿勢をもたらす[6]。

　第四の理由に、第三国定住制度の消極的運用がある。この制度は紛争難民の「庇護へのアクセス」を積極的に提供する方法である。例えばトルコなどに受け入れられたものの、そこでの定住もできずシリアに帰還もできないシリア難民などを先進国が自発的に一定数を受け入れる難民政策だ。拷問の被害者、女性や少女、病人など最も弱者である難民の「人間の安全保障」を確

6）滝澤三郎「世界の難民の現状と我が国の難民問題」、『法律のひろば』第69巻6号、2016年。

保するものだ。日本の「第三国定住」制度は、2010年にアジアで初めて開始され、タイに避難しているミャンマー難民を受け入れることにしたが、その規模は年間30人に留まり、世界で140万人を超す再定住需要に象徴的にしか応えていない。国連の呼びかけにも関わらず政府はシリア「紛争難民」を第三国定住で受け入れることに消極的で、より多くの難民を受け入れるという方向性はまったく見られない。

　第五の理由としては、日本社会の難民や移民への否定的な意識がある。リベラルと称される朝日新聞が2015年12月に行った読者アンケートでも、難民や移民の受け入れに反対する者が65％に上った。大学などでも学生から「難民にはあまり来てほしくない」といったコメントが出る。昨今のヨーロッパの混乱が難民のイメージをさらに悪くしている面はあるが、このような社会の「空気を読んで」政治家は難民については沈黙を守り、行政はその「空気を読んで」受け入れに消極的になる。「難民鎖国ニッポン」の一つの原因は外国人、とくに難民に対する閉鎖的な社会的意識にある。その中で欧米メディアが「日本叩き」を繰り返すため日本イメージが悪化し、難民が来なくなる「自己実現的報道効果」も無視できない[7]。

　以上五つの理由をまとめると、図11-3のような階層的関係になろう。法務省の難民認定が制限的なのは、法制度が難民よりも日本人の安全・安心を重視するためである。これら法制度は自国の利益だけを重視する政治的環境の制約を受け、それは内向きで閉鎖的な社会的風潮を反映する。そのような「島国根性」は海に囲まれた地理的条件の中で育まれてきた[8]。日本で紛争難民の受け入れが進まないのは、このような多層的な構造的障壁のためであろう。

　ところで日本の難民受け入れは極端に少ないが庇護申請者は急増している。どうしてだろうか？　実はこの増加は中東やアフリカからの紛争難民の増加とはほとんど無関係である。日本での難民認定申請者の数は2015年には

---

7) 例えば The Star Online 記事 "If you are a refugee, don't even bother with Japan"
8) 脳科学者中野信子は、脳内物質の特性からみて、日本には共同体意識が強く「よそ者」を排除しようとする傾向の強い者が他国より多いと述べている。「憲法と私」日本経済新聞2016年11月12日。

図11-3　難民認定への多層的制約

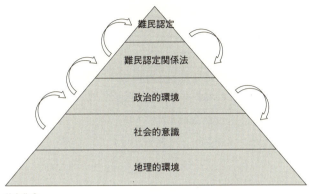

筆者作成

7586人で、2010年の5倍になった。きっかけは同年に法務省が「合法的滞在者が難民申請をした場合には、6か月経過後に一律で就労を認める」と決めたためだった。その後にネパール、ベトナム、インドネシア等の東南アジア・南アジア諸国から難民申請者が急増し、全申請の8割を占めるに至った。インドネシアからの難民申請は2014年には16人だったが、日本入国ビザが廃止された2015年には969人に急増した。これらの国で「迫害」が強まった様子はなく、経済発展は目覚ましい。とはいえ若者の失業率は高く、日本との所得格差もいまだ大きい。2014年の1人当たり所得は日本の3万6700ドルに対してネパールは730ドル、ベトナムが1980ドル、インドネシアが3440ドルである。日本の所得は ネパールの50倍、ベトナムの約18倍、インドネシアの約11倍となる[9]。このような所得格差が「押し出し要因」となって日本への移動にインセンティブを与え、他方で日本国内では労働力不足から外国人労働者への労働需要が高く「引きつけ要因」がある。日本における庇護申請者急増は東南アジア・南アジアからの経済移民による難民認定制度への「ただ乗り」でほぼ説明できる。見方を変えれば難民認定制度が単純労働者の流入チャンネルの一つになっている。

9）世界銀行統計 http://data.worldbank.org/indicator/ より。

第5節　エンパワーメントから見た日本の紛争難民受け入れ

　次に、日本の難民受け入れが少ない原因を、受け入れられた難民のエンパワーメント上の課題から検討してみよう。日本に受け入れられた難民には、①1980年代から受け入れられたインドシナ難民、②ミャンマー第三国定住難民、③難民申請が認められた条約難民、の三つのタイプがある[10]。そのほかに④難民としては認められなかった在留許可者と⑤庇護申請者がいる。このうちエンパワーメント支援があるのは①から③までである。

　日本が本格的に難民を入れたのは1980年代から35年にわたって約１万1000人が受け入れられたインドシナ難民であるが、彼らの社会統合支援は、雇用・住宅・職業斡旋に限られていた。雇用面では、職業訓練や再スキリングは不十分で、難民の持つ経験や知識は有効に活用されず大卒であっても肉体労働に従事するのが普通だった。住居については大半が民間の狭く家賃の高いアパートに住まざるを得なかった。日本語能力や職業経験不足から、難民は不安定な製造業やサービス業で働き、多くは経済的には下層に属し、日本人社会との接点は少なかった。教育面では、年齢によって学年が決まるという日本の制度に難民児童がついていけない場合が多く、高校進学に際しては学力や学費などのカベにぶつかってきた。社会保障面では収入が少なく健康保険に入れない者が病院に行かないことがあった。大半の難民は日本が自分たちを保護して「恐怖からの自由」を提供してくれたことに感謝しているものの、彼らの多くは経済的には苦しく、政治的権利もない中で身を隠すように生きてきた。言い換えれば「欠乏からの自由」は必ずしも十分ではなかった。

　2010年に始まった「第三国再定住」制度でタイの難民キャンプから受け入れられたミャンマー難民については、年間30人を上限に受け入れることにしたが、2014年までの５年間に18家族86名が来日したのみであり、「定員充足

10）インドシナ難民とミャンマー再定住難民の現状については滝澤三郎・山田満編著『難民を知るための基礎知識』（明石書店、2016年）28章-31章を参照。

率」は6割である。2015年から受け入れ対象はマレーシアの都市部のミャンマー難民に変更され、秋には18人が来日した。再定住難民の2013年における先進33か国の受入数の順位でいえば、日本は22位であり、わずかに23人を受け入れたのみだ。

　エンパワーメントの視点から見た日本の第三国定住事業の問題点の第一は、来日後の日本語訓練が半年間と短いことだ。難民の中には母国語での読み書きすらできない者もいる中で、半年間で自立に必要な日本語能力を身につけることは難しい。定住先の自治体は対応などに追われるが、政府からの財政補助はほとんどないためこれ以上の受け入れに消極的である。タイ山中の難民キャンプで長年暮らし、援助慣れした難民にとっては、高度に都市化した日本で自立する能力を身につけるエンパワーメントには時間がかかる。同国人難民コミュニティは4000人前後と小さく、エスニック・アイデンティティの違いもあってか相互扶助は難しい。永住資格や国籍取得も難しいため、法的地位が確立せず将来への大きな不安を持って暮らす者が多い。言い換えればインドシナ難民と同じような困難に直面している。

　このため、日本の第三国定住事業はミャンマー難民の間で人気がなく、難民キャンプでUNHCRが募集をかけても応募者は少ない。2012年には実際に来日した者はゼロとなり、「第三国定住で日本移住を希望する難民は多い」というのは日本側の「思い込み」にすぎないことが明らかになった。なお日本に遅れること5年、2015年からミャンマー難民の再定住を開始した韓国の再定住事業には人気があり、2016年秋には30人の枠に対して36人が受け入れられた[11]。

　条約難民として認められなかったものの、本国への帰還が危険を伴うシリアなどからの「紛争難民」に対しては、法務省は紛争が続く間の「退避機会」としての在留許可だけを与える。この場合は「帰国が原則」だから日本定住支援はない。急増する庇護申請者への支援は、生活が困窮しているごく少数の申請者に対する外務省の支援を除いては存在せず、中には路上生活を強いられる者すらいる。エンパワーメントが手薄なため、庇護申請者や認定

---

11) ミャンマー・ミジマニュース（http://www.mizzima.com/news）, 2 November 2016.

難民の「人間の安全保障」は不十分だ。

　このように、日本の紛争難民の受け入れが極端に少ない理由はプロテクションとエンパワーメント双方が弱体であるという構造的原因にある。その結果、日本に保護を求める者の数は国際的にみて少ない。2015年には130万人に上った先進国での難民申請者のうち、日本には7500人（0.6％）しか申請しなかった。毎年2万人近い難民申請者を出す中国から日本で難民申請した者は2015年で167名に過ぎず、同じく数万人の難民申請者を出すロシアからはほとんど来ない。ときどき日本に漂着した北朝鮮脱北者も庇護申請することはほとんどない。もともと少ないシリア人庇護申請者は年々減り、2016年にはゼロとなりそうである。日本が難民を入れないのか、それとも難民が来ないのかは「鶏と卵」の関係にも似るが、実態はその双方であろう。入れないから来ない、来ないから入れない、という循環が見られ、結果的には日本の庇護制度は紛争難民に見放され、その本来の意義（relevance）を失いつつある。識者の中には難民条約に加入しつづけることへの疑問を呈する者も出てきた[12]。

第6節　紛争難民の保護に向けた日本の役割
　　　　──プロテクション

　日本政府のスタンスは「難民が来なければ仕方がない、我が国で難民認定申請をしなければそれまで」であるようにみえるが、そのような姿勢はさまざまな形で自国領土へのアクセスを難しくし難民申請の機会を抑制する「ただ乗り」政策につながる。すべての国がそのような「底辺への競争」をするなら、国際的な責任・負担の分担に立脚する難民の保護体制は崩壊する。「人間の安全保障」を謳う日本は少なくとも年間200人から300人の難民を受け入れる積極策を採るべきだろう。そのくらいの受け入れ能力はあるし社会的にも受容されよう。

　プロテクションを拡大する方法の一つは難民認定基準を緩和して「紛争難

---

[12] 墓田桂『難民問題』中公新書、2016年、p.230。

民」をも条約難民と認めることである[13]。先にみた認定のための6条件を完全に満たさなくとも、いくつかに当てはまる場合には難民認定するなどの弾力的な運用をすべきであろう。あるいはEU諸国のように、難民条約の定義には当てはまらないが帰国すれば安全でない人々を難民に準じて扱う「補完的保護」というしくみを実務面に留まらず法制度面で導入すればプロテクションの対象はかなり拡大する。

　プロテクション拡大の第二は第三国再定住の拡大だ。受け入れ条件や受け入れ自治体への財政支援を加えた上で、シリア難民についても受け入れるのが望ましい。カナダは2万5000人のシリア難民を再定住させ、アメリカも1万人を受け入れた。2016年の国連難民移民特別総会も36万人の受け入れで合意するなど国際協調が進む中で、日本政府がシリア難民の再定住に後ろ向きなのは奇異ですらある。

　他の方法で難民を受け入れる道もある。ひとつは留学生としての受け入れだ。日本政府も2017年からシリア人の若者150人を留学生として(難民としてではなく)受け入れることを決めた。日本には途上国を中心に25万人ほどの留学生がおり、留学生の受け入れは社会的にも受け入れられやすい。卒業後に日本で就職すれば経済的に自立できるし、難民としてのバックグラウンドを活かして大学などで国際理解教育に貢献できよう。祖国に平和が戻った暁には、帰国して、学んだ知識と技術を使って祖国の発展に寄与する「平和構築人材」になりうる。実際、ミャンマー難民の中には後述の「難民高等教育事業」で大学を出てから大学院まで進み、民主化の進む祖国に帰国して起業した者や、日本で25年の難民生活を経て、アウンサンスーチー政権のもとで政治活動を再開した難民がいる[14]。

---

13) 滝澤三郎「シリア危機、『開国』の好機に」、日本経済新聞「経済教室」2015年10月30日。

14) その一人、ミャンマー難民のミョウ・スエ君は、2013年に東京大学「人間の安全保障」プログラムの修士号を取得。その後ミャンマーに帰国し、筆者が毎年行うミャンマーへのスタディツアーのコーディネート業務を始め、ミャンマーの平和構築と、日本とミャンマーの架け橋となる仕事を数多くこなしている。日本企業がミャンマーに進出するときも、彼の存在に期待するところはきわめて大きい。

在日難民の「家族呼び寄せ」も受け入れを増やす。家族統合は社会統合を容易にするとともに人権保護面でも意義がある。民間団体が資金を出し合って難民受け入れを支援する私的スポンサーシップも可能だ。

難民保護と労働力不足に「一石二鳥」なのが難民を社員として受け入れる方法だ。先にみたように、単純労働者は受け入れないという政策の抜け道として難民認定制度が使われ、一万数千人の庇護申請者が多くの事業所で働いている。ならば出身国なりその近隣国で日本での在留を認める「労働ビザ」を発給するのも一案であろう。ユニクロは国内外で100人の難民の雇用計画を発表して、現に難民が30人ほど働いている。難民を世界的企業が雇用するというのは単なる社会貢献以上の意味を持つ。外国語に堪能な難民を旅行会社などが直接雇用するといった形もあり得るだろう。

第7節　紛争難民の保護に向けた日本の役割
　　　　——エンパワーメント

難民の経済的自立と社会統合を支援するエンパワーメントを強化することも難民受け入れを促進する上で不可欠である。難民の受け入れは一時的だが、難民が新たな国で社会統合を果たすまでは長期のプロセスであるところ、日本ではその点での支援が薄く来日難民が苦労してきた。難民の社会統合の促進要因についてはエイジャーとストラングが開発した図11-4のモデルが知られている[15]。それによると社会統合には四つの領域に分けられる十の要因の充足が求められるが、このモデルに沿って日本のエンパワーメント対策を検討してみよう。

まず統合のための「手段」としては雇用、住居、教育、医療保険といった公的な定住支援があり、日本の支援はここに重点が置かれてきた。次に「社会的な繋がり」には、家族や友人、エスニックグループなど同質的な人々が絆で結ばれる社会的結束（bonding）、異質な集団や異なる組織の間の社会

---

15) A. Ager and A. Strang, "Understanding Integration: A Conceptual Framework," *Journal of Refugee Studies*, 2008.

図11-4　難民の社会統合指標

出所：Ager and Strang, "Understanding Integration: A Conceptual Framework."

的連帯（solidarity）、地域行政や中央政府との縦の繋がりを表す社会的連携（linkage）であり、これらは「社会関係資本[16]」とも呼ばれる。「よそ者を排除する」傾向のある日本社会から疎外されがちな難民を支援するためには、「社会的繋がり」を強化することが必要であろう。共同レクリエーションや文化イベントなどによる連帯の強化、地方自治体との連携も強めるべきだ。見知らぬ国で人生をやり直す難民にとって、社会関係資本の蓄積はきわめて重要だ。

　第三領域の「統合の促進要因」には言語と文化の相互理解、安全・安心感などがある。言葉と文化面では、日本語研修を延長し、少なくとも2年の研修で経済的・社会的に自立できる日本語能力を身につけさせるべきだろう。難しい行政手続き、学校教育、社会保障などについては母語での情報提供が望ましい。日本と出身国の地域社会での生活ルールの食い違いについてもNGOなど市民社会組織によるサポートが望ましい。

---

[16] 社会学の用語で、地縁・血縁によって人々が助け合う関係や、信頼できる助言者やモデルとなる他者がいる関係性、また必要な行政情報が手に入りやすいなど、ある人が生きて行く上で利用できる社会関係の総称。

最後に「統合の基盤」領域には権利と義務の明確化がある。日本では難民に対する無知や誤解、いわれなき差別などが見られ、最近では外国人へのヘイトスピーチなどが話題となる中で、法務省や教育界を中心に腰を据えた啓発事業が必要となる。

第8節　資金協力という方法

　難民の受け入れでは他の先進国に大きく見劣りする日本だが、海外での難民保護活動への資金協力の面では貢献が目立つ。日本政府は財政難の中でも毎年200億円前後をUNHCRに自発的に拠出しており、世界の紛争難民と国内避難民の300万人から400万人の命を救っている計算になる。しかしながら、途上国に80％以上がいる難民・国内避難民の保護に必要な資金は1兆円を超え、中でも480万人のシリア難民の大半を受け入れているトルコ、レバノン、ヨルダンなど周辺国の経済的コストは、社会的、政治的コストを別にしても膨大である。そのような国への資金的協力は今後も協力を惜しむべきではなかろう。

　多くの難民を受け入れているヨーロッパ諸国も多大な国内コストを負担している。難民1人当たり100万円から200万円、総額では年間ODA（政府開発援助）の5％から15％を難民の受け入れのために使っている。ドイツは今後数年間で2兆円もの資金を国内での難民支援のために使うといわれ、日本の国内での難民支援コストは総額で10億円前後にすぎないので、日本の負担（貢献）の総額が先進国で特に多いわけではない。何よりも難民受け入れ数の小ささが財政的貢献を割り引いてしまう。日本は「ただ乗り国家」ではないが、積極的に国際貢献しているとは言い難い。

　資金協力に際しては企業やNGO、個人など市民社会の貢献の可能性は大きい。たとえば認定NPO法人国連UNHCR協会は、2016年には約12万人の支援者から28億円もの募金を集めてUNHCRに送金している。また同協会はUNHCR駐日事務所とともに、七つほどの大学の協力を受けて年間10人ほどの難民学生の就学を助ける「難民高等教育プログラム」を実施してい

る。人道支援のための資金協力は国民の反対も少なく、伝統的に日本の強みであり、また国際社会が日本に期待することでもある。

おわりに

　日本による（紛争）難民受け入れは人道的在留許可を含めて年間100名前後に留まり、2000万人を超す世界の難民の数に比べたとき、ほとんど無視される規模である。そのため、難民保護制度の裨益者たる難民からも信頼されず、難民の「日本素通り」（Japan Passing）が起きている。これでは難民条約に加入している意味が薄れるし、「人間の安全保障」を柱とする日本の外交の信憑性が問われよう。とはいえ、政府の消極的な姿勢は、国際問題に疎く難民受け入れに後ろ向きな社会的風潮の反映でもある。

　難民・移民排斥を主張するトランプ氏がアメリカ大統領になるなど、難民の国際的保護体制が重大な危機に面する今日、日本による紛争難民の受け入れは、「人間の安全保障」と「国家の安全保障」をバランスさせ、かつ難民保護という国際公共財の供給において「ただ乗り」を避けるべくより積極的なものとなるべきだ。具体的には第三国定住制度で200人から300人を受け入れ、資金協力ではUNHCR予算の10％ぐらいの拠出を目指すべきだろう。再定住と資金協力は、秩序を好む国民性に基づいた「規律ある人道主義」の実践でもある。2018年の国連総会で宣言される難民と移民の保護のためのグローバル・コンパクトの作成において、難民保護という国際公共財の供給のために日本の官民が知恵を出し合うことが望まれる。

第12章

東アジアにおける人間の安全保障
認識共同体をめざして

峯 陽一
同志社大学教授・人間の安全保障学会事務局長・
JICA研究所客員研究員

2004年12月のスマトラ沖地震の死者・行方不明者は23万人に達した。分離独立運動で揺れるインドネシアのアチェも甚大な被害を受けた。巨大な津波によって市街地に流されてきた漁船。

第1節　人間の安全保障と規範動学

（1）消えることのないアジェンダ

　人間の安全保障は、国連開発計画（UNDP）『人間開発報告書』の1994年の号で初めて本格的に提唱された。それから20年以上が過ぎた今、かつては熱心だったけれども、もはや人間の安全保障について語らなくなった人々もいる。しかし、この考え方がすっかり消えてしまったかというと、そうでもない。誰かが興味を失うと、新しい場所で、新しい人々が人間の安全保障について語りはじめるのである。消えそうで消えない、この粘り強さの源泉はどこにあるのだろうか。

　人間の安全保障は、人権、持続可能な発展、企業の社会的責任（CSR）などと同様、国際的な公益にかかわる国際規範のひとつ、あるいは国際規範になろうとする概念である。一般的に規範（norm）とは、特定の社会において共有されている望ましい（あるいは望ましくない）行為の基準を指す言葉である。人間の社会に共通する強い規範のひとつに、「人を殺してはならない」というものがある。死刑や戦争が容認される場合でも、規範に対する例外だとみなされている。規範が明文化されると法規になるが、広くは、そのような行為基準を支える共同主観的な価値観も規範と呼ばれる[1]。規範学という学問分野は、事実を記述するのではなく、対象が「いかにあるべきか」を考究するものであり、そこには倫理学、論理学、美学などが含まれる。

　さて、冒頭の問いに答えよう。人間の安全保障が消えないのはなぜか。それは、国際社会がこの考え方を原理的に必要としているからではないだろうか。そもそも国際連合は、この用語を明示的には使わなかったものの、人間の安全保障を実現させるために組織された機関だとも考えられる。

　国際規範としての人間の安全保障の新しさは、安全を確保すべき対象を

1）法的保証を伴うものだけが権利であるという考え方に対し、アマルティア・センは、何をなすべきかに関する強力な倫理的要請（それは結果的に立法を求めるかもしれない）こそが人権を構成するという主張を展開している。アマルティア・セン（池本幸夫訳）『正義のアイデア』明石書店、2011年、第17章。

「国家」から「共同体と個人」にずらしたところにある。20世紀の2度の世界大戦においては、国民国家間の総力戦によって多くの人間たちの生命、財産、尊厳が奪われた。国連において最も強い権限が与えられている安全保障理事会は、国際の平和と安全を脅かす国家の主権を制限し、軍事的な制裁を課す権限まで（国際法的には）有している。

　ホッブズ的な現実主義とカント的な理想主義は相互に対立する世界観であると説明されることが多い。しかし、個人の相互的闘争による破滅を克服するために国家が発明され（ホッブズ）、国家の相互的闘争による破滅を克服するために世界連邦が構想される（カント）という具合に、2つの世界観は段階的に連続している。国家であれ国際機関であれ、これらの組織の一義的な目的は個々の人間の「自由の確保」としての安全であり、したがって、多層的な「ガバメント」の機能をこの目的に奉仕するものとして評価することは喫緊の重要性をもつ[2]。もちろん、国民国家の大切さを否定するわけではない。しかし、本当の意味で強い国家はその領域の内部で生活する人々の安全に奉仕する国家なのであって、その逆ではない。人間の安全保障の規範的なメッセージを凝縮すると、あらゆる水準におけるガバナンスの究極の目的は一人一人の人間に安全を保障（自由を確保）することである、という力強い命題に帰着する。

（2）複合規範としての人間の安全保障

　このように人間の安全保障の中心的なメッセージはシンプルであるが、この概念には、これまで他にも多くの意図と意味が込められてきた。人間の安全保障は、人間の安全という原理のもとに既存のさまざまな規範を組み合わせた「複合規範」として形成されつつある[3]。これまでさまざまな文書に現

2）トマス・ホッブズ（水田洋訳）『リヴァイアサン』岩波文庫、1992年。イマヌエル・カント（宇都宮芳明訳）『永遠平和のために』岩波文庫、1985年。なお、自由を確保すること（securing freedoms）とイデオロギーとしての自由主義（liberalism）は区別されなければならない。

3）栗栖薫子「人間安全保障『規範』の形成とグローバル・ガヴァナンス」『国際政治』第143号、2005年、76-91ページ。

れた人間の安全保障の定義を総括すると、「国境を越える脅威に抗して、上からの保護と下からのエンパワーメントを組み合わせ、個人と共同体に3つの自由（恐怖からの自由、欠乏からの自由、尊厳をもって生きる自由）を保障する公共行動」ということになるだろう。ただし、これだと「ごたまぜ」で、複雑すぎる印象を受ける。

しかし、この定義を注意深くみていると、確立した既存の規範の要素に新しい要素を組み込むことで、概念が動態化されていることがわかる（第1章参照）。第1に、「恐怖と欠乏からの自由」という確立した概念を所与としつつ、「尊厳」（dignity）という第3の要素を持ち込む。恐怖と欠乏から自由な世界をめざすという表現は、世界人権宣言にも日本国憲法前文にも盛り込まれており、これらの2つの自由は自由権（civil liberties）と社会権（social rights）に代表される。それに対して尊厳は、かけがえのない権利を有する他者の「存在そのもの」に敬意を表明するという、自由の普遍化をめざす実践に不可欠な態度に対応している。尊厳のあり方、すなわち敬意の表明の仕方は、ローカルな文化的コンテクストにも依存する。

第2に、文字通りに「保護する責任」（R2P: Responsibility to Protect）の柱となっている「保護」の実践の対になるものとして、人々に対する下からの「エンパワーメント」という要素を持ち込む。そこには、援助依存の長期化をできるだけ回避するとともに、援助者が被援助者の主体性を一義的に尊重することが重要だという含意がある。個人に加えて共同体や自治体の力を強めることで、国民国家への過度の集権化も制約を受ける。このように、既存の人権と人道援助の規範に対して文化とエージェンシーの要素が接ぎ木されたことは、人間の安全保障の新しさとしてもっと注目されるべき側面であろう。

さらに人間の安全保障を動態化する力の第3の源泉として、人類の社会が複合的な危機にさらされているという自覚がある。人間の安全保障の最初の体系的な提唱者となったパキスタンの経済学者マブーブル・ハクは、こう記している。「人間の安全保障という新しい概念は、強力で革命的な理念であり、私たちの生存そのものに対する共通の脅威という認識を通じて、私たち全員に新たな倫理の受け入れを求める。……偉大な宗教は、多くの場合、そ

のメッセージの崇高さによって人間の精神を動かすが、そのメッセージはまた、最後の審判の恐怖をも伝えている。人間の変革の多くは人間の生存についての恐れから生じる」[4]。

(3) 規範の地方化

現代の国際規範がこのように複合的になるのは、規範の決まり方が関係している。そもそも、規範の決め方についても規範的なプロセス（決め方の基準になるような望ましいプロセス）が存在すると考えられる。賢人が集まって人類の共通善を明文化し、これを上から下に、中心から周辺に向かって普及させるという方法も考えられるだろう。しかし、実際に行われている規範形成のプロセスは少し違っている。理念が規範として定着するためには、それが法的取り決めであろうがなかろうが、構成員の心的態度のなかに内面化されなければならない。そのためには、中心と周辺において、できるだけ多くの関係者が、規範を受け身に待つのではなく、その生成のプロセスに能動的に参加することが望ましいのである。

国際規範にはライフサイクルがあるとされる。まず、「規範起業家」によってある規範が提案される。それが一定数の国々に受け入れられると、一気に拡散し、それから各国に（法制化を含めて）内面化されていく[5]。ただし、インド出身の国際関係学者アミタフ・アチャリアが東南アジアにおける安全保障レジームの事例を通じて明らかにしたように、規範は地方の空間において抵抗を受けたり、もともと地元にあった規範と接合したり、入れ替わったりする。国際規範がときに複合的なものになるのは、そのためである[6]。文化人類学のブリコラージュ（器用仕事、寄せ集め細工）の概念が示す通り、

---

4) マブーブル・ハク（植村和子他訳）『人間開発戦略――共生への挑戦』日本評論社、1997年、137ページ。

5) Martha Finnemore and Kathryn Sikkink, "International Norm Dynamics and Political Change," *International Organization*, Vol. 52, No. 4, 1998, pp. 887-917.

6) Amitav Acharya, "How Ideas Spread: Whose Norms Matter? Norm Localization and Institutional Change in Asian Regionalism," *International Organization*, Vol. 58, No. 2, 2004, pp. 239-75.

共同体に生きる人々は土着と外来のさまざまな材料を使って、新たな規範を創出していく。垂直的に、そして水平的に、規範は変容しながら伝播したり消滅したりしていくことになる。

「規範動学」と呼ばれるように、規範が提案されて広がるプロセスはダイナミックなものである。前述の通り、人間の安全保障の概念を最初に唱道したのはUNDPの規範起業家マブーブル・ハクだった。その後、カナダをはじめとする国々は、この概念を再定義し、国際社会が悪玉国家の主権を制限して暴力的紛争から市民を直接保護する条件を定義する「保護する責任」（R2P）として体系化した。他方、日本などの国々は、脅威の枠組みを暴力的紛争よりも広く包括的にとらえるとともに、国家主権と人道的要請の対立を回避する形で、人間の安全保障を再定義しようとした。

ここで注目したいのは、後者の包括的な人間の安全保障のイニシアチブが、最初からアジアにおける地方化（localization）のプロセスを経ることで、逆に普遍的な相貌を見せるようになっていったことである。小渕恵三首相が初めて本格的に人間の安全保障を唱えたのは、アジア金融危機の後の1998年だった（第1章）。2003年に包括的な人間の安全保障の取り組みに関する報告書を出した「緒方セン委員会」の委員たちはグローバルな布陣だったが、国連難民高等弁務官（UNHCR）だった緒方貞子と、ノーベル賞を受賞したインド人経済学者アマルティア・センが共同議長を務めるという委員会の構成は、やはりアジア的な次元を感じさせるものだった[7]。

次の節では、本項で述べた「規範動学」の視角を意識しながら、人間の安全保障の概念が東アジアでどう受け止められているかについて考えはじめることにしたい。アジアの各国は国連で産声を上げた人間の安全保障の何を受け入れ、何を拒否し、何を改作してきたのだろうか。ここでは、アジアのなかでも西アジア、中央アジア、南アジアを除く地域、すなわち「東南アジア諸国連合と日中韓」（いわゆるASEAN＋3）を東アジアと定義する。これは、世界銀行が「東アジアの奇跡」について語る際の東アジアにおおむね対

7）人間の安全保障委員会『安全保障の今日的課題——人間の安全保障委員会報告書』朝日新聞社、2003年。

応する地域であり、著しい経済成長によって発展の機会と矛盾が蓄積している地域である。

第2節　人間の安全保障の地方的受容

(1) 共同研究の船出

　人間の安全保障は、ニューヨークのUNDP本部を中心とする空間において、ハクをはじめとする規範起業家たちの手で生み出された。「緒方セン委員会」報告書が出版された2003年、緒方貞子は日本に戻り、JICA（国際協力機構）理事長に就任した。こうやって人間の安全保障のミーム（文化的遺伝子）がJICAに入り込むことになる。2008年、国際協力銀行（JBIC）の一部とJICAが統合して新生JICAが発足すると、JICA研究所が設立され、人間の安全保障に関連する国際的な共同研究がいくつか実現することになった。

　そして、2013年、東アジアにおける人間の安全保障を正面から扱う研究プロジェクトが発足した。共通の質問票に依拠して、日本を含む東アジアの11の国々の研究者が、各国における人間の安全保障の受容プロセス、そして（地域的および国内的な）脅威の認知に関する包括的なインタビュー調査と文献調査に取り組むことになったのである（図12－1）。インタビュー調査の対象は、各国の政府関係者、国会議員、大学やシンクタンクの研究者、NGO活動家、宗教者、ジャーナリスト、企業関係者、国際機関スタッフなどである。対象者に統計的な代表性はないが、関連分野を熟知する有識者を対象とする掘り下げたインタビューが実施された（一部は村落での人類学的な住民インタビューを含んでいる）。これらの研究成果（英語）は、すでにJICA研究所のワーキングペーパーとして出版されている[8]。

　これから本章の後半では、地方化を含む「規範動学」の考え方を意識しつつ、これらの研究成果を総合して、人間の安全保障が東アジアにおいてどのような伝播、反発、受容、変容のプロセスを経験してきたかについて述べていくことにしよう。

図12-1　調査対象国

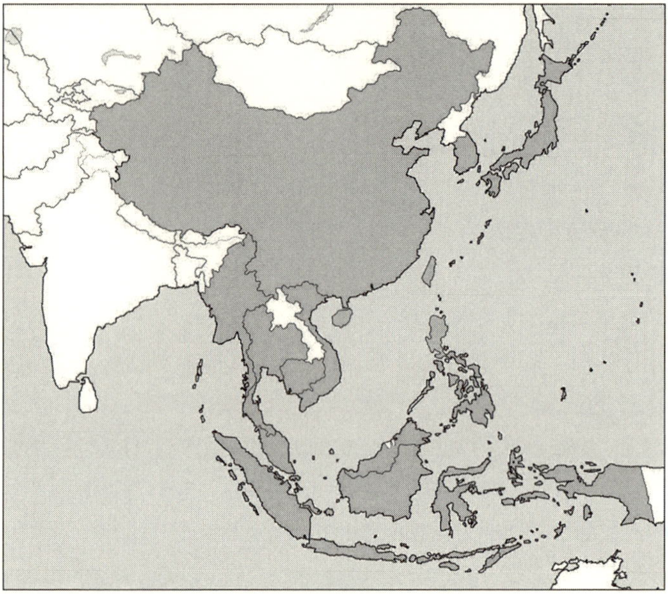

注：日本、中国、韓国、および ASEAN 諸国のうちインドネシア、カンボジア、シンガポール、タイ、フィリピン、ベトナム、マレーシア、ミャンマー。

8）ワーキングペーパーはすべて、次の JICA 研究所のウェブサイトからダウンロードできる。
https://www.jica.go.jp/jica-ri/research/peace/peace_20131001-20180331.html
今後、本章で特定の国の状況について記述する場合は、すべて各国に対応するワーキングペーパーの内容を参照している。執筆者は次の通り。Pou Sovachana and Alice Beban（カンボジア）、Ren Xiao（中国）、Lina A. Alexandra（インドネシア）、栗栖薫子（日本）、Benny Teh Cheng Guan and Ngu Ik Tien（マレーシア）、Moe Thuzar（ミャンマー）、Maria Ela L. Atienza（フィリピン）、Eun Mee Kim, Seon Young Bae and Ji Hyun Shin（韓国）、Belinda Chng and Sofiah Jamil（シンガポール）、Surangrut Jumnianpol and Nithi Nuangjamnong（タイ）、Pham Lan Dung and Nguyen Ngoc Lan（ベトナム）。これらのワーキングペーパーを統合し、JICA 研究所研究員 Oscar A. Gómez による横断的比較分析の章を追加した書籍も刊行される予定である。なお、ASEAN 加盟国のうちラオスとブルネイだけは、適切な研究者を時間内に見つけることができなかったため、国別研究に入っていない。

（2）アジアにおける「面」としての受容

　人間の安全保障の考え方を最初に受け入れた主要国は、カナダと日本だったとされる。だが、アジアでこの規範を受け入れた国は、日本だけではない。「緒方セン委員会」の委員を務めたスリン・ピッスワンは、タイ外務大臣として、またASEAN事務総長として、東南アジアにおいて人間の安全保障を普及させる努力を重ねてきた（現在はJICA研究所特別招聘研究員でもある）。2002年、タイ政府は世界で初めて人間の安全保障の名前を冠した政府省庁である「社会開発人間の安全保障省」を設置した。タイでは研究者を中心に人間の安全保障に関する知識はかなり行き渡っているが、この省の設置をきっかけに、タイの人間の安全保障の実践は社会福祉を指向するようになる。「人間の安全保障省」は、障害者、高齢者、子供、女性、少数民族などの権利と福祉を向上させることを主な仕事としている。

　フィリピン政府もUNDP報告書の直後から人間の安全保障に注目しており、「人間の安全保障指数」を案出しようとする取り組みも行われた。同国では2007年に「人間の安全保障法」が制定されたが、その内容は米国の反テロ戦争の影響を大いに受けた「反テロ法」だったために、市民社会から疑義が出された。タイとフィリピンとでは、福祉と治安というふうに、人間の安全保障概念の応用が正反対の方向に向かったことになる。

　中国政府が人間の安全保障に言及することはあまりないが、中国は人間の安全保障と通じ合う理想を掲げ、実質的に人間の安全保障を実践しているとされる。というのも、中国は国連安全保障理事会の常任理事国であり、R2Pにせよ人間の安全保障にせよ、国連が認めた国際規範については公式に推進する立場にあるからである。国際機関を通じて人間の安全保障を受け入れるという構図は、韓国についてもいえる。韓国は2010年から、経済協力開発機構（OECD）の開発援助委員会（DAC）メンバー国として開発援助に責任をもつドナー国となった。そして、潘基文前国連事務総長は人間の安全保障を推進していた。韓国政府は大統領や外務大臣の演説で、人間の安全保障の大切さに折に触れて言及している。

　では、より具体的に、東アジアの各国は人間の安全保障をどのように受け入れているのだろうか。次の節では、人間の安全に対する脅威の認知につい

て、そして、各国の識者が人間の安全保障の概念そのものをどのように理解しているかについて、国別の調査結果をふまえて包括的に整理することにしよう。

第3節　東アジアにおける人間の安全保障

（1）脅威の認知

　まず、人間の安全保障に対する脅威にはどのようなものがあるか、考えてみたい。田中明彦前JICA理事長は、人間の安全に対する脅威の源泉を物理システム（地球世界）、生命システム（動植物）、社会システム（人間）由来のものに分類しつつ、これらの脅威が複合的に結びつきながら人間に対して作用するメカニズムを、さまざまな学問分野が協力して解明するように呼びかけている[9]。

　今回の東アジア11か国の調査では、各国の識者たちに、人間の安全保障の課題だと考えられるものを挙げてもらった。優先順位は国によって違うが、この3層のシステムに即して回答結果を並べ直すと、気候変動、台風、洪水、火山の噴火、地震、津波、重症急性呼吸器症候群（SARS）や鳥インフルエンザ、HIV/AIDSなどの感染症、食糧危機、保健衛生と教育の欠如、環境汚染、都市化、極度の貧困、失業、移民、人身取引、暴力的紛争、国家間の軍事衝突、宗教的不寛容、組織犯罪、政府による弾圧などが、東アジアが直面する人間の安全保障の課題として例示された。

　他方、UNDPの1994年版の人間開発報告書は、人間の安全保障の下位分類として、経済、食糧、健康、環境、個人、共同体、政治という7つの安全保障領域を設定した[10]。カンボジア、タイ、フィリピン、ベトナムの調査結果は、各国が直面する人間の安全保障の課題とそれに対する実践を、これら

9）Akihiko Tanaka, "Toward a Theory of Human Security," JICA-RI Working Paper No. 91, 2015.
10）国連開発計画『人間開発報告書1994』国際協力出版会、1994年、第2章。

の7つの領域に即して整理している。これらの領域は国連専門機関や各国政府の省庁の分業に対応しているので、なじみやすい具体的な分類だと考えられたのだろう。

　これらの一連の脅威は、「非伝統的安全保障の課題」と呼ばれるものと重なる。外部の国家の軍事的脅威が「伝統的」な脅威であるのに対して、国境を超える脅威、あるいは国家の内部で生起する脅威は多くが非軍事的なものであり、「非伝統的」な脅威に分類されるのである。今回の国別研究の多くが指摘する通り、中国やASEANの政策立案者や政策研究者の間では非伝統的安全保障への関心が高まっており、それが人間の安全保障の議論が受け入れられる素地のひとつになっている。ただし、これらの多様な脅威に対処するアクターは、非伝統的安全保障の枠組みでは依然として国家が中心であるのに対し、人間の安全保障の枠組みでは国家とそれ以外のアクターの連携がより重視されるという大きな違いがある。なお、インドネシアの研究は、一般的な貧困や災害を人間の安全保障の課題に分類すべきではなく、それらが一定の水準を超えて、住民全体の生存の危機に結びつくようになったときにはじめて、「安全保障」の用語を使うべきだ、という軍関係者の意見を紹介している。あらゆる脅威が安全保障の課題に組み込まれると、任務が拡散し、軍としては困るということであろう。

　人間の安全保障は、日本や韓国では、開発援助（ODA）政策の原理として理解されることが多い。とりわけ日本では、この枠組みのもとで援助と平和構築を結びつける考え方が広がってきた。日本の識者たちは、人間の安全保障の付加価値として、異なるアクターが（NGOや企業も含めて）協力する「包括的アプローチ」の大切さ、そして援助の現場のニーズから出発する「現場主義」の意義を強調している。その一方で多くの識者が、人間の安全保障の課題は足下にもあると指摘している。人間の安全保障の考え方に馴染んでいた人々は、東日本大震災と原発災害を人間の安全保障の典型的な課題として受け止めたし、少子高齢化や社会保障の破綻もまた、長期的には人々に深刻な人間不安全（human insecurities）を強いるだろう。

　足下の課題という点では、シンガポールの事例も興味深い。シンガポールは東南アジアの先進国として高度な人間の安全保障を実現している側面があ

るが、他方では、拡大する不平等、競争社会のストレス、淘汰される中小企業、移民や少数派が被る差別などが、人間不安全をもたらしているという。くまなく普及したソーシャルメディアは諸刃の剣であり、善意を動員できることもあれば、人の心を深く傷つけることもある。上からの行政支配が強力なシンガポールだからこそ、人間の安全保障に組み込まれた下からのエンパワーメントに意義がある。なお、シンガポールは、公式にODAには分類されないけれども、慈善事業という形で周辺諸国への援助を行っている。フィリピンもまた、援助を受け取ると同時に人道援助を提供してきたことが指摘されている。東日本大震災の際には、主に援助の与え手だった日本が、途上国を含む多くの国々から善意の支援を受け取った。援助の与え手と受け手の境界線は固定的ではない。

とりわけ厳しい人間の安全保障の脅威を抱えている東アジアの国といえば、カンボジアを挙げるべきだろう。同国は、ポルポト政権期の大量虐殺（人口800万人の国で200万人前後が命を落としたとされる）に始まり、「人間不安全のショーケース」といわれるほどの苦難を経験してきた。カンボジアでインタビューに応じた人々は、人間の安全保障に対する現在の脅威として、政府、自然災害、疾病、政治的不安定、土地問題を指摘したが、「政府当局が恐怖の源である」という意見が最も多かったのには考えさせられる。カンボジアでは近年の経済成長にもかかわらず（あるいは、成長しているからこそ）、社会が不安定化し、人々の安全が脅かされているという認識が広がっているようである。

局地的だが、広域的さらにはグローバルな波及が予想されるアジアの政治課題のひとつに、いわゆる北朝鮮問題がある。朝鮮半島において緊急の事態が発生すれば、難民の流出など、潜在的には東アジアにおける人間の安全保障の最重要課題のひとつになるかもしれない。海洋権益をめぐる軍事的衝突の危険が人間の安全保障への脅威になりうるという認識も、日本を含むいくつかの国で表明されている。人身取引、大気汚染、感染症、食の安全、サイバーセキュリティなど、国境を超える問題群に国境を超えて対処する必要性も、各国で多くの識者が指摘している。

（2）要素と全体

　これらの脅威に共同で立ち向かおうとする人間の安全保障の考え方は、東アジアの国々にどのくらい普及しているのだろうか。フィリピン、マレーシア、タイの研究が指摘するように、東アジアでは、人間の安全保障と人権、人間開発との違いが有識者に十分に理解されているとはいえず、アジアの市民社会の活動家たちは、人間の安全保障よりも人権の概念を好んで使う傾向があるという。それでも、人間の安全保障の概念は少なくとも暗黙のうちに受け入れられているというのが、多くの国々の調査の結論だった。

　ベトナムにおける調査は、人間の安全保障をUNDPの7つの安全保障領域に即して分解したうえで、それぞれの要素が憲法や法律のなかに要素としてすべて書き込まれていることを見出した。さらに、インタビューに応じた識者たちは、人間の安全保障の概念をよく知らない場合でも、「3つの自由という抽象的な概念と、自分たちの専門的あるいは個人的な経験の具体的な側面を、即座に結びつけて」議論を展開することができていたという。同調査によれば、「ベトナムにおける人間の安全保障はジグソーパズルである。それぞれのピースは特定されてよく理解されているけれども、まだ組み上げられていないのだ」。インドネシアと韓国の研究もまた、それぞれの国の政府の公式文書を包括的に精査したところ、3つの自由、保護、エンパワーメントといった人間の安全保障の要素がすべて書き込まれていることを見出した（前者は国内政策、後者は援助政策について）。さらに、カンボジアでインタビューに回答した人々は、3つの自由のそれぞれが内容的に不可分に結びついていることを指摘している。

　これらの要素のなかで、特に重要なものは何だろうか。日本における調査は、「尊厳をもって生きる自由」という第3の自由が人間の安全保障の新たな付加価値になりうる、という識者たちの意見を紹介し、尊厳は「待つこととケアすること」にかかわると述べる。フィリピンにおける調査もまた、尊厳の概念は人間の安全保障をより高い次元に導く可能性があることを指摘し、地方のコンテクストにあわせて人間の安全保障の理解を深めていくことの大切さを強調する。そして、カンボジアの関係者たちは、尊厳をもつことは「道徳的であること、尊敬、誇り、価値があって独立していること、他の

人を助けること、正直であること」に関係しているとする。あるカンボジアの農民はこう語ったという。「尊厳がいちばん大切です。尊厳は差別しないということ、自分がやりたいことができるということ、裕福な人たちに見下されないということですから」。

　国家による保護を期待する議論は多くの国の調査結果に見られるが、エンパワーメントについては一般的な言及がほとんどだった。アジアの文脈では、エンパワーメントよりも「人間の尊厳」の方が人々の心に響くのだろう。しかし、保護とエンパワーメントはふたつでひと組である。エンパワーメントは、援助においてはオーナーシップ、自助努力支援、レジリエンス、キャパシティ・ディベロプメントなど、被援助者の主体性を重んじる一連の考え方に通じるし、国内政策においては政府と市民社会の連携を促す概念である。次にみるように、アジアの人間の安全保障における「国家の重み」を考えると、この地域においてこそエンパワーメントというバランスが必要なのかもしれない。

(3) 人間の安全保障、国家の安全保障

　緒方貞子は、人間の安全保障と国家の安全保障は相互補完的なものであることを強調している[11]。東アジアの各国において、これら2つの種類の安全保障の相互関係は、どのように受け止められているのだろうか。

　人間の安全保障における国家の役割について、東アジア各国には共通する方向性と、微妙な温度差がみられる。まず、中国における調査は、国家の安全保障が人間の安全保障に貢献するという矢印を強調する。中国の調査が指摘するところでは、「国家の目標のために人民が犠牲になってはならない」という命題は、まったく正しい。人間は目的であって、手段ではないからである。しかし、国家の安全と個人の安全は両立しうる。国家は「必要悪」だというのは西洋の考え方であって、中国の考え方ではない。民衆は政府の善政に期待をかける。親が子供を保護するのと同じように、国家が人民を保護することを期待するのである。中国における調査はこのようなロジックを展

---

11) 人間の安全保障委員会、前掲書、28-30ページ。

開するが、ここで示されるのは、慈愛に満ちた家父長的な政府という国家観である。安定した国家が人々の安全を保障するという論理はベトナムの調査でも共有されている。

　この国家観の「右」には、人間の安全保障は国家の安全保障の一部であるという見方が存在する。ベクトルは国家から人間の安全ではなく、人間から国家の安全に向かうわけである。今回、この観点を示したのは、インドネシアやマレーシアの政府関係者だった。ただし、人間の安全保障にかかわる軍の役割は限定的でなければならないとする意見も提示された。深刻な地震や津波を経験しているインドネシアの関係者は、非常事態において軍隊が大きな役割を果たすことを認めるが、その活動はシビリアンコントロールによって制限されるべきだとする。軍隊は非軍事的な脅威に対処するように訓練されているわけではなく、社会の秩序を守るのであれば警察に任務を委ねればよいことも多いからである。

　「左」の方には、フィリピンやタイなど、市民社会が活発な動きを誇る国々がある。シンガポールやマレーシアの調査でも、上からのガバナンスと下からの市民社会の動きの緊張関係と相互作用が論じられている。マレーシアにおける調査は、政府による自由な言論の制限、国民の宗教的不寛容、ミャンマーの少数民族ロヒンギャの難民問題などを念頭に置きつつ、地方政府の活動、政府とNGOの対話、ASEANやNGOの回路を活用した広域的な連携によって人間の安全保障を定着させる道を展望している。

　しかし、人間の安全保障への重大な脅威が顕在化すると、国家主権と人間の安全保障が鋭く対立する局面が訪れることがある。2008年のナルギス台風の際には、ミャンマーの軍政が国外からの援助を拒む間に住民が次々と洪水に飲まれ、死者、行方不明者数は少なくとも14万人近くに達したとされる。フランスなどはR2P型の強制的な人道介入を試みようとしたが、ミャンマー政府は大国の介入を拒絶し、ASEANと国連の調整に基づく援助の受け入れを決めた。この多国間機関による調整は、アジアにおける人道介入のモデルのひとつになった。

　日本における調査は、人間の安全保障の概念が「政治化」されることを懸念する意見を紹介している。他方、タイにおける調査は、人間の安全保障の

概念が外交の場で語られることが少なくなり、「脱政治化」されて社会福祉に切り縮められることへの懸念を表明している。しかし、タイにおいて「社会的弱者」の福祉の向上を求める「人間の安全保障省」の活動が仏教的な慈悲の概念に裏打ちされていること、そして、タイ国王ラーマ9世が唱えた「足るを知る」の哲学と人間の安全保障を融合させようとする試みがみられることは、本章の第1節で述べた「規範の地方化」との関連でも非常に興味深い。

カンボジアにおける調査は、土地収奪をはじめとするカンボジア社会の混乱、その一方ではシハヌーク国王の政治的な遺産を念頭に、寛容と妥協の精神に基づく「協調的リーダーシップ」の大切さを強調している。対立する政党が協力し、政府と市民社会が協力し、中央政府と地方政府が協力し、政府が民衆の声に耳を傾けることが、カンボジアに人間の安全保障を根付かせる鍵だというのである。国家と非国家アクターのどちらを重んじるかについては、国によって温度差がある。しかし、災厄に備えつつ、国家を含むさまざまなアクターが互いの活動を調整しながら、人間の安全という究極の目的に貢献すべしという理解については、地域的な共通理解がおおむね存在していると考えてよさそうだ。

第4節　おわりに
——人間の安全保障の認識共同体をめざして

村の自治が消滅する世界が考えられないように、国家のガバナンスが消滅することも考えにくい。国家が重要なのは、制度、資源、民族的な凝集力といった観点から見て、国民国家の政府には一人一人の人間の安全を確保できる強い力が備わっていることが多いからである。しかし、強すぎる国家の安全保障には人間の安全保障という解毒剤が必要になる。歴史が教える通り、国家以外にも人々の安全に奉仕するアクターが存在するという多元性が否定されると、世界のバランスが崩れてしまうのである[12]。

諸国民が連合する目的は、国民国家の安全を増進することだけでなく、究極的には地球に生を受けたすべての人間の安全を増進することである。し

がって、国連の安全保障理事会は「人間の安全保障理事会」と命名されるべきかもしれない。国家を否定する「西洋の個人主義」ではなく、個人の自由を圧殺する「東洋の専制政治」でもない。アジア的な人間の安全保障の思考は、両者の中間の道を歩みはじめているように思われる。

　地方自治は民主主義の学校だといわれる。同じように、東アジアのガバナンスはグローバル・ガバナンスの学校だということができる。かつて「東アジア共同体」という理念が唱えられたことがあったが、具体的な実践が十分に伴わないまま、気分だけが先行していた感がある。しかし、本章で確認してきたように、東アジアの各国において、人々の不安全の源としての脅威の多様性に関する認知は大いに重なり合っており、したがって、共通の脅威に対するアジアの集合行動の条件もまた徐々に整ってきたように思われる。今回の調査では、自国が大規模な自然災害や政治的動乱に見舞われたと仮定して、国外の支援を受け入れるべきだと思うか（また、同様のケースについて隣国を支援すべきだと思うか）という質問も多くの国で実施した。すべての国に共通する回答のパターンは、政治的動乱に関しては国外からの支援は望ましくないが、自然災害については喜んで受け入れる、いずれにせよ多国間のフレームワークで支援を実施することが望ましい、というものであった。

　人間の安全保障という言葉が正式に使われることはまだ少ないにしても、今回の調査を通じて、人間の安全保障を構成する3つの自由、保護とエンパワーメントというそれぞれの要素は、すでに東アジアの全域に定着していることがわかった。前提条件が整っている以上、適切な対話の場が設定されれば、人間の安全保障の概念は滝のように一気に広がっていくかもしれない。次章で見るように、人と人の対話の前提となるソーシャル・キャピタルと信頼は、地方的空間において規範を共有する人々の間においてこそ十全に機能を発揮することに注意したい。

---

12) 政治学者シュミットは、ナチス勃興期のヨーロッパ政治の時代精神をうまく体現する政治論において、多元的国家論（国民国家以外の共同体にも主権を認めようとした政治理論の潮流）の価値を認めず、例外状況における決定権を単一の主権者としての国家のみに与えるべきだと主張していた。カール・シュミット（田中浩・原田武雄訳）『政治的なものの概念』未來社、1970年。

特定の規範を共有し、その伝播と定着に大きな役割を果たす専門家たちの国際的なネットワークは、認識共同体（epistemic community）と呼ばれる[13]。本章では、人間の安全保障という規範的な概念が東アジアでどのように受け入れられてきたか、それぞれの国を代表する研究者たちによる調査を総合的に紹介してきた。各国の調査のプロセスそのものが、人間の安全保障が地方的な空間においてハイブリッド的に進化していくプロセスだったといえるかもしれない。共同研究に参加した研究者たちは、人間の安全保障の定義に関する理解を深く共有しはじめている[14]。ダイナミックに変化する東アジアにおいて、人間の安全保障に関心を寄せる人々の緩やかな認識共同体が形成されつつあることは、グローバル・ガバナンスの未来にとって吉兆である。

---

13) Peter M. Haas, "Introduction: Epistemic Communities and International Policy Coordination," *International Organization*, Vol. 46, No. 1, 1992, pp. 1-35.
14) JICA 研究所では、東アジアにおける人間の安全保障に関する第2フェーズの研究として、国別ではなく「脅威別」の研究に取り組みはじめた。そこでは、①主権国家の国境を超える実践、②アクターの縦割りの分業を超えた包括的な実践、③現場でのエンパワーメントを重視する実践という3つの視角に基づいて、東アジアの研究者たちが人間の安全保障のオペレーションに関する知見を持ち寄ることになっている（これらの視角については栗栖薫子の前掲ワーキングペーパーも参照）。

終章

むすび：
国家、社会、そしてソーシャル・キャピタル

旭　英昭
元在東ティモール大使（初代）、元東京大学教授、
日本国際問題研究所客員研究員

ステレンボッシュ大学（Photo by Vysotsky - Own work, CC BY-SA 3.0）
https://commons.wikimedia.org/w/index.php?curid=31512236

第1節　サミュエル・ハンティントンとフランシス・フクヤマ

1．近代化論に対する挑戦

　サミュエル・ハンティントンは、1968年に出版した自著 *Political Order in Changing Societies*（便宜的に、以下『変化する社会の政治秩序』）が2006年に再出版されるのに際して、フランシス・フクヤマに、そのまえがき（Foreword）を書くように依頼した。これを受けて、ハーバードでハンティントンと師弟関係にあったフクヤマは、「同書は20世紀後半の社会科学にとっての古典的な一冊であり、研究者と政策関係者の双方に対して、開発問題についての考え方に大きな影響を及ぼした」と評した。さらに、フクヤマは、「同書が社会科学の研究にとって多くの下位の分野を切り拓いた」と付け加えた。

　同書がもたらした知的な貢献とは、当時のアメリカで近代化論と呼ばれた社会科学の理論的枠組みに対して、ハンティントンが試みた勇気ある学問上の挑戦である。同理論は、1930年代にナチス・ドイツの迫害から逃れてきたヨーロッパの社会理論家たちと一緒にアメリカにやってきた。その理論を一言でいえば、ヘンリー・メイン、エミール・デュルケイム、カール・マルクス、フェルディナンド・トニーズ、マックス・ウェーバーらの19世紀ヨーロッパの思想家が発祥の、近代性、あるいは、近代的なもの（modernity）に対して強い規範的な価値を認めるものである。つまり、経済の発展（開発）とともに、新しい社会関係が誕生し、高等教育が広がり、成果主義や合理性を重んじる価値の尊重、さらには、民主的な政治制度の進展等が好循環をなしてすべてひとまとまりとなってやってくる。あるいは、経済発展がより良

＊本篇は、2016年5月27-29日、南アフリカのステレンボッシュ高等研究所で開かれたワークショップ（議題は、Migration and Agency in Globalizing World: Afro-Asian Encounter）の冒頭で筆者が行った基調講義のテキストをもとに、その後の状況の変化を反映すべく一部を再構成して編集したものである。ステレンボッシュ大学のスカーレット・コーネリッセン教授と同志社大学の峯陽一教授の共同議長のもとで行われた同ワークショップの記録は、2017年にパルグレイブ社から出版される。

い教育を求めて拍車をかけ、それが価値の変化に向かい、近代化された政治を推進して、云々云々で、これらが好循環となって回転する。もっと手短に言うと、すべての良いことが一緒になってやってくるという。

2．経済開発と政治開発

　これに対して、ハンティントンの議論の要点はこれとは全く真逆のものであり、言い換えれば、このような経済、社会発展（開発）と政治発展（開発）が必ずしも連鎖しないというところにある。つまり、すべてのことは、必ずしも一緒にはやってこない。ハンティントンによれば、経済発展が進行するとそれに伴い、そのなかから秩序の新たな担い手たる社会層が登場する。彼らは政治的な自由や政治参加を求めるようになるが、その社会的変化のスピードに対して既存の政治制度は十分な対応ができない。言い換えれば、政治参加を求める社会動員の増大と制度的な発展の間には、ハンティントンのいう"ギャップ"が生じるために、政治秩序が破綻をきたすと説明する。フクヤマは、伝統的な社会や完全に近代化した社会にみられる安定性とは対照的に、近代化の渦中にある社会に生ずるこのような政治的な不安定がハンティントンの理論の特徴であると述べる。

　しかしながら、フクヤマは、ハンティントンの著作が世に出た1968年以降、途上国における紛争および暴力に関する数多くの研究成果が積み重ねられた結果、今日その理論についてはいろいろな修正が必要になってきたと指摘する。フクヤマがそのひとつの例示としてあげるのは、ハンティントンが注目した1950年代、1960年代に現れた不安定と暴力の現象が近代化によって引き起こされたとする仮説である。

　あるセミナーで、フクヤマは、制度が重要だとするハンティントンの言説と、同じように、経済開発のためには制度が重要だと主張するダグラス・ノース、ジョン・ウォリス、バリー・ワインガストやダレン・アセモグルー、ジェイムズ・ロビンソンといった経済学者の間で、どこが相違するのかとの質問を受ける。これに対して、フクヤマは、その違いは、どのようにして一つの発展段階から次の段階に移行するのか、それを説明する動態的（ダイナミック）な分析の枠組みが用意されているかどうかであると回答する。つま

り、フクヤマによれば、経済学者の説明には、"イクストラクティヴ（抽出的)"、"インクルーシィヴ（内包的)"、あるいは"リミティド（限定的な)"、"オープン（無制限な)"等、二分類法的な表記や語彙が豊富にみられるが、肝心の部分が欠けており、他方、ハンティントンにはそれがあると論じる。

3．ハンティントン学説の継承と発展

　フクヤマは、2011年に *The Origins of Political Order*（邦訳書名は『政治の起源』）、2014年には *Political Order and Political Decay* の姉妹作をそれぞれ執筆した。フクヤマはその執筆には二つの狙いがあると述べる。そのひとつは、ハンティントンの著作が出版されてから多くの時間が経ったために、その後の発展をふまえた修正が必要になったことをあげる。確かにこの間、世界は大きく変化した。ハンティントンが命名した「（民主化の）第三の波」が出現し、共産主義が崩壊し、アジアが台頭した。さらに、フクヤマは、ハンティントン理論の基本概念である「政治開発（political development）」とそれと対の概念である「政治後退（political decay）」についても、政治秩序の起源と進展を歴史のなかで明らかにするために、もっと掘り下げた研究作業が必要であると論じる。

　このことを、フクヤマの著作のなかの次の言葉から理解することができる。「『変化する社会の政治秩序』は、国家、政党、法、軍事組織等の制度がすでに存在する人類史のなかのかなり後の時代の政治世界を当然視している。また、われわれは、政治制度を近代化しようと悪戦苦闘する途上国が抱える問題にも直面しているが、これらの制度がすでに長いこと存在する社会では、それが最初はどこから来たのか十分な説明が出来ていない。」

　フクヤマがあげるもう一つの理由は、今日の世界が現実に直面する"脆弱国家"とか、"失敗国家"とか呼ばれる問題である。この問題については、フクヤマ自身、過去数十年の間取り組んできた経緯がある。フクヤマは、メラネシアの伝統的な共同社会のために従事したコンサルタントの仕事を通して、今日（統治のための）制度構築と呼ばれる問題についていろいろと深刻な疑問を抱くに至ったと述懐する。つまり、どうして人類は、部族社会から国家社会に移行したのか。慣習的なものから近代的な所有権への進化はどの

ようにして実現したのか。伝統的なメラネシア社会には存在しない第三者による法執行を備えたフォーマルな法制度が最初はどのように出現したのか。さらにいろいろ考察を進めてみると、我々の住む近代社会が、メラネシアよりはるかにもっと進化したものであると結論付けるのは、フクヤマ自身には自惚れが過ぎると思われたであろう。なぜならば、ビッグマン（親玉）——身内や支持者にものを配ってまわる政治家——は、米国議会を含めて、まだ今日どこにでも見られるからである。もし政治開発が世襲的な関係や個人に依拠した伝統政治を超えて進化したものだとするならば、ではどうして多くの場所でこのような政治慣行が生き残り、また、近代的と思われるシステムがそこに逆戻りしていくのか答えなければならない。

4．政治後退、世襲社会から近代社会への移行の難しさ

　筆者は、政治開発論に関するハンティントンの言説を修正、発展させた点で、フクヤマは立派にその目的を達成したと強く信じる。すでに触れたフクヤマの姉妹作は、知的な刺激を掻き立てるとともに、下位分野の研究にとっても興味深い課題を数多く提供する。そのなかから、平和構築の問題に取り組む筆者の立場からとくに重要と思われる二つの論点についてすこし議論を進めてみたい。

　第一は「政治後退」に関する問題である。フクヤマは、政治後退は制度が外部環境の変化に対する適応に失敗することから生じる現象であると論じる。そして、フクヤマは、制度が本来的に持つ安定性こそが、逆説的には、政治後退の原因にもつながると論じる。フクヤマは、ハンティントンの創意的で厳密な解釈を大事にしつつ、今日アメリカを含む先進工業国で起きている事柄をうまく説明できるように基礎的な概念を修正し、再構成した。そのために、フクヤマは、新しい用語を創り出す。例えば、社会経済的な近代化によって生じる環境の変化に対する既存の政治制度の対応不良を示す"知的硬直性（intellectual rigidity）"、近代化した後でも、台頭したエリート層によってその私的利害を確保、拡大するために行われる専有的な制度利用を意味する"制度占有（insider capture）"、少数グループが全体的な利益の実現を妨害する現象である"拒否主義（vetocracy）"がそれである。

もう一つの論点は、すでに触れたように、世襲国家から近代国家への発展移行の難しさに関するものである。世襲国家とは、"公（public）" と "私（private）" の区別のない国家である。それゆえ、そこでは、国王がすべてのものは自らが保有するものと公言して憚らない。したがって、国王が、王女の結婚の際に領地の一部を割譲して寄贈することも中世においては不思議ではない。他方、近代国家は、社会学者のマックス・ウェーバーの有名な定義を使えば、"定められた領域のなかで物理的な力の正当な行使を独占する（the monopoly of the legitimate use of physical force within a given territory）" 国家ということができよう。そのような近代国家の属性としてウェーバーが挙げるのが、独占、威嚇ないしは暴力、領土、正当性の四つの構成要素である。しかしながら、近代国家は、非常に不自然で、人工的な構造物である。そこでの人間関係の特徴は、世襲国家にみられるような情緒的で個人的な関係は廃されて、平等的なものではあっても、非個人的、官僚的、階層的なところにある。フクヤマは、「世襲ないしは新世襲国家から近代的、非個人的国家へ移行することの方が、権威主義体制から自由で公平な選挙を定期的に行う民主化体制に移行するよりもはるかに難しい」と述べる。このテーマについては後でもう少し詳しく論ずることとしたい。

5. 『文明の衝突』対『歴史の終わり』

フクヤマが *The End of History and the Last Man*（邦訳書名は『歴史の終わり』）を出版して世界に大きな知的論争を巻き起こしてから、はや四半世紀が経つ。ひとつには著作のタイトルからして挑発的であることが関係してか、フクヤマの主張は意図的に曲解され、また悪意を持って受け止められた。逆にそのことが示すように、当時の社会はこの書物から大きな知的な衝撃をうけた。

フクヤマは、第二作 *Trust*（邦訳書名『「信」なくば立たず』）のなかで、ハンティントンの『文明の衝突（原文は *Clash of Civilizations?*）』論に対する批判を行っている。ハンティントンは、イデオロギー対決に終わった冷戦の終焉後には、今度は異なる文化をもった人々の間で衝突が起きる方向に世界は向かうと予言した。これに対して、ハンティントンの政治思索を継承す

るフクヤマは、彼の師が文化的な違いに着目したことの正しさを認めながらも、その主張に説得力が欠けるところは、文化的な相違が必ず衝突につながるとする点であると厳しく指摘する。そして、フクヤマは、異なる文化間の交流から生まれる競争意識は、それどころか、しばしば創造的な変化に通じ、文化的な相互刺激をもたらすと反駁する。つまり、フクヤマが論じるところからは、政治および経済的な制度の融合についても、文化的な境界はその障害にはならず、それを乗り越えて前進することが可能であるとの結論が導き出される。このように、フクヤマの『歴史の終わり』とハンティントンの『文明の衝突』はこの点で明白に違いがみられるが、次節ではそのフクヤマの論考について取り上げてみたい。

第2節 「歴史の終焉」とその先にあるもの

1. 社会の進展の終着点

「歴史の終焉」という用語は、歴史上必ずしもフクヤマがはじめて創り出したものではない。フクヤマによれば、大歴史、つまり、大文字のHで示される歴史史観（History）とは、"あらゆる時代のすべてのひとびとの経験を取り込んだうえで認められる、単一で、ひとつの方向性を示して展開して、一貫性を維持し、漸進的なプロセスをもった歴史"である。フクヤマの前には、カール・マルクスが、同じロジックで貫かれた歴史展開法を使って、共産主義の信奉者にとってのバイブルとされる『資本論』（原書は *Das Kapital*）を執筆した。思想的な潮流を辿れば、大歴史の源流は、19世紀前半に活躍したドイツの偉大な哲学者ゲオルグ・ウィルヘルム・フリードリッヒ・ヘーゲルに辿り着くが、マルクスの考えはそこから継承されたものである。ヘーゲルは、人類が完全なる合理性の極みに導かれ、リベラルな統治のもとで究極的に人間的な自由を実現する"弁証法的な"思索を展開した。しかしながら、ヘーゲルとマルクスは、歴史の終焉でどのような社会が実現するかについては意見を異にした。

他方、フクヤマのいう「歴史の終焉」が意味するものは、政治と経済の制

度の収斂である。他の言葉でいえば、今日の世界秩序の主たるイデオロギーに成長した資本主義的リベラル・デモクラシーである。フクヤマは、近代リベラル・デモクラシーの方向に進んだ政治制度の軌跡の背後には力強いロジック、つまり経済発展と安定した民主主義の間の強い相関関係が存在すると論じる。このように収斂した秩序こそ、ヘーゲル・マルクス的な歴史観に沿って、人類社会がさまざまに進化してきた先にある終着点である。フクヤマは、今日、少なくとも理論上、リベラル・デモクラシーの正当性については世界的な規模での広範な形のコンセンサスが形成されていると論じる。そして、フクヤマは経済学者のアマルティア・センの次の言葉を引用する。「国際世論の一般的な雰囲気のなかでは、デモクラシーが普遍的に実践され、一律的にどこでも受け入れられているとは決していえないが、デモクラティクなガバナンス（民主主義的な統治）については、それが一般的には正しいといえる立ち位置を獲得した。」筆者自身もこのような認識には同意する。

2．三つの政治制度

　フクヤマは、すでに触れた姉妹作のなかで、人類社会が到達した近代政治秩序だけでなく、ひとびとが今日直面する諸問題についても詳細に論じる。そこで、フクヤマは、近代（リベラル・デモクラシー）国家が三つの政治制度、すなわち、国家（the state）、法の支配（rule of law）、政府の説明責任（accountability of government）から構成されていることを解き明かす。

　「国家」はパワー（あるいは権力）に関するものである。つまり国家はパワーを創り出し、それを使って、法を執行し、国民の要望する公共財やサービスを提供し、あるいは、外部の敵に対して国防に努める。これに対して、「法の支配」と「政府の説明責任」は国家（のパワー）をチェックするための仕組みである。法の支配（rule *of* law）の定義に関してはいろいろみられるが、ここでは、"いったん法が定められれば、市民や臣民だけでなく、権力者や国王までもがこれに服従する"ことを意味する。その意味では、支配者や権力者は除外され、被支配者に対する支配の道具とされる「法による支配（rule *by* law）」との区別には注意を要しよう。政府の説明責任あるいは説明責任を果たす政府とは、権力者がひとびとの利益、意見よりも己のそれ

を上位において政治を専有するのではなくて、"国民の意思を代弁し、国民の利益を最上位において政治を実践する"ことを意味する。デモクラシー（民主主義）は選挙という手続きによってこれを確保するひとつの正当な政治手法である。しかし、今日ではほとんどの国家で取り入れられていることから、一般的には、（選挙を通して実現される）民主主義がこれを意味するようになってきた。

　これらの政治制度は、それぞれにその誕生の背景と歴史が相異しており、また、今日に至るその間の発展の経緯もおのずから異なる。しかしながら、政治秩序を考える場合に重要な点は三つの制度をどうバランスよく調和させて、上手に機能させるかということである。例えば、法の支配と説明責任のある政府が不在ないしは脆弱な状態で、一方で、強い国家が出現すれば、独裁ないしは強権国家が誕生する可能性が高まる。そこでは人間の安全保障に対する大きな危険性を孕むことになる。また他方で、国家が機能しない例としては、今日、"失敗国家"、"破綻国家"の現象があげられるが、それが深刻化した状況のもとではひとびとは人道的な危機に晒される。また、近年新たに民主化した国家の統治機能の弱体化、不全が原因とされる"民主主義の後退"が聞こえてくるが、それが民主主義の正当性を弱める結果につながっていると指摘されている。そのこともあってか、フクヤマは"まず、国家性を確保する（'stateness' first）"こと、言い換えれば、国家機能を強化することの重要性を強調するかのようである。

3．政治発展のための生命科学的な土台

　筆者は、フクヤマが政治秩序の歴史的な進展を論じるにあたって、彼の専門領域を超えて、経済学、社会学のみならず文化人類学、さらに広範な生命科学を駆使する手法に対して驚嘆の念を禁じ得ない。筆者は、フクヤマが政治秩序の社会的生命科学的な基礎と考える人間的な要素のいくつかについて論じてみたい。

　その第一は、フクヤマが着目する、人間がそれぞれの内面に持つ社交性（human sociability）についてである。それは「人間は生来社会的な生き物である」ということを意味する。そして、近代西洋政治思想の根幹でもある

「(原初の) 自然状態では、万人の万人に対する闘争状態にある (warfare of everyone against everyone)」との基本的な原理を否定する。すなわち、"ホッブスの誤謬 (Hobbesian fallacy)" と呼ばれるものである。フクヤマは、人間の持つ社交性が、種族の選好 (kin selection) と互恵的な利他主義 (reciprocal altruism) から成り立っていると論じる。また、人間のもつこれらの行動性向は、近年発達が目覚ましい関係する生命科学によって実証されているという。

　第二は、フクヤマの著した他の著作に劣らず重要な第二作 *Trust* のなかにある「20パーセントの解決」と題する興味深い一章である。同章のなかで、フクヤマは、「われわれは、新古典派経済学が、仮に、80パーセント正しいと認めるとしても、残りの20パーセントの人間行動についてその説明が十分になされていない」と述べる。つまり、フクヤマが指しているのは、習慣、倫理的な規範、制度等にみられる、人間生活の中で無意識な繰り返しの結果出来上がっている行動パターンについてである。これらのいずれもが文化の影響から無縁ではなく、それから切り離すことはできない。他方、フクヤマは、『歴史の終わり』のなかで、みずからの認知を求める人間の衝動について論じる。そして、人間には、みずからに何がしかの価値や尊厳を具えた存在であるとの社会的な認知を求める欲求を内面に抱えていると説く。この関連で、フクヤマは、古代ギリシャの哲学者プラトンにまで戻る。そして、プラトンがその著 *Republic* (邦訳書名は『国家』) のなかで書き記す "ティモス (*thymos*)"、すなわち、"精神性 (spiritedness)" とでも訳される魂の一部に着目する。フクヤマは、今日の流行り言葉でいう自尊心 (self-esteem) をひとびとが感じるような行動に出るのは、魂のこの部分から湧き上がる衝動に拠るものであると主張する。社会的な認知やそれと伴って起こる、怒り、恥辱、誇り、自責のような感情は、プラトンが挙げる "欲望" や "理性" と共に、政治生活にとって重要な人間の個性の一部である。

　第三に、フクヤマは、人間にしかみられない特異な認識能力である抽象化や理論化について、その可能性を切り開く言語の発展の重要性に注目する。また、フクヤマは、最終的には宗教の誕生にもつながる知的なモデルを創造したり、また、因果関係を不可視的な抽象原因に帰する能力についても論じ

る。フクヤマは、規範を強化し、コミュニティを支える宗教の持つ帰納的な役割が長い歴史のなかで認められてきたことを指摘する。フクヤマは、「宗教は、アイディアがグループの結束を強化する方法——今日、われわれはナショナリズムやマルクス主義のような世俗的なイデオロギーをもつが——を示すだけのものでなく、初期の社会では、より複雑化した社会組織の出現を可能にするうえで決定的な役割を果たしてきた。ひとびとが、それなくして小規模な部族社会から進化することはほとんど不可能であった」と述べる。

　最後に、フクヤマは、「遺伝学的に言って、人類は、規範追従型の生きもの（norm-following animal）であり、この規範追従の行動性向は、怒り、恥辱、罪悪感、誇りにみられる特別の感情を通して人間の性格の中に織り込まれている」と論じる。規範的な行動パターンをこれらの感情のなかに組み込むことは社会的な協力を増進することにもつながる。また、さまざまな人間の種族が現在の形に進化していくなかで、それはあきらかに生存をし存続を図るうえで明白な恩恵を与えてきた。

4．歴史は終焉しない

　フクヤマは、著作 *Trust* のなかで、「資本主義とリベラル・デモクラシーへの経済、政治制度の収斂は、改革に向けた社会の挑戦の終わりを決して意味するものではなかった」と述べる。フクヤマは、政府の努力による社会改革が、福祉国家の実験、小さな政府（中央政府の権限移譲、民営化）、その他の社会改革の試みの結果が示すように、うまくいかなかったことを認めて、その限界に言及する。

　フクヤマは、リベラルな政治的経済的な制度にみられる進歩的な傾向と一緒になってすすむべきはずであった社会的、倫理的な発展が致命的に遅れていることを認識する。と同時に、フクヤマは、秩序形成のために、道徳的なコンセンサスに代わって、法の順守と利己主義的ではあっても合理的な個人の利益追求に依拠して構築された、法と制度による透明性を持った枠組みが抱える脆弱性について危惧感を抱く。フクヤマは、「フォーマルな法、強い政治、経済制度は決定的に重要だが、それだけでは成功した近代社会を作ることはできない。リベラル・デモクラシーがうまく機能するためには、常に

ある文化的な価値観の共有が必要とされてきた」と述べる。

フクヤマは、「大部分の近代（リベラル・デモクラシー）国家の問題は、かれらがその前提条件を当然視できないことにある」とも論じる。そして、フクヤマは、「そのなかで、アメリカを含めて、最も成功している国家では、幸運なことに、強力なフォーマルな制度とそれを下支えする柔軟でインフォーマルな文化とがうまく結び合っている。しかし、技術的、社会的、経済的な変化に起因する圧力が生じたときに、それに抗して社会が然るべき文化的な価値や規範を維持できると保証するようなものはフォーマルな制度のなかには何もない」と認める。

フクヤマは、「社会改造についての可能性が放棄された今日、ものごとを真剣に観察するひとびとならば、リベラルな政治、経済制度の活性化のために、健全でダイナミックな市民社会にすべての望みを託す」と述べる。フクヤマは、市民社会を、国家とは切り離されたものであって、また自発的に形成された、民主的な政治制度を下支えする社会的構造物として描き出す。フクヤマは、「これらの構造物は、国家権力とは、背馳する関係にあり、国家が弱くなれば、増長し、逆に国家が強くなれば、市民社会は弱くなる」と分析する。近代リベラル・デモクラシーと市民社会の関係についてはこのあとで論じる。

第3節　平和構築とソーシャル・キャピタル

1. "デンマーク（理想の統治）への道筋"

フクヤマは、自身の著作『政治の起源』の出版記念の席で、「先進国の国民は、彼らの政府の存在を当然視していて、それがどのように、あるいは、どこから生まれたのかほとんど記憶を有していない」と述べている。また、フクヤマは、「デンマーク人ですら、"デンマークへの道筋（getting to Denmark）"を覚えていない」と付け加えた。フクヤマが言及する"デンマーク"とは、世銀のプロジェクトの名前からとった、理想のガバナンスが実現されている架空の国を指す。今日、平和構築とはまさに"デンマークへの道

"筋"を模索する困難な課題であるといえよう。筆者自身もかつて独立した直後の新興国、東ティモール（Timor-Leste）で平和構築支援に携わった経験がある。そのとき、事務総長特別代表として国連ミッションを率いたインド出身の外交官カマレシュ・シャルマは、その任務の性格を"ゼロからはじめる努力"と的確に表現した。

これに関して、フクヤマは、「われわれが、もし途上国の制度的な能力を改善したいと本当にそう考えるならば、われわれが何をしたいのかを示す比喩を変える必要がある。つまり、われわれは、当該国に建築資材、煉瓦、クレーン、設計図を持って、われわれが設計した工場の建設を手伝う作業員を現地で雇うのではなく、現地人が望む工場を彼らに設計させ、彼ら自身がいかにして建設し、管理するかを彼ら自らで見出すのを助けるため、それに必要な資金だけをもってやってくる。また、現地社会の側の能力を削ぐことになる技術協力は諸刃の剣とみなして、細心の注意をもって取り扱われるべきである」と述べる。筆者はこのことに対しては、自らの経験に照らしてみても、まったく異存はない。

2．移転可能な知識と移転不可能な構成部分

フクヤマは、制度構築に関して非常に有益な視座（パースペクティヴ）を提供する。すなわち、フクヤマは、国家性（stateness）を形づくる（統治）制度的な特徴について、四つの側面、すなわち、①組織的な構図とマネジメント（organizational design and management）、②政治システムの構図（political system design）、③正当化の基盤（basis of legitimization）、④社会的、文化的な要素（social and cultural factors）に切り分けて論じる。そこで、このような（統治）制度を外部に供給、あるいは外部から移植する場合には、知識として移転可能なものとそうでないものが存在することから、その区別が必要となる。フクヤマは、②→③→④に沿って知識としての制度移転が全体として困難になることを指摘する。つまり、そこには、フォーマルな制度とは概念的にも方法論的にも異なる、人びとが社会生活を通して積み重ねた行動や時間の経過のなかから育まれる習慣や文化的価値の影響を強く受けて形成されるインフォーマルな部分が存在するためである。そして、そ

れぞれの文化が深く根差しているために、それらを切り離すことは困難であるとされる。

　「文化（culture）」について、フクヤマは、学びを通して、また、世代を超えて引き継がれる行動様式と定義する。文化は論理的な思考によらない、過去から継承された倫理的な習慣である。またそれは、可変性をもち、上述したイデオロギー、制度、市民社会のレベルでの進展の影響を受けるが、そのようなもののなかでは最も変化することが難しいとの特徴がある。また、フクヤマは、「分析的にいえば、これは社会学、文化人類学の領域の問題であり、政治学では、文化のレベルを掘り下げたり、市民社会に対する影響を研究することは市民社会そのものについての研究よりも関心は薄い」と述べる。

　フクヤマは、上述した①組織的な構図とマネジメントのレベルで、政府機関にとっての最適な組織モデルを公式化する理論は存在しないと論じる。それは、（組織のガバナンスに関する"プリンシパル－エイジェント"関係の下で）一方では、効率性推進のために下位への権限移譲の問題があり、他方では、上位からの管理と監督の問題があるために、その間の微妙な均衡と調整が大きな課題となるからである。つまり、後者の機能を確保するための公式的なルールと規則から生じる膨大な管理コストを減らすために、組織のなかに内面化したインフォーマルな規範の利用が唱えられる契機が生じる。ここでは、共に重要であって、時には論争にもなる二つの社会科学の専門領域が衝突することがある。すなわち、合理性を重視して便益の最大化を唱える新古典派経済学が一方にあり、他方では、人間の行動原理として（無意識に形成される）規範を第一とする社会学の伝統がある。

　このほか、この問題を考える際には、フレデリック・ハイエクが唱える「すべての知識は現地にあり」やアリストテレスのいう「人ではなく、法による政府」の格言が引用される。

3．ソーシャル・キャピタルの発見

　もし筆者の記憶が正しければ、フクヤマの処女作『歴史の終わり』のなかには「ソーシャル・キャピタル（社会関係資本）」なる言葉はみられない。

終章　むすび：　国家、社会、そしてソーシャル・キャピタル　277

フクヤマがソーシャル・キャピタルという用語について詳細に議論するのは、その後に出版した二冊の著作 *Trust* と *The Great Disruption*（邦訳書名は『「大崩壊」の時代』）のなかである。政治学者のロバート・パットナムは、この概念に注目して、学際的な分析用語としてその学術的な有用性を確立したが、今日では社会科学の研究者の間でそれは共有されている。

　この関連でいえば、1830年代にアメリカ国内を周遊したアレクシ・ド・トクヴィルが、各所でいろいろな自発的な組織を結成するアメリカ人の習性（art of association）を目撃して強い印象を受けたことを、彼の著作 *Democracy in America*（邦訳書名は『アメリカのデモクラシー』）に記している。そこでは、トクヴィルはその言葉こそ使用していないが、のちに云うソーシャル・キャピタルが市民社会を活性化するその姿を生き生きと描写する。このようなパースペクティヴ（視座）は20世紀後半になって、最初は社会学者のジェイムズ・コールマン、そのあとで、先にも触れたパットナム等によって受け継がれ、ソーシャル・キャピタルという概念はより広範に使われるようになった。

4．ソーシャル・キャピタルとは何か

　フクヤマによれば、ソーシャル・キャピタルは"二人あるいはそれ以上の個人の間の協力を増進する具体的に例示されるインフォーマルな規範"と定義される。あるいは、コールマンのいうように、それは、"グループや組織の間で共通した目的のために一緒になって働く能力"ともいえよう。フクヤマは、「この定義に従えば、ソーシャル・キャピタルに関係するトラスト（信用）、ネットワーク、市民社会、あるいはそれに似たものはすべてその付帯現象として現れるものであって、それそのものではない」と説明する。

　ソーシャル・キャピタルは繰り返される「囚人のディレンマ」ゲームから生じたものであるとする経済学者による定番になった学説に対して、フクヤマは、それは宗教、伝統、共有された歴史的経験や他のタイプの文化的な規範からの副産物でもあると論じる。さらに、フクヤマは、ソーシャル・キャピタルはトラストの坩堝（るつぼ）、あるいは、その普及から生まれる能力であると述べる。トラストとは、"共有された規範に則って繰り返される、

規則的で、誠実で、協力的な行動をもった共同体のなかで、他のメンバーが抱く期待感である"。トラストは、社会ないしはその一部の間で、グループや組織の管理運営のための潤滑油として働く。

ソーシャル・キャピタルは、あらゆる形の人間組織、つまり、その基本的な形態である"家族（family）"、中間グループ的存在の"市民社会（civil society）"、最大の人間集団である"国家社会（nation）"のなかに具現される。フクヤマは、「家族単位は、ひとびとが（社会生活を通して）彼らの文化に溶け込むうえでの基本的な媒体となり、また、より大きな社会に適応するための術を提供し、社会的な価値や知識を次世代に伝えるうえでその果たす役割は大きく、市民社会はそれに依拠している」と述べる。しかしながら、フクヤマは、「ソーシャル・キャピタルを具現化するあらゆるグループには、それぞれトラストの及ぶ範囲（radius of trust）がある」と述べる。つまり、正直、相互性のような協力的な規範は限られたグループのなかでしか共有されず、同じ社会のなかでも他のひとびとには及ばない。

フクヤマは、「ソーシャル・キャピタルを十分に蓄えることは、濃密な市民社会を生み出すことにつながり、それは、歴史的に振り返っても、近代リベラル・デモクラシーに必要な一つの条件であった」と断言する。これは、社会学者のエルネスト・ゲルナーの有名な格言「市民社会なくして民主主義なし」に通じるものである。さらに、フクヤマは、「ソーシャル・キャピタルがなければ市民社会も存在せず、市民社会がなければ民主主義の成功も見込めない」との命題に、トクヴィルも同意するであろうと論じる。

前述したとおり、ソーシャル・キャピタルは合理的とはいえないかたちで生み出され、合理性に立脚したルールとは無関係に形成される。しかし、他方で、インフォーマルな価値や規範を共有するグループの人々の間の協力や調整を円滑にする。フクヤマは、ソーシャル・キャピタルが経済のみならず、政治の分野でも重要な貢献をすると論じる。つまり、経済的には、契約、上下関係、官僚組織的な規則等のフォーマルな調整メカニズムから生じる、経済学でいう取引コスト（transaction cost）を引き下げるのに効果を発揮する。また、政治的には、制限的な政府と近代民主主義の成功のために必要とされるひとびとが連帯した生活を推進することがあげられる。

ソーシャル・キャピタルは社会のすべてにみられるが、満遍なく行きわたるのではなく、むしろ不平等な配布がその特徴となる。しかしながら、政策によって、ソーシャル・キャピタルを増やしたり、広げたりすることには残念ながら限界がある。つまり、そのために国家ができることはいくつかあるが、その出番は限られていることを意味する。そのなかでも、教育は、政府がソーシャル・キャピタルを直接に生み出すうえで最も大きな能力を発揮する最重要な分野である。他方、自発的な社会性を育む民間部門や市民社会の能力を削ぐような政府の試みはもっとも避けねばならず、マイナス効果をも生みかねない。フクヤマは、「政府が果たす役割を除いても、ソーシャル・キャピタルの形成に資する可能性は他にもいくつかある」と述べるが、市民社会の育成はその一つの政策の選択肢である。このほかにも、外からのイニシャティブでソーシャル・キャピタルを増やす潜在可能性を秘めるものとして、宗教、グローバリゼーションがあげられる。宗教については、歴史が示す通りであり、光と影がすでに指摘されているグローバリゼーションについては、今後の大きな挑戦である。

第4節　グローバリゼーションと民主主義の行方

1．"トランプ現象"と先進国での政治後退

　2016年の米大統領選挙は、その結果はもちろんのこと、前（2015）年後半から実質的に始まったそのプロセスのなかでみられた従来の政治慣行や規範を破る様々なエピソードを含めて、極めて異例なものであった。当初、泡沫候補とみなされていたドナルド・トランプがグローバリゼーションからの恩恵を受けずに取り残され現状に不満を抱いた"白人中産階層"の支持を得て勝利した。その図式は、BREXIT（英のEU離脱）に賛同した英国民のそれと重ね合わせて、混迷を極めた2016年を締めくくる象徴的な出来事と受け止められよう。"America First"を掲げ、既存の政治経済体制の打破を公言して憚らないトランプ大統領の誕生は、その先の国際社会にとっての大きな不確定要因として指摘されている。このような政治劇の背景には過去数十年の

間に進行したアメリカ国内における深刻な経済社会的な変化がみてとれる。

2．中間層基盤の腐食

　フクヤマは、政治的経済的な複合的要因によって進行してきた幾つかの攪乱的な傾向について過去にも警鐘を鳴らしてきた。フクヤマは、「技術とグローバリゼーションのさらなる進展が中産階層を腐食した。先進国のほんの少数の市民だけしか、中産階層の地位を獲得することが出来ないとしたら、一体どうなるのであろうか」と疑問を呈する。筆者は、長い間に定着した感のある、行き過ぎた個人主義とIT革命の二つが、アメリカ社会にとっての最も深刻な脅威であるとするフクヤマの指摘に賛同する。

　具体的には、フクヤマは、多様な形の社会的な病理現象に現れた、行き過ぎた個人主義に対して警告を発する。フクヤマは、「近代デモクラシーの悪いところは、行き過ぎた個人主義を助長すると共に、公的な事柄に対する協力について消極的になるのを許す傾向があることだ」と断言する。同時に、フクヤマは、「悪玉は技術であり、今日の技術の世界は不平等を増幅する」と付け加える。グローバリゼーションについて、フクヤマは、「輸送や通信コストが低くなり、また、何億人という数の規模の途上国の労働者が国際労働市場に参入したおかげで、かつては先進国の中間層が従事していた仕事については、今日では世界のどこかでもっと廉価に請け負いが行われている」と指摘する。今日、仕事は世界に向かって外注される。

3．民主主義の脆弱性とその将来

　トランプ現象は、期せずして、近代民主主義の脆弱性を露わにする。つまり、それは、民主主義の構成員であるそれぞれの市民が、突然予期せぬ危機的な状況に直面したり、経済状況の悪化に陥った場合に嵌ってしまう弱いメンタルな側面を露呈する。

　フクヤマは、「アリストテレス以来この方、思想家たちは、安定したデモクラシーが広範な中間層の存在に依拠すること、また、社会が極端な貧富を抱えた場合には、寡頭的な支配や衆愚的な革命の危険性に見舞われると信じてきた」と諭す。歴史上、産業に従事する"労働者階級（working class）"

が19世紀に登場すると、資本主義とマルクス主義との間のイデオロギー対立の標的となった。しかしながら、20世紀に入ってから実現した経済的な繁栄によって生活水準が向上したおかげで、かれらはマルクス主義の予言を裏切って、"中産階級（middle class）"化して、先進工業国人口の多数派を形成する。

ところが、最近のニュース・コラムによれば、"労働者階級"と自称するアメリカ人の割合が急増して、国民の見立てではほぼその半分に達するという。このことは、つまり、アメリカやその他の国で進行している社会経済的な格差が原因で、彼らが自らを成長の果実から締め出されていると見做した結果生じるその感情の現れであるとも解釈できよう。このコラムの執筆者は、「これは、まさに非アメリカ的な心情である」と結んでいる。いいかえれば、このことは、リベラル・デモクラシーにとっての健全で、不可欠な土台ともなる"中産階級"意識の減退を意味する。

同時に留意すべき点は、フクヤマも鋭く指摘するように、「中間層に属する人々は、かならずしも、原理的に民主主義を支持しているわけではなく、他のひとびとと同様に、かれらもまた自らの財産や地位を守ることを第一に考える行動主体である」との現象である。それゆえ、近年タイで見られたように権威主義体制に対して支持表明をしたりして、民主主義体制が助けにならないと分かれば、イライラした態度を示すことにもなる。

第5節　おわりに——民主主義の再生のために

フクヤマは、2012年に米外交雑誌『フォーリン・アフェアーズ』に寄稿した論文のなかで、今日アメリカが直面する諸問題に対する処方箋について、いくつかのヒントとオーソドックスではあるがニュアンスに富んだ政策上の選択肢を合わせて提示する。それは政治的、経済的な二つの要素から構成されている。前者は利害関係者のもつ現存する入り組んだ諸利害の一掃と組み合わせた公的部門の再設計である。後者は、効果的な資本主義経済モデルの多様化である。これについて筆者の頭をよぎるのは、新興市民の動員と彼ら

の政治的不満を政策の形に転嫁するアイディア、さらにそれを指導する政治リーダーシップの、三つの要素の組み合わせによって実現された19世紀後半の「革新の時代」(the Progressive Era) のアメリカ政治にみられた社会改革の具体例である。

　デモクラシーは、今日それ自体が一つの価値として受け入れられている。しかし、残念ながら、理論的なところからは、それ以上何ら現実的な問題の解決に資するもの（良い政治の実現）は生まれない。それゆえ「民主主義は問題の元凶にもなるが、問題の解決策にもなる」ことを肝に銘じて、ひとびとの主体的な自覚による連帯と実践が求められる所以である。それは、言い古されてはいるが、ソーシャル・キャピタルを蓄えた市民社会を強化することに通じ、そのことが民主主義を強化することにもなるとの歴史の教えから引き出されたオーソドックスな処方箋でもある。フクヤマが指摘するように、中産階級の強化は今日民主主義にとってその根幹となる政策課題である。

あとがき

　この本のきっかけとなったのは、2015年4月から2016年1月まで、東京大学「人間の安全保障」プログラムの主催で行われた「人間の安全保障と平和構築」に関する連続セミナーでした。私が企画・実施したこのセミナーのために、各分野の一線で活躍する方々が、手弁当で講演をして下さいました。午後6時半からのセミナーは、毎回100人近い聴衆との熱い議論が繰り広げられ、しばしば夜の9時を越えることもありました。本書の執筆陣は、（最終章を寄稿していただいた旭英昭先生を除き）すべてこの連続セミナーの講師を務めて下さった方々です。毎回のセミナーの熱気から、「人間の安全保障」や「平和構築」に関心のある人が、学生でも、社会人でも、そして主婦や市民の方々の中にも大勢いらっしゃることを実感し、ぜひその内容を本にしたいと考えました。執筆陣の方々はみな、多くの仕事を抱えて大変忙しい中、この企画に賛同し渾身の論考をご執筆頂きました。今こうして一つの本になったことについて、編著を行った者として、心より御礼を申し上げたい気持ちでいっぱいです。また、この連続セミナーを応援して下さった「人間の安全保障」プログラムの教員の方々にも心より御礼申し上げます。

　この連続セミナーを開催していた頃、2015年に上智大学に新たに設立されたグローバル教育センターから、テニュアのポストのお誘いを頂き、2016年3月末をもって5年間在籍した東京大学を退職し、4月1日から上智大学に移籍することになりました。上智大学でもこの「人間の安全保障と平和構築」の連続セミナーは、引き続き開催しています。教員と学生、そして社会人（官庁の方、NGOの方、国連の方、そして市民の方々）が共にグローバルな課題について考え、その解決方法を探るプラットフォームとなることを目指しているこのセミナーには、毎回150人を超える参加者があり、このテーマへの関心の高さを改めて実感しています。セミナーを応援して下さっているグローバル教育センターの生みの親である曄道佳明教授（2017年4月よ

り上智大学学長）や、廣里恭史教授（グローバル教育センター長）、そしてグローバル教育センターの職員の方々に深く御礼を申し上げます。このセミナーはこれからも続けていきたいと考えています。

　また序文をこの本のために書いて下さった緒方貞子さんにも心より感謝いたします。私は2004年に、それまで11年間勤務したNHKのディレクターの仕事を辞めて、妻と5歳の子供を連れてカナダの大学院の修士及び博士課程で平和構築の勉強を一から始めましたが、NHKを退職したときから、当時JICA理事長だった緒方さんは、一介の大学院生だった私が日本に帰国するたびに会う時間を作って下さいました。そして調査の内容や、本について親身になってアドバイスして下さり、カブールのアフガン国連ミッション（UNAMA）で勤務しているときには、UNAMAのトップに自分の事をあえて言及して、応援して下さったりしていました。連続セミナーにも顔を出してコメントをして下さり、懇親会で学生と気さくに交わり話をしてくれたときの、学生たちの感激した表情が忘れられません。この場をお借りし、改めて感謝の気持ちをお伝え致します。

　最後に、この本の企画を通して下さり、丹念に編集作業をして下さった日本評論社の飯塚英俊さんに、心より御礼申し上げたいと思います。初めて編著を務めた私を、一貫して支えて下さり、こうして一冊の本に仕上げて下さいました。飯塚さんを最初にご紹介下さり、この本の企画を一緒に練って下さった峯陽一先生にも深く御礼申し上げます。

　2017年1月にトランプ政権が誕生し、これからの国際秩序に不安が広がっています。それでも、一国だけでは解決できない国境を越えたグローバルな脅威から、一人一人の命や尊厳を守るためには、やはり様々な国や組織が協力して、解決に向け共に取り組むしかないのは事実だと思います。そんなグローバルな課題にこれから挑戦する若い学生の方々や、すでにその荒波の中で毎日を生きている私たち社会人の仲間にとって、この本が何らかの指針や参考になればと、執筆陣一同、願っています。

2017年3月
東　大作

人間の安全保障と平和構築

2017年4月1日　第1版第1刷発行

編著者──東　大作
発行者──串崎　浩
発行所──株式会社 日本評論社
　　　　〒170-8474　東京都豊島区南大塚3-12-4
　　　　電話 03-3987-8611（代表）／03-3987-8621（販売）
　　　　振替 00100-3-16
印　刷──精文堂印刷株式会社
製　本──株式会社 難波製本
検印省略　©HIGASHI, Daisaku, 2017
ISBN 978-4-535-58700-7
装　幀──林　健造

[JCOPY]〈(社)出版者著作権管理機構委託出版物〉
本書の無断複写は著作権法上での例外を除き禁じられています。複写される場合は、そのつど事前に、(社)出版者著作権管理機構（電話03-3513-6969、FAX03-3513-6979、e-meil: info@jcopy.or.jp）の許諾を得てください。また、本書を代行業者等の第三者に依頼してスキャニング等の行為によりデジタル化することは、個人の家庭内の利用であっても、一切認められておりません。

難民の権利

ジェームス・C・ハサウェイ[著] 佐藤安信・山本哲史[訳]

国際難民法の世界的権威であるJ.ハサウェイ教授の原著の主要解説を完全翻訳。人権法、そして実証的な国際法の観点からも解説される本書は、研究者、難民保護実務にかかわる方々に必読の書。　　　　　　　　　◆A5判／本体4,200円＋税

法律家による難民支援

大川秀史[著]

コソボ、フィリピン、シリア、約30カ国の難民問題を視察、調査した弁護士による現認レポート。難民支援への参加を呼びかける。　　　◆A5判／本体3,600円＋税

非正規滞在者と在留特別許可

移住者たちの過去・現在・未来

近藤 敦・塩原良和・鈴木江理子[編著]

近年、社会的に広く認識されるようになった「在留特別許可」をめぐり、歴史的経緯や諸外国との比較を交えて多角的に検証する。　　　◆A5判／本体5,700円＋税

オーストラリア移民法解説

浅川晃広[著]

世界有数の移民国家オーストラリア。その移民政策の根幹を成す移民法の要諦を詳細に解説する。移民政策を考えるための基礎文献。　　◆A5判／本体5,700円＋税

21世紀の国際法　多極化する世界の法と力

大沼保昭[編]　　　　　　　　　　　　　　　　法セミLAW ANGLEシリーズ

世界はいま、国際法でどう捉えられるか。国際法各分野はもちろん、憲法、法哲学、法社会学、国際政治学の研究者も集い、考察する対談集。　◆A5判／本体4,000円＋税

日本評論社
https://www.nippyo.co.jp/